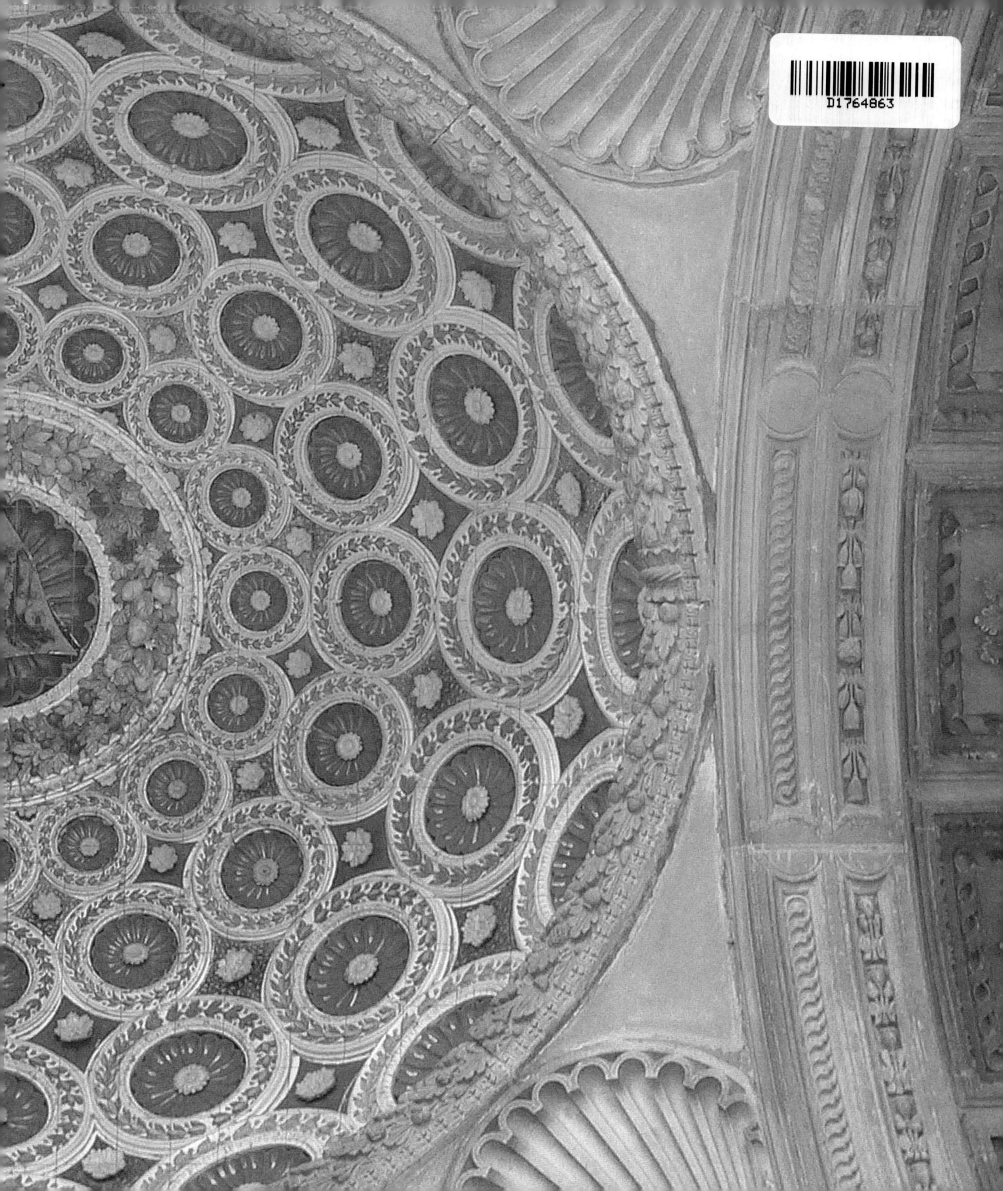

FIRENZE

GENIO E RAGIONE

FLORENCE

GENIUS AND REASON

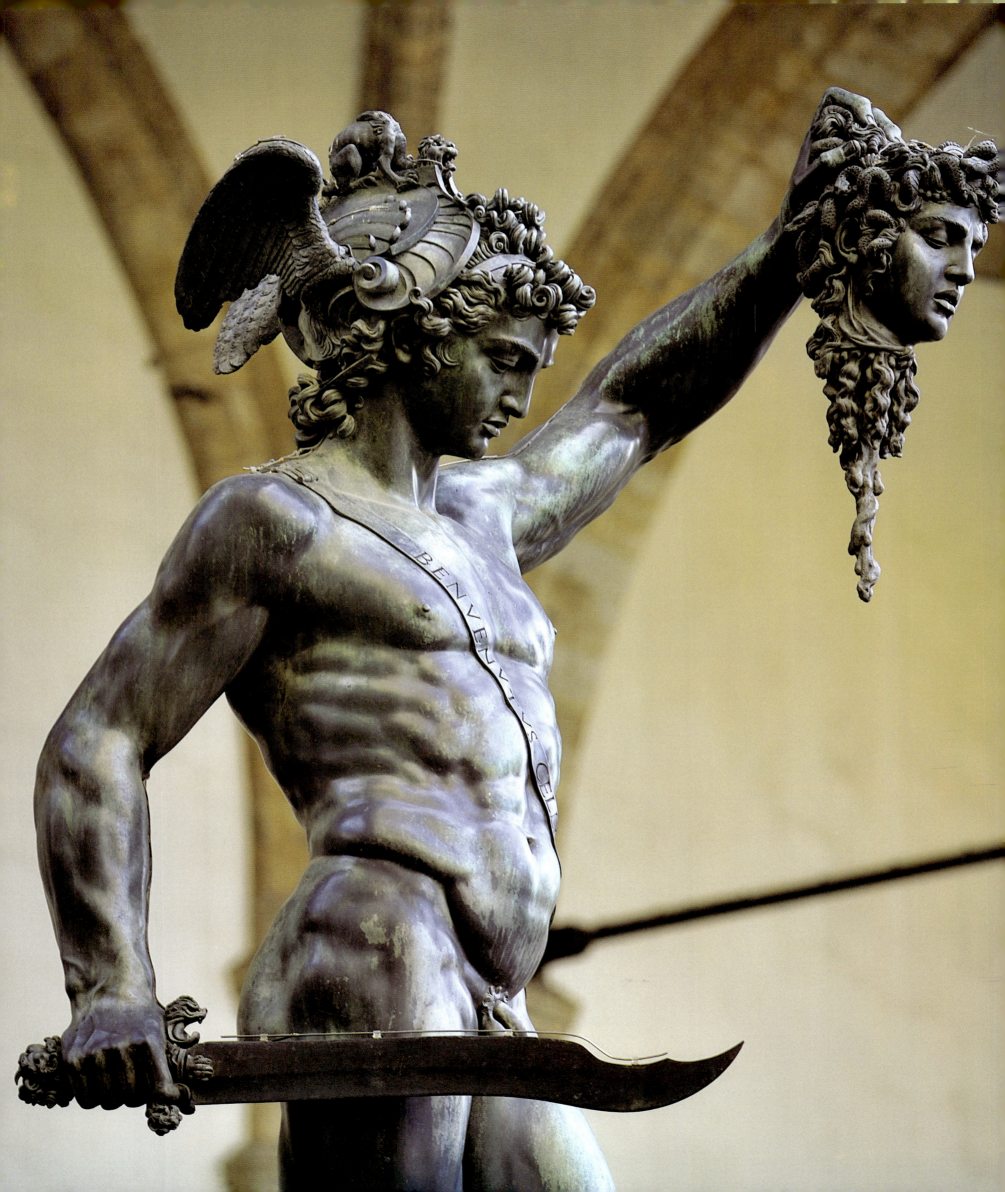

Cristina Acidini
Stefano Zuffi

FIRENZE

GENIO E RAGIONE

FLORENCE

GENIUS AND REASON

TRANSLATED FROM THE ITALIAN BY
NATALIE DANFORD

SASSI

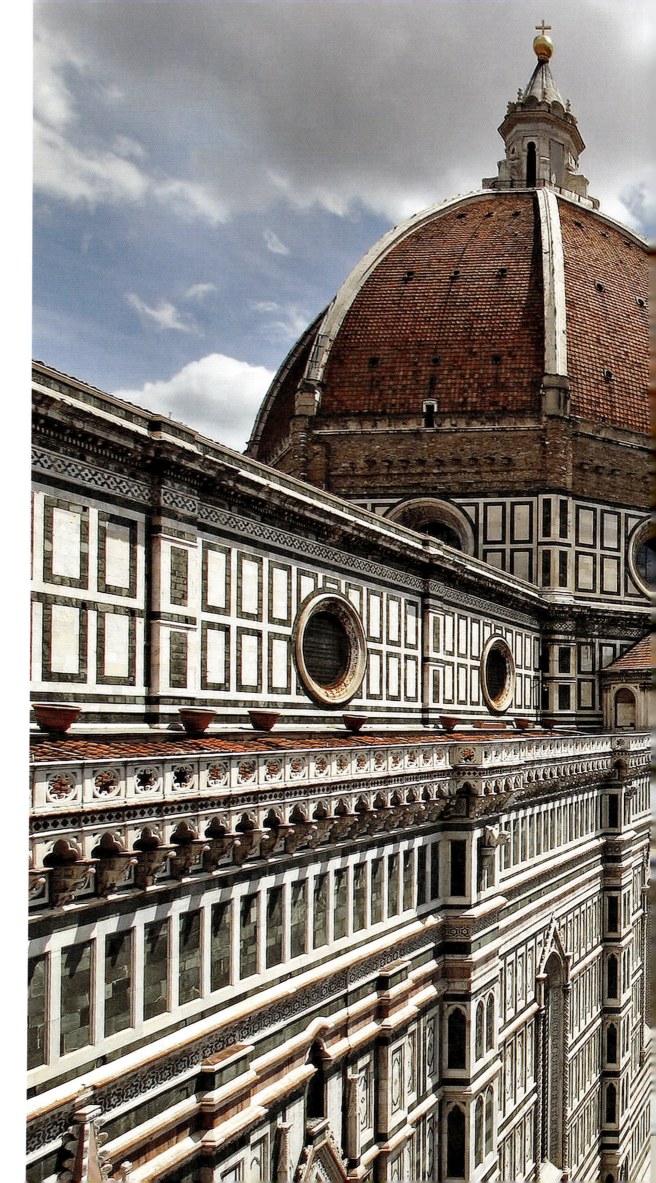

Laddove non diversamente specificato, i monumenti segnalati nelle didascalie del volume si intendono situati a Firenze.

Unless otherwise specified, the monuments mentioned in the captions in this book are located in Florence.

P. 2: IL VOLTO DEL PERSEO, CAPOLAVORO IN BRONZO DI BENVENUTO CELLINI NELLA LOGGIA DEI LANZI (1554).
A FIANCO: IL GIOCO GEOMETRICO E CROMATICO DEL RIVESTIMENTO IN MARMI DI TRE COLORI SUI FIANCHI DI SANTA MARIA DEL FIORE, CON IL CORONAMENTO INCONFONDIBILE DELLA CUPOLA DI BRUNELLESCHI.
P. 6: IL ROBUSTO ED ELEGANTE CAMPANILE DI GIOTTO, ALTO 88 METRI, È STATO PORTATO A TERMINE NEL 1359.
P. 7: LA FACCIATA DELLA CATTEDRALE, OPERA DI EMILIO DE FABRIS, PROPONE UN'INTERPRETAZIONE ECLETTICA DELLO STILE GOTICO (1887).
P. 8-9: IL DAVID DI MICHELANGELO COLLOCATO DAVANTI A PALAZZO VECCHIO (SOSTITUITO DA UNA COPIA PER RAGIONI DI CONSERVAZIONE) È DA OLTRE MEZZO MILLENNIO IL SIMBOLO DELLA FIEREZZA FIORENTINA.

PAGE 2: THE FACE OF BENVENUTI CELLINI'S BRONZE STATUE OF PERSEUS, A 1554 MASTER-PIECE IN THE LOGGIA DEI LANZI.
OPPOSITE: THE PLAY OF SHAPE AND COLOR IN THE MARBLE ON THE WALLS OF SANTA MARIA DEL FIORE, WHICH IS CROWNED WITH BRUNEL-LESCHI'S JUSTLY FAMOUS DOME.
PAGE 6: GIOTTO'S STRONG YET REFINED BELL TOWER, 88 METERS (288 FEET) TALL, WAS COMPLETED IN 1359.
PAGE 7: THE CATHEDRAL FACADE BY EMILIO DE FABRIS, DATING TO 1887, OFFERS AN ECLECTIC TAKE ON THE GOTHIC STYLE.
PAGES 8-9: MICHELANGELO'S DAVID IN FRONT OF THE PALAZZO VECCHIO (THE STATUE SEEN TODAY IS A COPY) HAS BEEN A SYMBOL OF FLORENTINE PRIDE FOR MORE THAN HALF A MILLENNIUM.

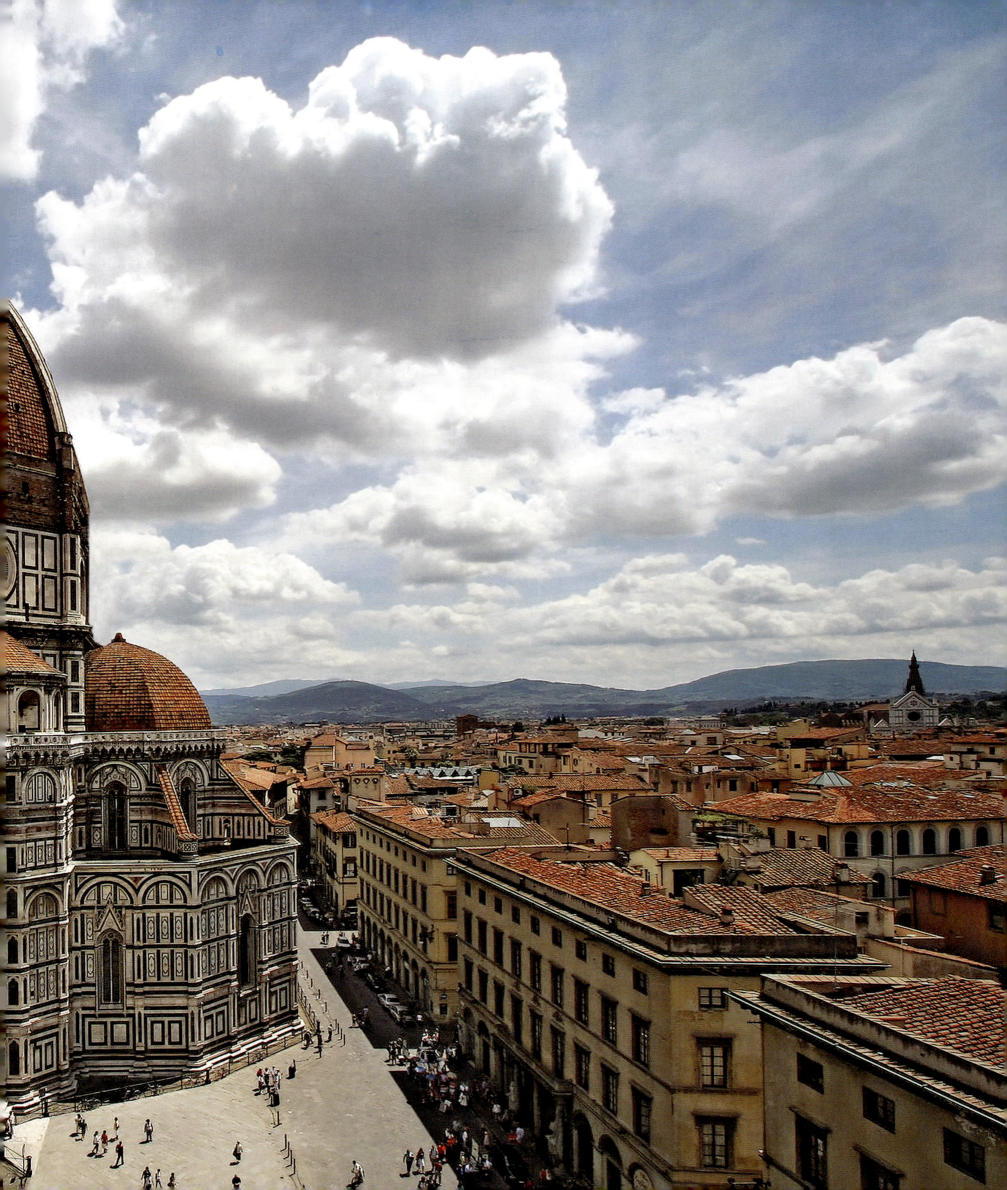

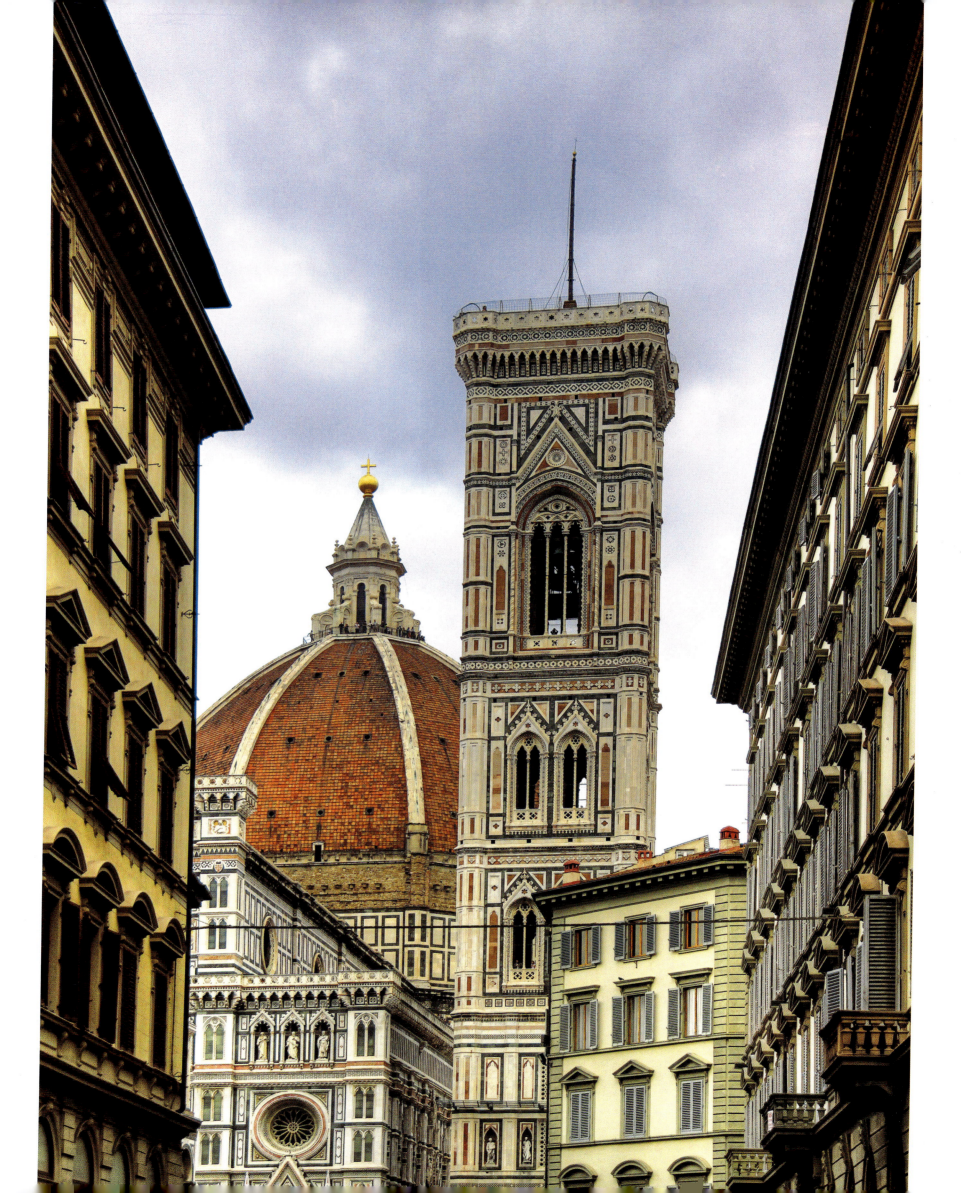

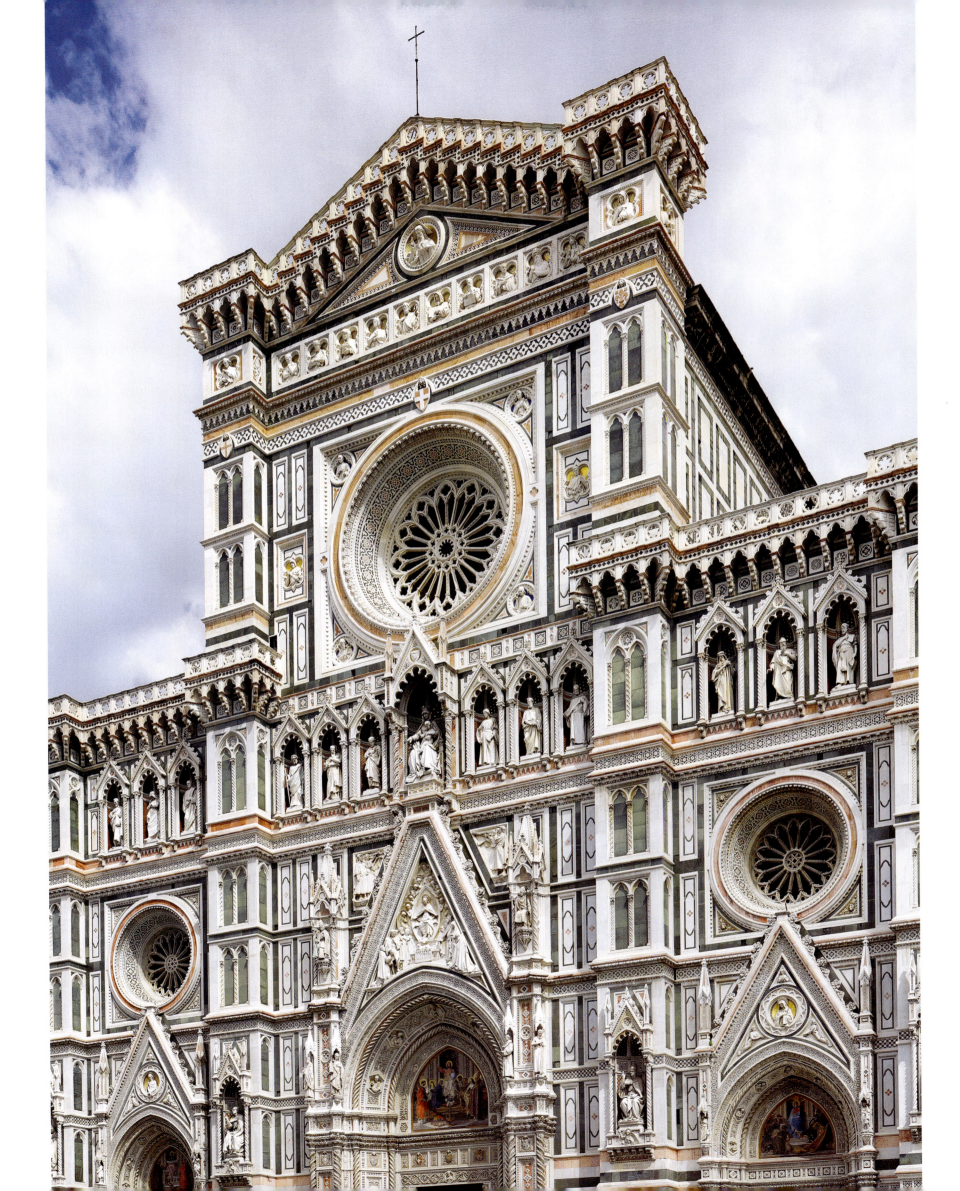

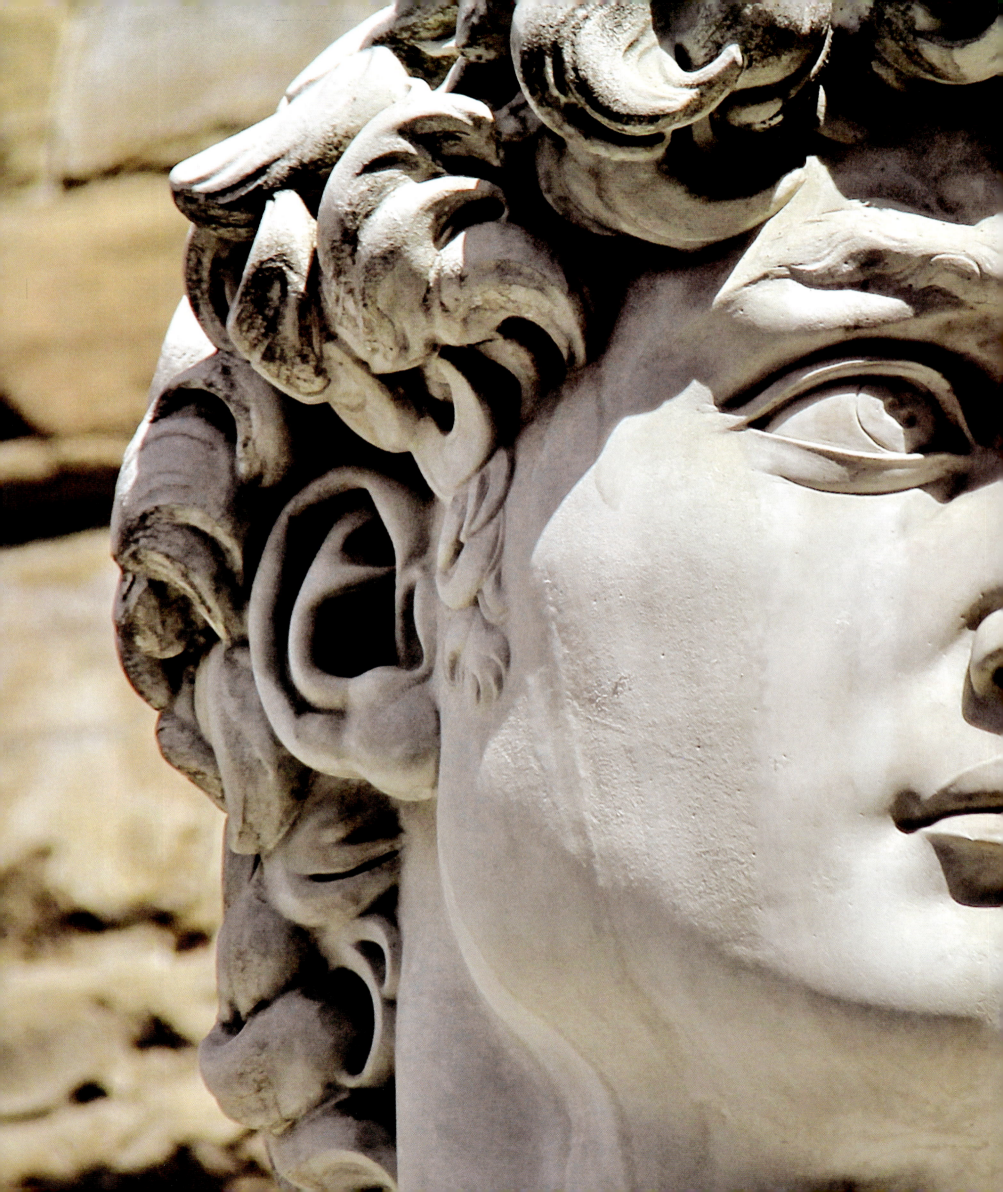

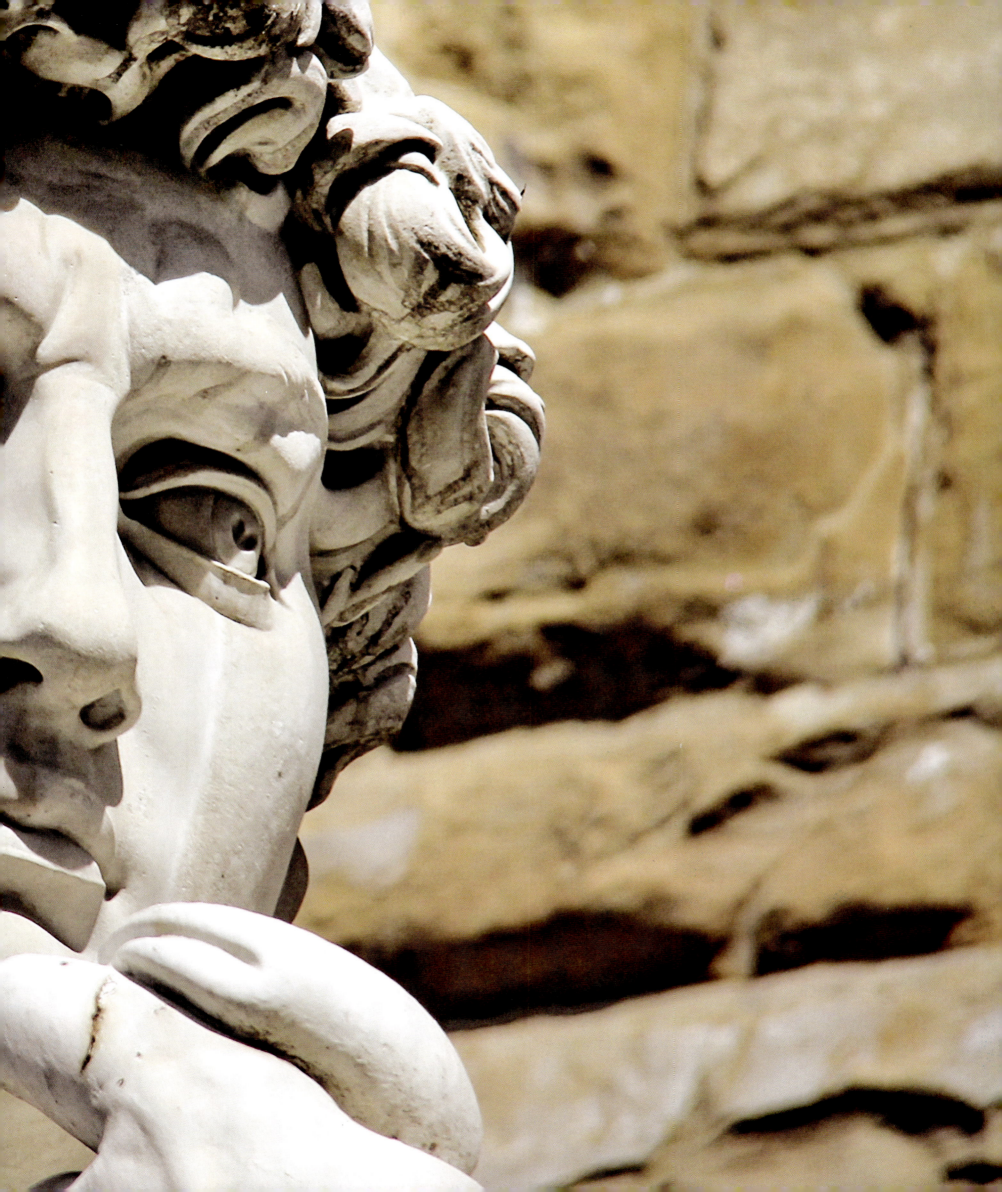

A FIANCO: TETTI, TORRI, CUPOLE SUL CENTRO STORICO DI FIRENZE: LE SAGOME DELLA CATTEDRALE E DI PALAZZO VECCHIO SEGNANO L'EQUILIBRIO TRA IL POTERE RELIGIOSO E QUELLO CIVILE.

P. 12-13: IN QUESTA VEDUTA PRESA DA PIAZZALE MICHELANGELO, L'ARNO SI CONFERMA PUNTO DI RIFERIMENTO FONDAMENTALE DELLA TOPOGRAFIA CITTADINA: SUL PONTE VECCHIO, AL CENTRO, SI RICONOSCE IL CORRIDOIO VASARIANO, CHE CONGIUNGE GLI UFFIZI CON PALAZZO PITTI.

P. 14-15: LA PREZIOSA PORTA DEL PARADISO IN BRONZO DORATO, REALIZZATA A PARTIRE DAL 1424 DA LORENZO GHIBERTI PER IL BATTISTERO, È STATA DI RECENTE COLLOCATA NEL MUSEO DELL'OPERA DEL DUOMO E SOSTITUITA DA UNA REPLICA.

P. 16-17: LA FONTANA DEL NETTUNO, IN MARMO E BRONZO, OPERA DI BARTOLOMEO AMMANNATI (1563-75) CARATTERIZZA L'ARREDO URBANO DI PIAZZA DELLA SIGNORIA.

P. 18-19: L'ALTERNANZA DI MARMI BIANCHI E VERDI CARATTERIZZA GLI EDIFICI DI FIRENZE.

OPPOSITE: ROOFS, TOWERS AND DOMES IN FLORENCE'S HISTORIC CENTER: THE PROFILES OF THE CATHEDRAL AND THE PALAZZO VECCHIO SYMBOLIZE THE BALANCE OF POWER BETWEEN CHURCH AND STATE.

PAGES 12-13: IN THIS VIEW FROM THE PIAZZALE MICHELANGELO, THE ARNO IS CLEARLY THE CITY'S CENTRAL LANDMARK. IN THE CENTER ATOP THE PONTE VECCHIO IS THE VASARI CORRIDOR, WHICH CONNECTS THE UFFIZI WITH THE PITTI PALACE.

PAGES 14-15: THE FAMOUS BRONZE GATES OF PARADISE. LORENZO GHIBERTI BEGAN WORKING ON DOORS FOR THE BAPTISTERY IN 1424; THE ORIGINAL WAS RECENTLY MOVED TO THE MUSEO DELL'OPERA DEL DUOMO AND REPLACED WITH A COPY.

PAGES 16-17: FROM 1563 TO 1575, BARTOLOMEO AMMANNATI WORKED ON THIS BRONZE AND MARBLE FOUNTAIN DEPICTING NEPTUNE—PART OF THE OPEN-AIR DISPLAY IN THE PIAZZA DELLA SIGNORIA.

PAGES 18-19: WHITE AND GREEN MARBLE ARE TYPICAL OF THE BUILDINGS IN FLORENCE.

Pubblicato per la prima volta in Italia nel 2013 da Sassi Editore Srl
Copyright © 2013 Sassi Editore Srl
Quarta edizione © 2018

© testo, Cristina Acidini, Stefano Zuffi
© fotografie, Luca Sassi, eccetto quelle indicate nei crediti fotografici.

Sassi Editore Srl
viale Roma 122/b,
36015 Schio (VI)
tel +39 0445 523772
www.sassieditore.it
info@sassieditore.it

Coordinamento editoriale: Luca Sassi
Traduzione inglese: Natalie Danford

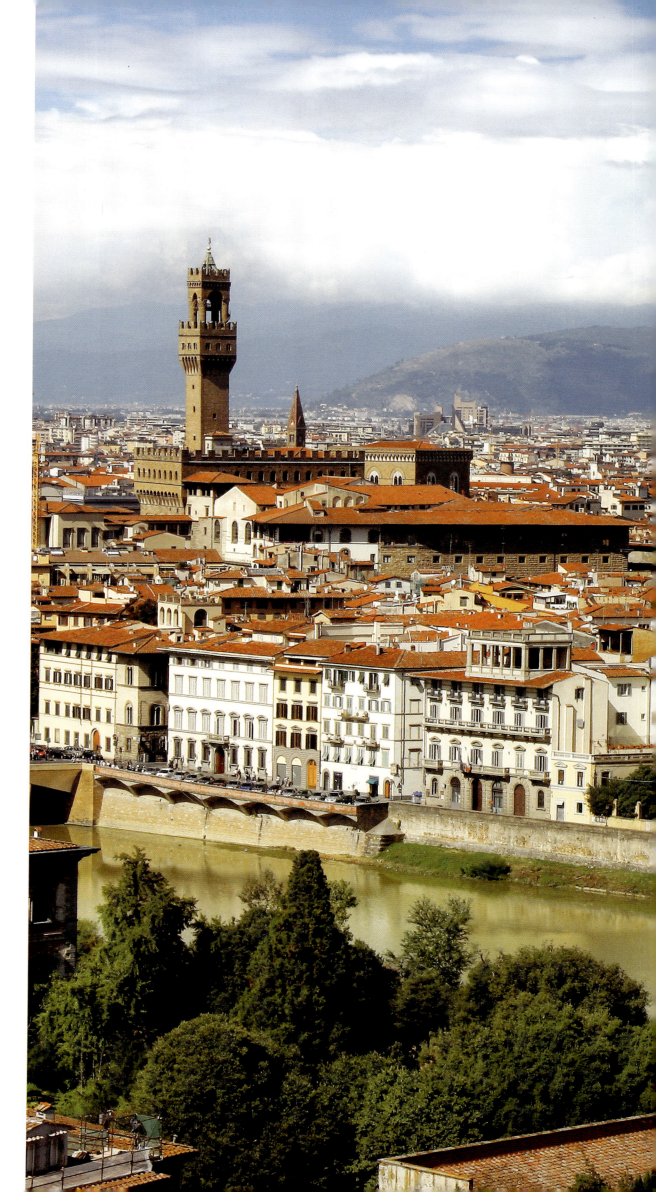

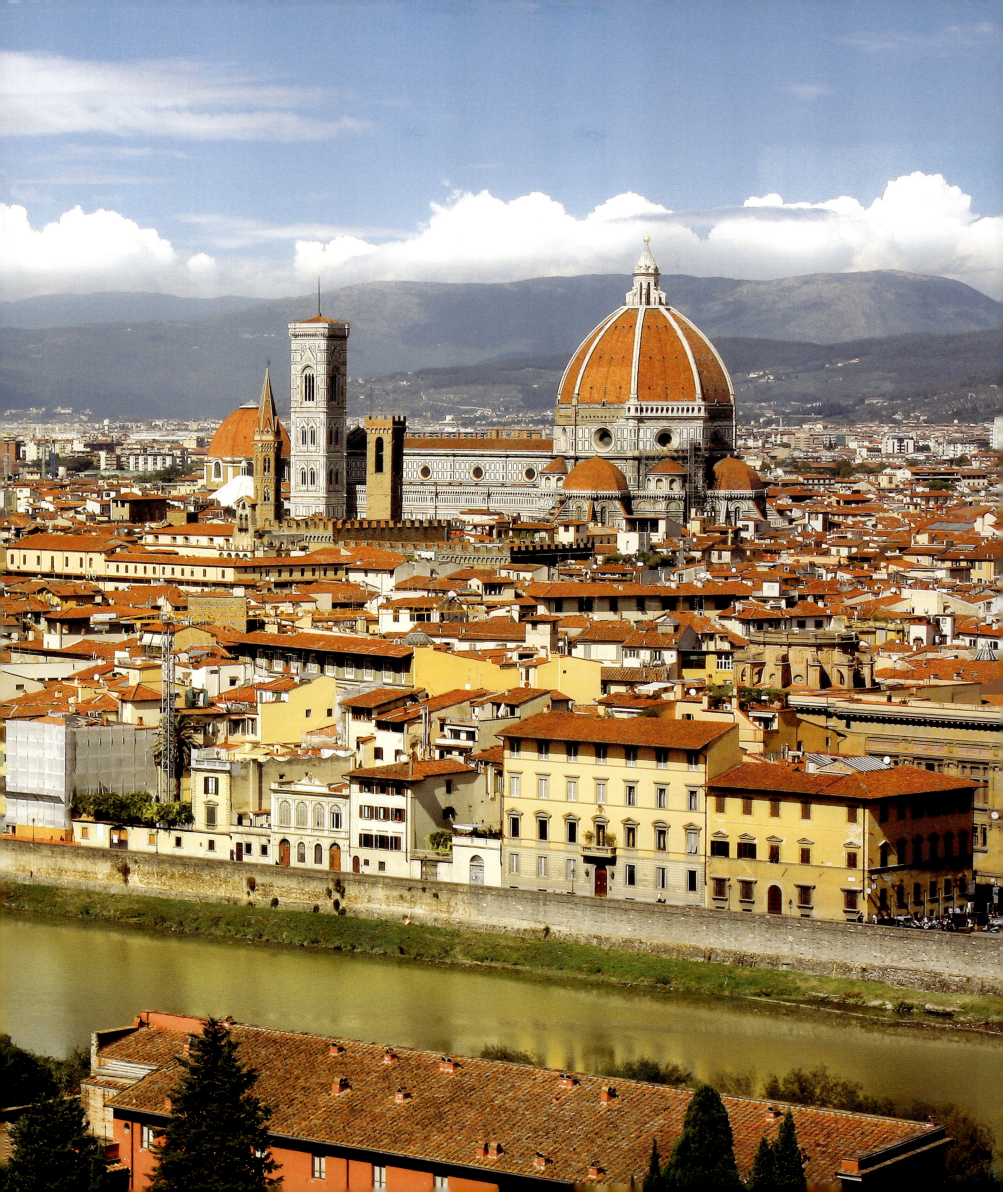

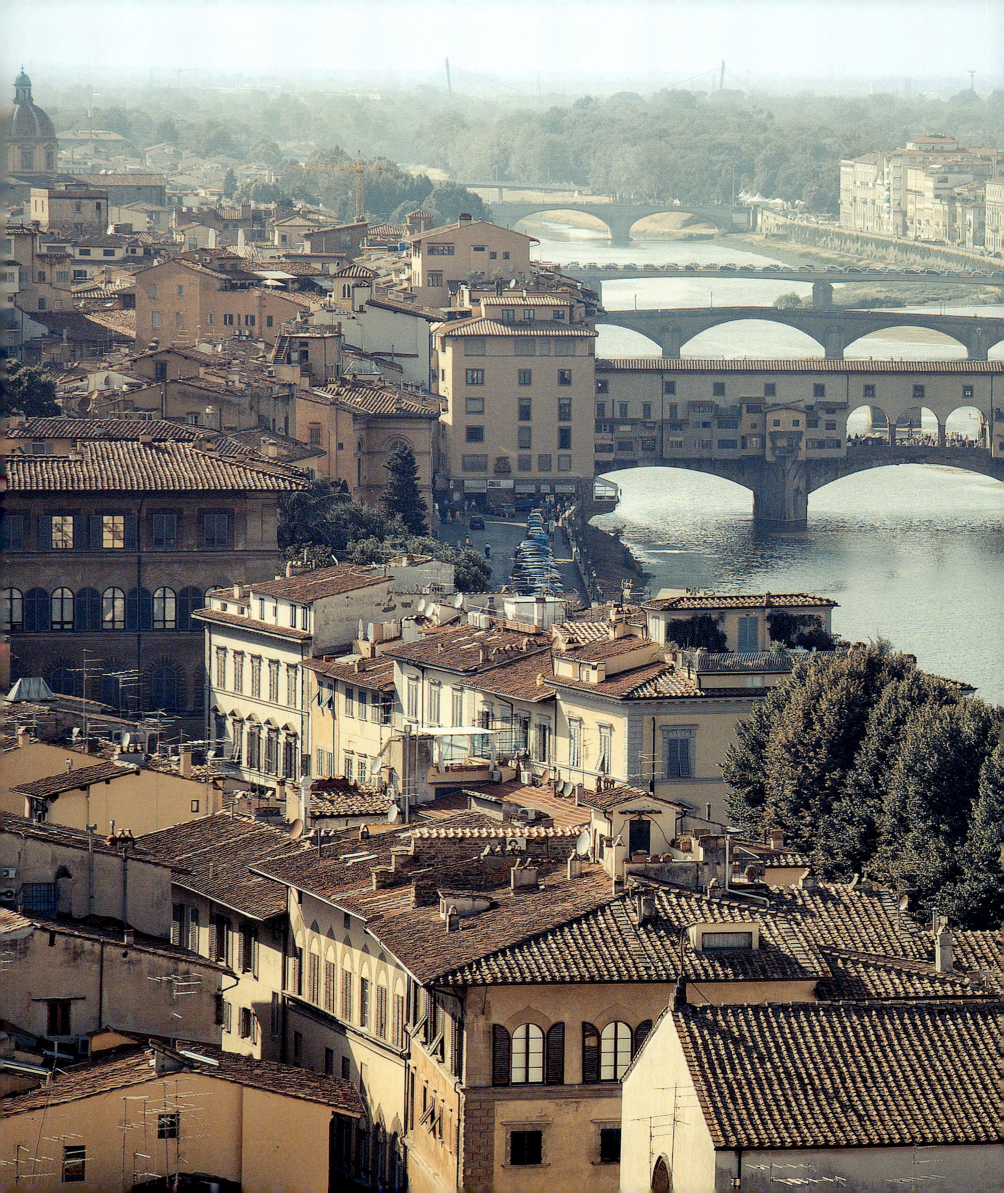

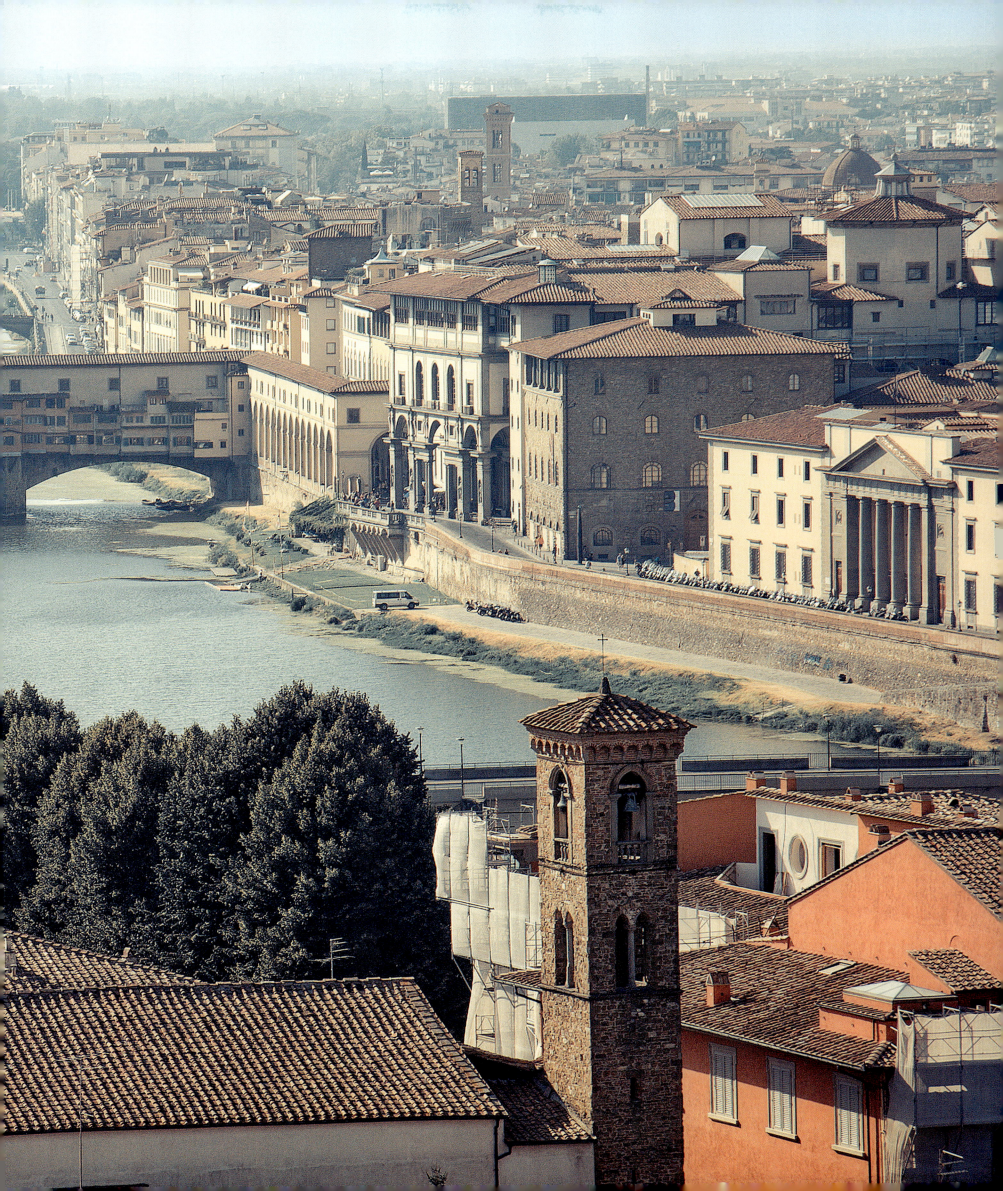

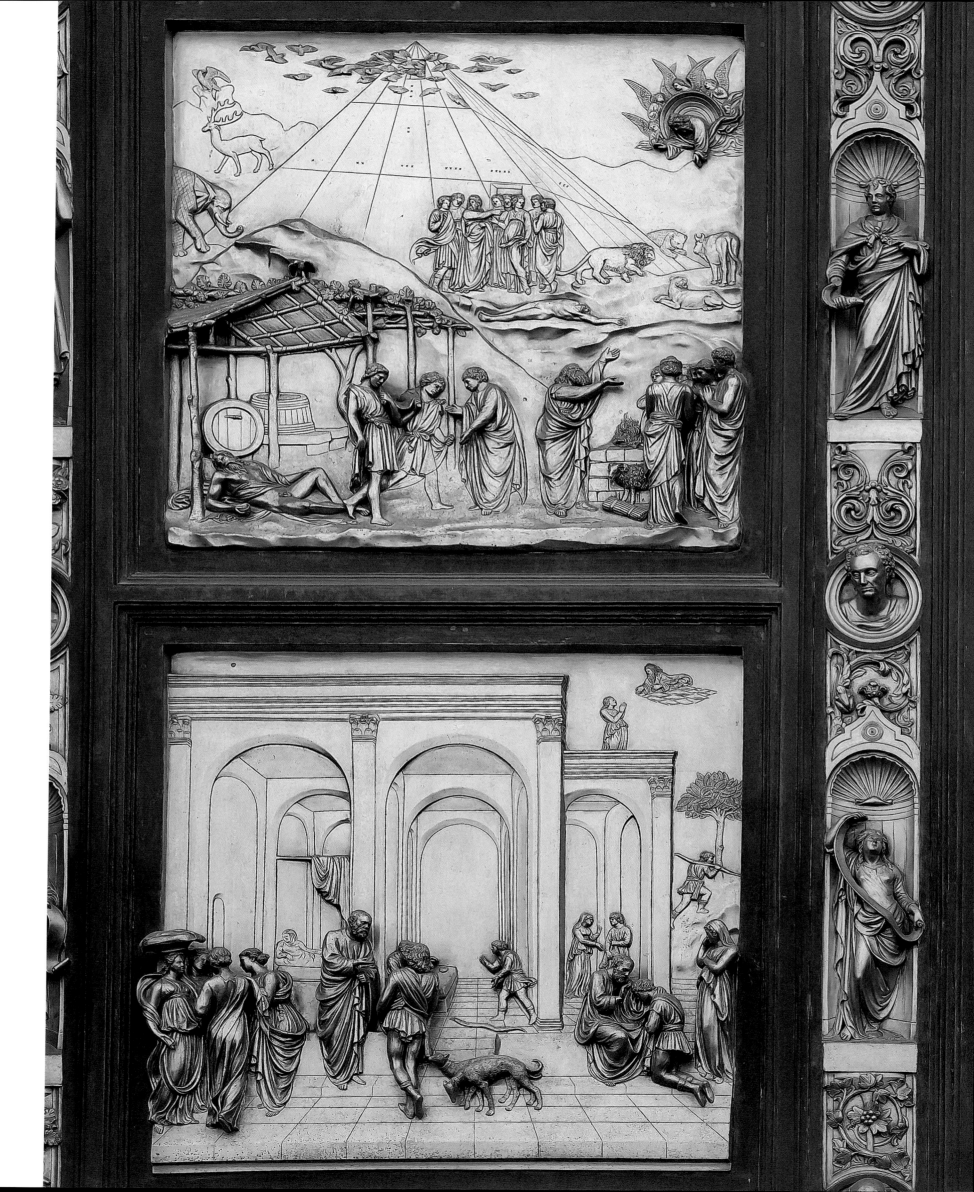

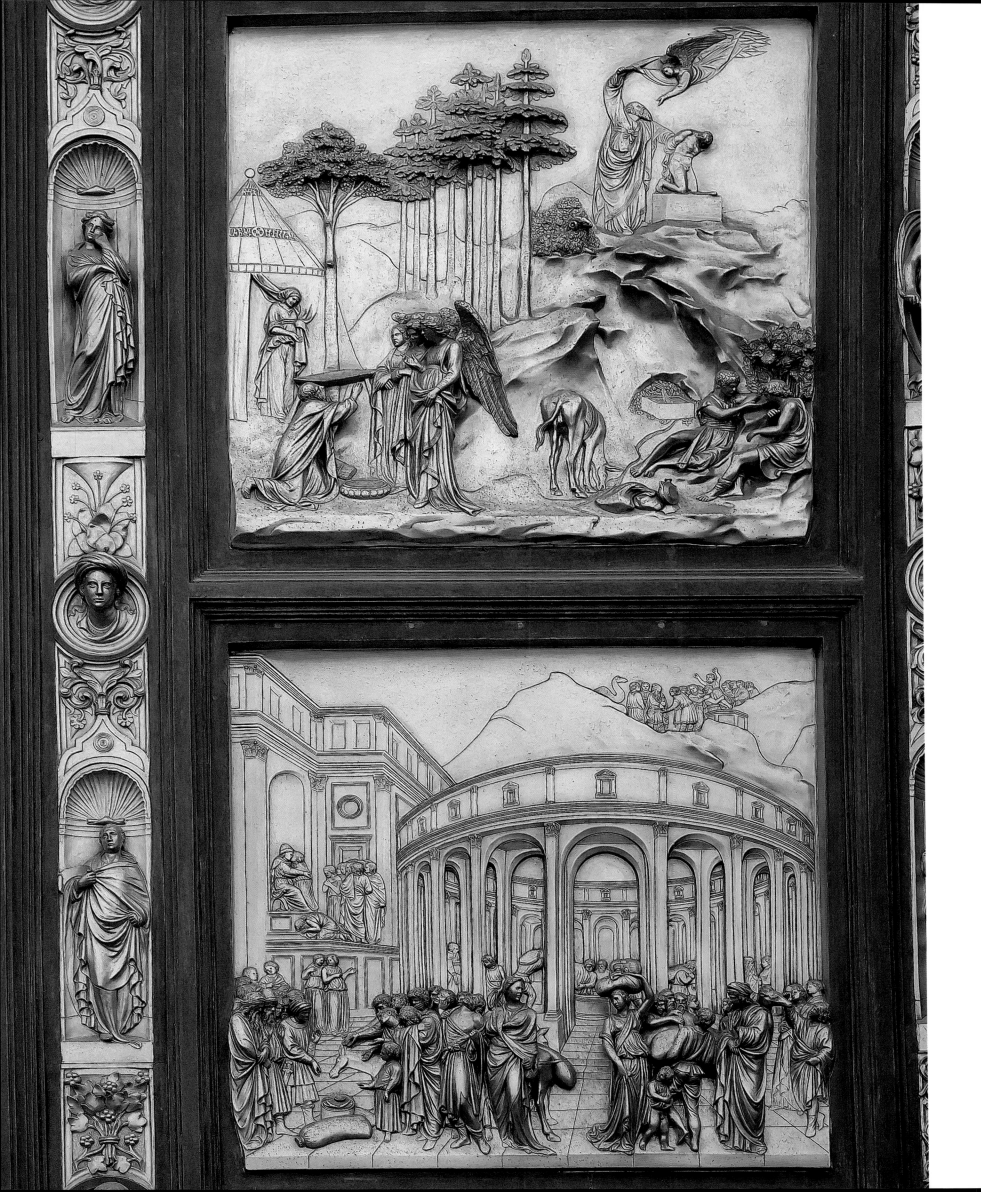

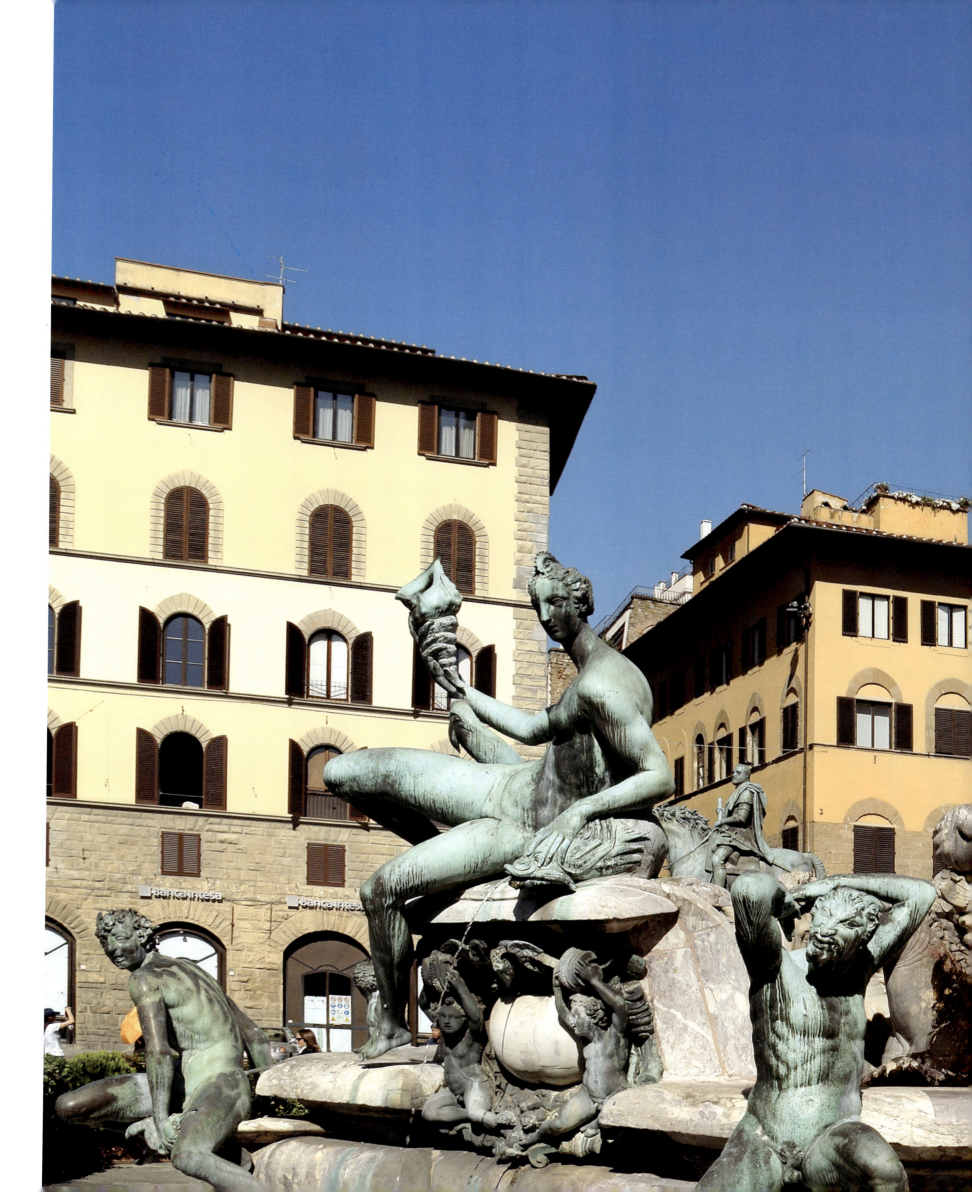

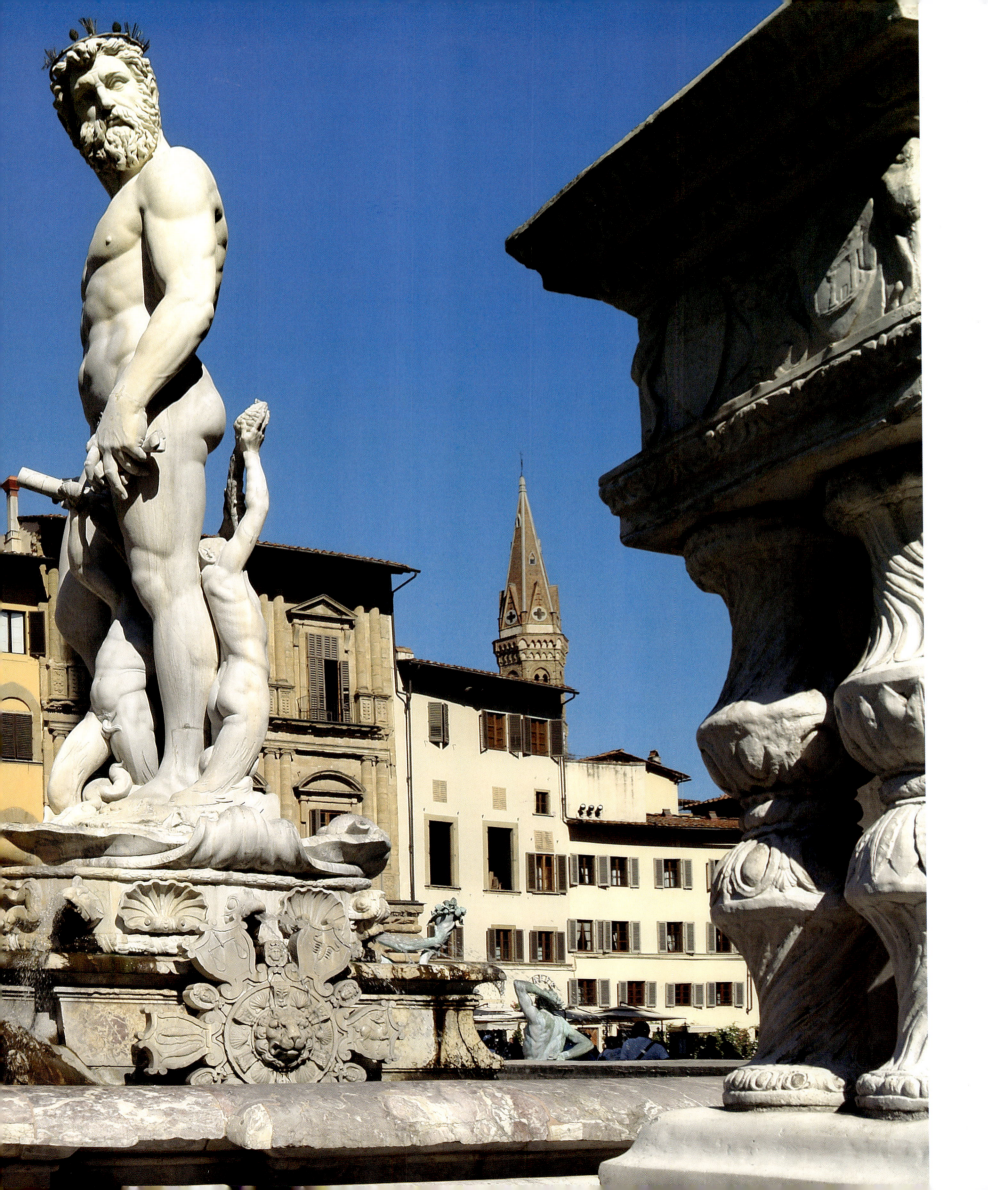

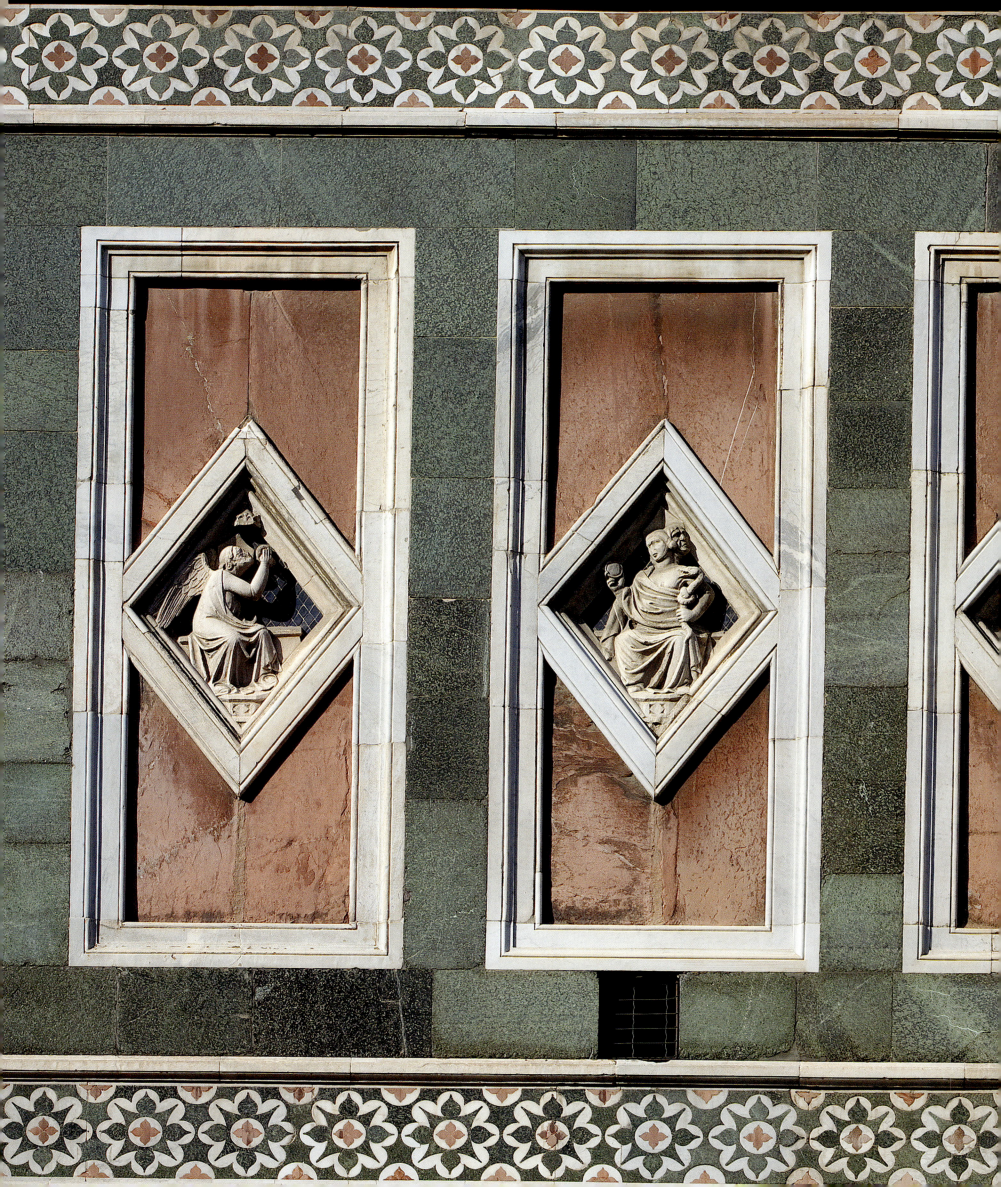

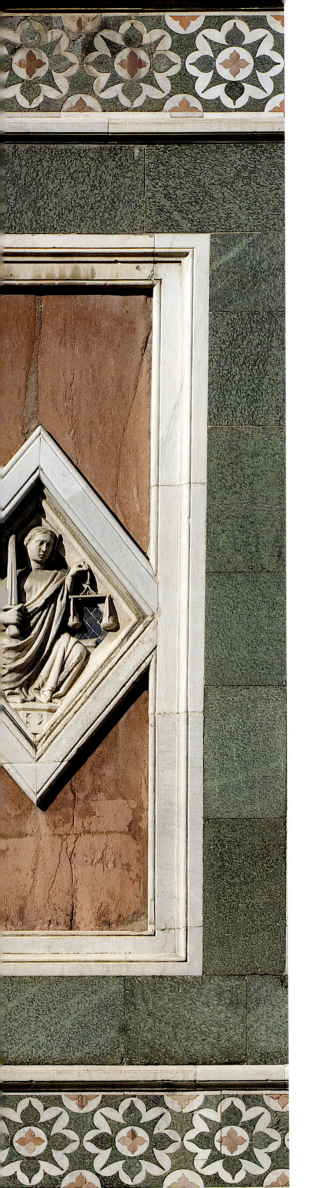

INDICE
CONTENTS

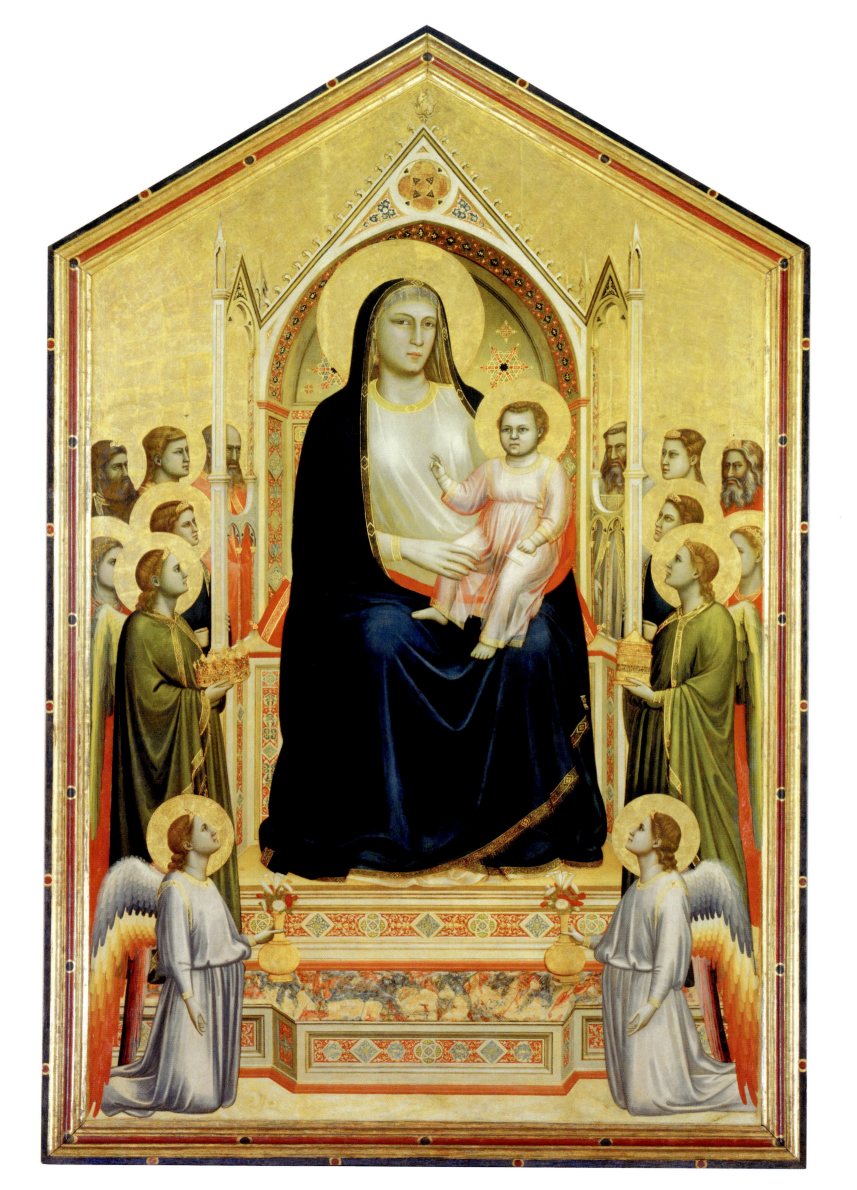

INTRODUZIONE
INTRODUCTION

È perfino troppo facile, a voler considerare la storia di Firenze dal punto di vista delle arti, cominciare dalla Galleria degli Uffizi e precisamente dalla sala 2, o "delle tre Maestà", dove in un allestimento entrato a sua volta nella storia dell'architettura (di Michelucci, Scarpa e Gardella, concluso nel 1956), sono riunite le grandi pitture su tavola che aprono ogni manuale della pittura italiana e occidentale: la *Madonna in trono* di Cimabue per Santa Trinita (1280-90), quella "Rucellai" di Duccio per Santa Maria Novella (1285 circa), quella di Giotto per Ognissanti (1310). Imponenti e regali, le Madonne dei primi due mantengono il nobile retaggio dell'arte bizantina, aggiornandolo, nel caso di Duccio, con le eleganze del Gotico d'Oltralpe. Nella *Maestà* di Giotto la persona potente di Maria, il suo solido Gesù Bambino, il trono dalla spazialità accogliente, i santi e gli angeli fitti in adorazione, perfino i gigli e le rose dal naturalistico turgore offerti in vasi denotano che nell'arco d'una generazione si è compiuto un mutamento epocale, poiché con Giotto la pittura conferisce sostanza fisica e volume terreno ai sacri protagonisti della trascendenza cristiana. È giustamente celebre la definizione che, di quel rivoluzionario cambiamento, diede all'aprirsi del XV secolo un giottesco lontano e indiretto, quel Cennino Cennini famoso per aver scritto *Il libro dell'arte*: "*Giotto rimutò l'arte del dipingere di greco in latino e ridusse al moderno*".

Ma la facilità di un tale inizio – che si avvale della risoluta decisione della museologia novecentesca, di convocare per un dialogo memorabile in quella sala 2 degli Uffizi i testi fondanti dell'arte d'Occidente – si rivela illusoria. Le tre *Maestà*, e i dipinti dei "primitivi" due e trecenteschi che le attorniano, in realtà chiedono d'esser considerate e comprese in un contesto di chiese potenti, di ordini religiosi in ascesa, di committenti illustri. Presumono un'intera città-stato mercantile e artigiana, ricca grazie al panno di lana, forte grazie al fiorino d'oro, orgogliosa della propria indipendenza, in lotta con gli altri liberi comuni circostanti (lo stato toscano nacque nei secoli per annessioni territoriali battaglia dopo battaglia, non senza conseguenze negli equilibri odierni), partecipe dei conflitti del resto della penisola secondo schemi variabili di alleanza e d'inimicizia. Rinviano a una complessità di rapporti politici interni, compromessi da feroci lotte di potere – tra Guelfi e Ghibellini, Bianchi e Neri – aventi per scenario l'agglomerato urbano crescente in dignità e bellezza, definito da cerchie murarie via via più ampie, sino all'ultima, intrapresa col progetto di Arnolfo di Cambio nel 1284 e conclusa nel 1333.

Nel giro di pochi decenni, con Arnolfo come grande architetto e urbanista, i capisaldi monumentali della città furono stabiliti definitivamente. Il venerato Battistero di San Giovanni, costruito secondo la leggenda cittadina sull'antico tempio di Marte della *Florentia* romana, ebbe a partire dall'anno Mille il nobile rivestimento marmoreo a intarsi geometrici, cui corrispose all'interno il prezioso mosaico nella cupola ottagonale a spicchi, di

One could approach Florence's art history by beginning with the Uffizi Gallery—more specifically, with Room 2 of the Uffizi Gallery. That architecturally important space (designed by Giovanni Michelucci, Carlo Scarpa and Ignazio Gardella, completed in 1956) houses three panel paintings that open almost any textbook on Italian and Western painting: Cimabue's panel of the Madonna enthroned, painted for Santa Trinita (1280-1290); Duccio's Rucellai Madonna for Santa Maria Novella (circa 1285); and Giotto's Ognissanti Madonna (1310). The regal figure of the Madonna in the first two works displays the legacy of Byzantine art. In Duccio's work, the image is made fresh with a hint of the elegant French Gothic style. Giotto's powerful vision of Mary, his solid Baby Jesus, the throne with its welcoming space, the saints and angels with their intense adoration, even the natural-looking lilies and roses in vases show that great change took place over the course of a single generation. With Giotto, the art of painting began to give physical substance and earthly volumes to the holy protagonists of Christian transcendence. In the early 15th century, Cennino Cennini described that revolutionary change, writing about Giotto in *The Craftsman's Handbook,* "Giotto translated the art of painting from Greek into Latin and made it modern."

A straightforward approach. Or is it? After all, it took 20th-century museum design theory to combine the founding works of Western art in Room 2. And these three examples of Maestà and the "primitive" 13th- and 14th-century paintings that surround them are best understood in the context of powerful churches, growing religious orders and well-known patrons. Behind them stands a city-state, made rich by wool fabric, made strong by gold florins, proud of its own independence, struggling against the surrounding free communities. (The Tuscan state was formed over centuries as territory was acquired via annexation and battle by battle, which could not help but have consequences at the time.) These works of art represent a Florence that participated in conflicts throughout what is now Italy based on fluctuating alliances and hostilities. They reference a complex series of internal political relationships, compromised by ferocious struggles for power—between the Guelphs and the Ghibellines, the Black and the White—that took place in a city where dignity and beauty flourished, and where the walls kept moving farther out. The last such walls, based on Arnolfo di Cambio's 1284 design, were completed in 1333.

Over the course of just a few decades, with Arnolfo serving as chief architect and urban planner, the foundations of the city had been established more or less as they would remain. Legend has it that the venerated Baptistery of San Giovanni was built on the site of an ancient temple dedicated to Mars, protector of the Roman Florentia. As of the year 1000, it was already covered in geometric marble intarsia; later Andrea Tafi and other masters of the 13th century would add precious mosaics to the interior of the octagonal geometric dome. Beginning in 1296 the new cathedral, dedicated

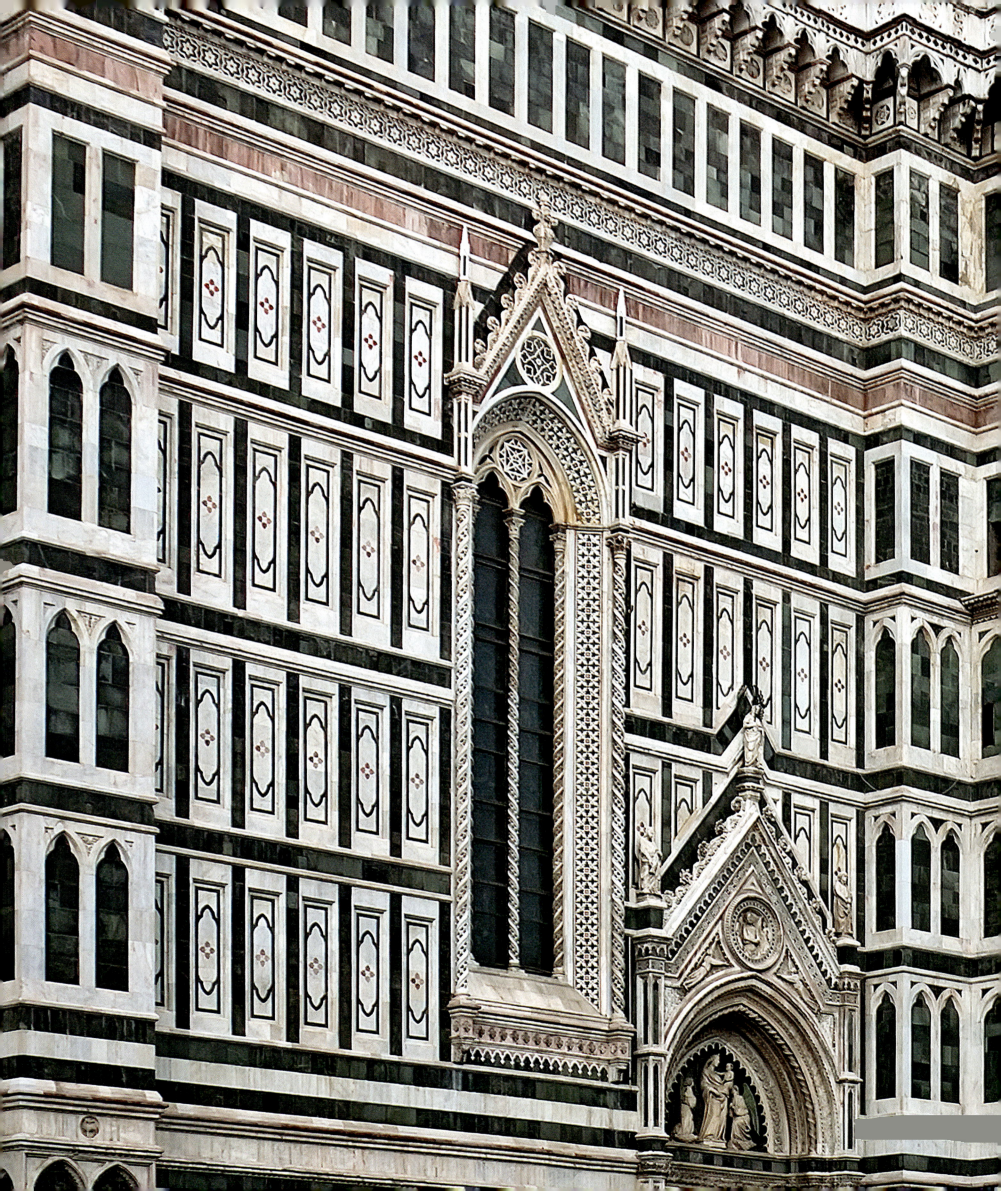

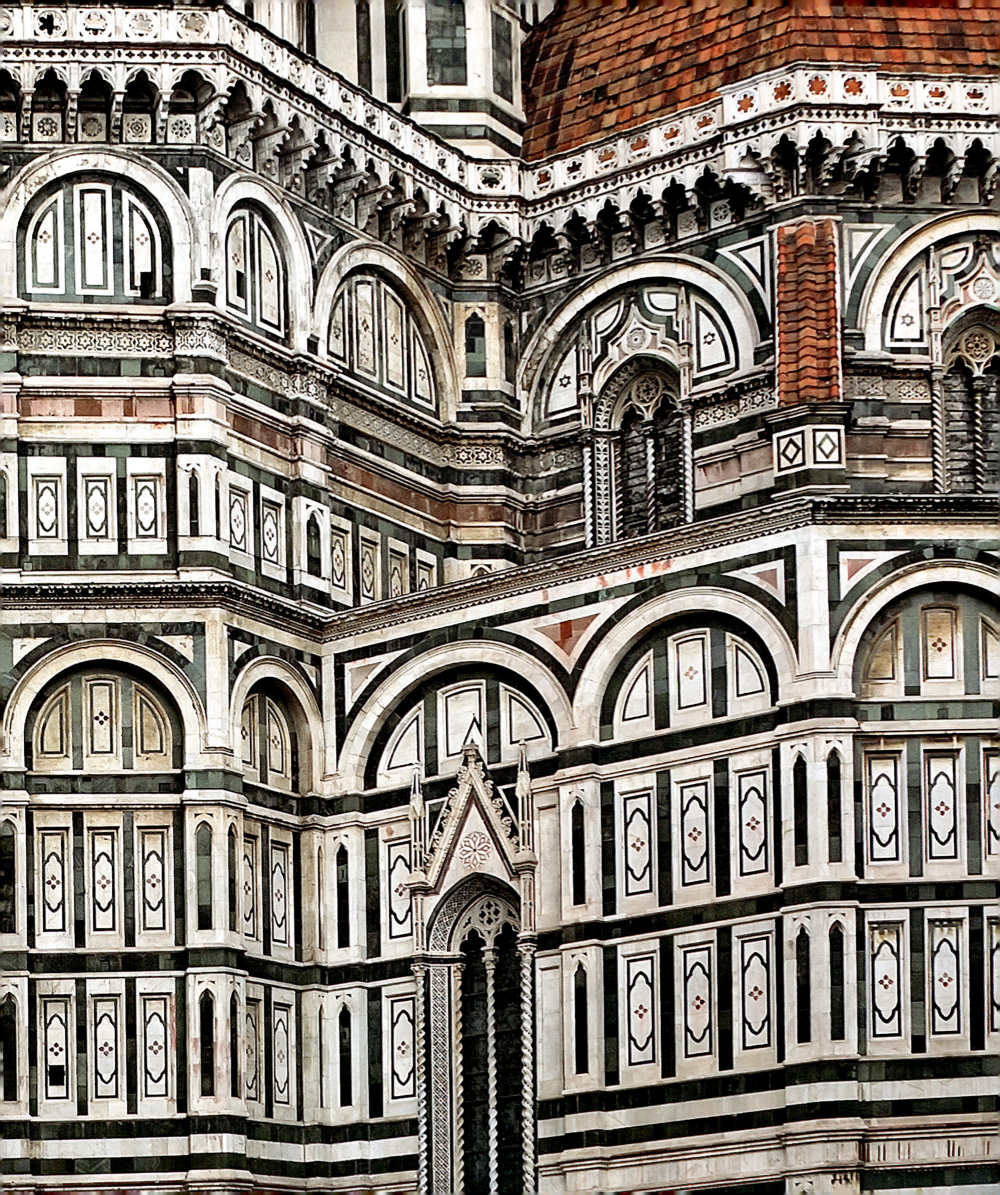

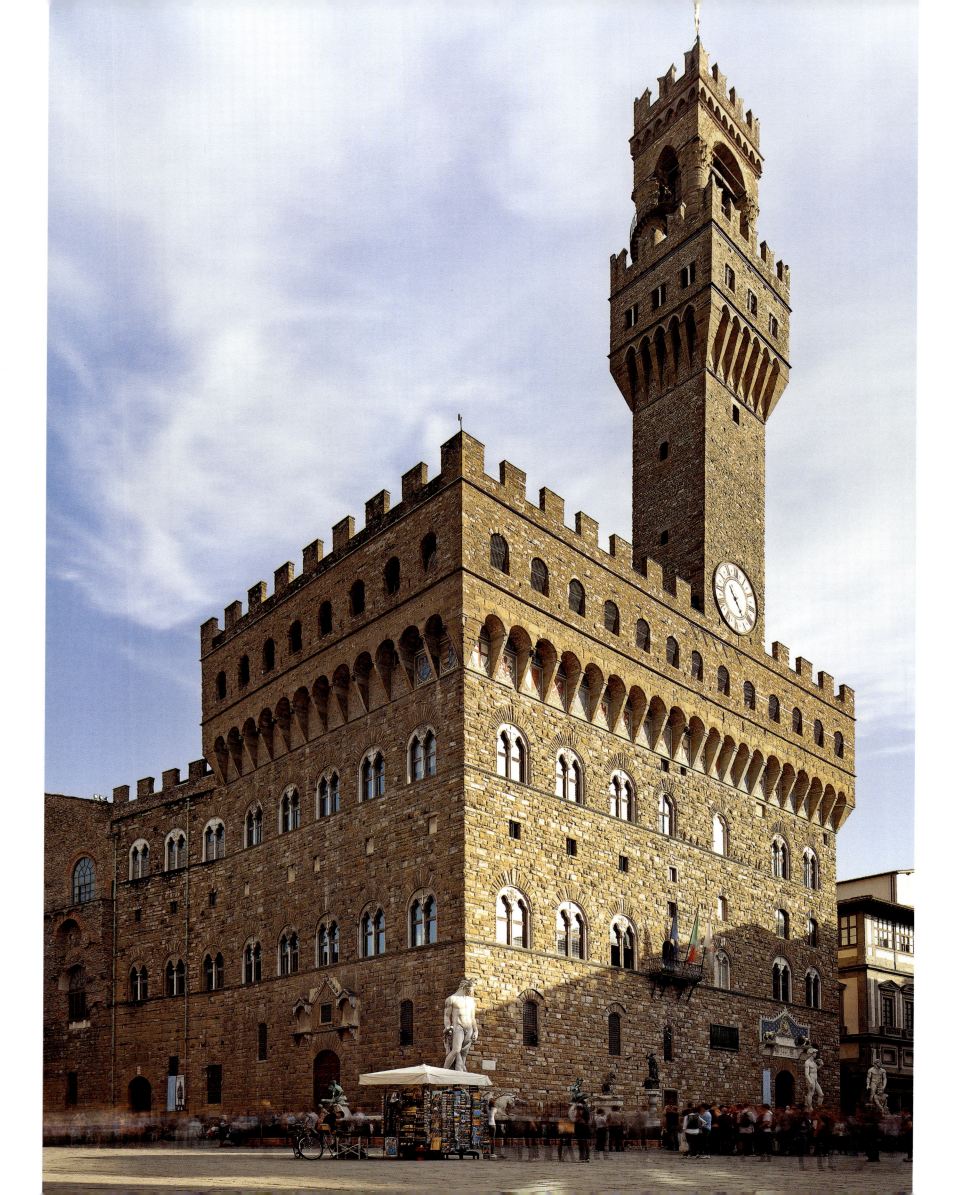

Andrea Tafi e d'altri maestri del XIII secolo. Di fronte verso Est, a partire dal 1296 iniziò la costruzione della nuova cattedrale, dedicata a Santa Maria del Fiore, con il progetto arnolfiano. Ancora Arnolfo avviò nel 1299 il "Palagio novo", ovvero la sede del potere civile che fu rinominato nel tempo Palazzo Vecchio, possente struttura di macigno su cui svetta la torre merlata che porta il nome dell'architetto. Tra i due centri religioso e civile sorse Orsanmichele, punto d'incontro fra le diverse funzioni associative, mercantili, ecclesiastiche. A Ovest i predicatori Domenicani stabilirono Santa Maria Novella nel 1279, a Est i Francescani fondarono Santa Croce nel 1294. Oltrarno, il culto e il borgo si attestavano a Santa Felicita, di fondazione paleocristiana.

Vennero definiti allora i moduli architettonici, le altezze, le direttrici del traffico, che rimasero sostanzialmente invariati per secoli giungendo ai nostri giorni; in questa Firenze delle torri, delle basiliche, dei cantieri visionari destinati a protrarsi per decenni, dei letterati e dei poeti, delle botteghe di pittori, scultori e artigiani, intessuta di un'intensa vita civile e religiosa, affondarono le radici i futuri splendori. Ed è anche dai mulini lungo l'Arno, dai tre ponti in pietra, dalle piazze e dalle strade lastricate – quando nelle maggiori città d'Europa si sguazza nel fango – diremmo oggi dalle infrastrutture, che prende slancio l'orgoglio fiorentino, espresso da istituzioni e da famiglie forti che rivaleggiano per superarsi in magnificenza, utilità e durata di imprese e committenze. E se la crescita finanziaria si contrae con il fallimento dei banchi Bardi e Peruzzi, se la popolazione viene decimata dalla peste del 1348 (cosicché la cerchia muraria rimarrà troppo larga per un abitato che non si espande più), quanto è stato creato e messo in moto basterà ad alimentare cultura e bellezza per i secoli a venire.

Paragonata a ragion veduta al volgare di Dante Alighieri, la pittura di Giotto trasmise il suo slancio innovatore a centri diversi e distanti quali Roma, Assisi, Rimini, Padova, Napoli e infine Milano, grazie ai viaggi dell'infaticabile artista, che unificarono nel segno della modernità l'arte della Penisola. E nella Milano di Azzone Visconti, dove lavorò ormai prossimo alla morte (1337), Giotto fu inviato dalle massime autorità fiorentine, quale sommo artista e vanto della città: esplicita affermazione di un primato delle arti, del quale la pur piccola Firenze si sentiva detentrice.

È il tema della consapevolezza che qui emerge, e che si riproporrà nei secoli. Si viene consolidando la coscienza della bellezza della città, dell'eccellenza delle arti che vi si creano, dell'altezza e della varietà dei saperi che vi si coltivano, dell'ingegnosità e dell'industria dei cittadini.

Il linguaggio artistico di un Gotico, in cui la matrice francese si modella ad accogliere le istanze classiche di origine specialmente pisana ritornanti in terra toscana, comprende la declinazione dell'eredità formale di Giotto, la polifonia delle sculture nei grandi cantieri chiesastici, la fioritura delle arti applicate e suntuarie. Sulla varietà di questo universo creativo, s'impone però quel fenomeno unicamente e specificamente fiorentino, e tutto sommato sorprendente, che è il Rinascimento artistico del primo Quattrocento.

Quando comincia una rivoluzione che cambia il corso del pensiero, lo stile delle arti, e in sostanza il rapporto dell'uomo con Dio, con se stesso e col mondo? Certo le sue premesse sono nell'aura classica delle sculture di Arnolfo come nel proto Umane-

to Santa Maria del Fiore, was constructed to the east based on an Arnolfo design. And in 1299, Arnolfo started construction of the "Palagio Novo," the seat of city power that came to be known as the Palazzo Vecchio, an imposing sandstone structure with what today is known as the Arnolfo Tower rising above it. Orsanmichele was built between that religious landmark and the administrative building and served as home to various associations, guilds and religious organizations. To the west, Dominican preachers created Santa Maria Novella in 1279; to the east the Franciscans founded Santa Croce in 1294. Across the Arno river, both the Church and the city were reflected in Santa Felicita, which dates to the early days of Christianity.

It was at this time that architectural standards, building heights and the flow of traffic were determined—they would remain basically unchanged. In this Florence of towers and basilicas, of visionary workshops that would create work for decades, of writers and poets, of painters and sculptors and craftsmen, all part of a tightly knit and energetic civic and religious fabric, the roots of the city's future splendor were sunk into the soil. Dating to that time, too, are the mills along the Arno River, the three stone bridges, the piazzas and the paved streets (most European cities were still crisscrossed by muddy roads)—in other words, what today we would call the "infrastructure"—all of which reflected Florentine pride, expressed by institutions and leading families that competed and tried to top one another. Their measuring stick was the magnificence, usefulness and number of the works they commissioned and the length of time required to create them. And if financial growth slowed somewhat with the collapse of the Bardi and Peruzzi banks and the population was decimated by the plague in 1348 (so that the walls surrounding the city then defined an area too large for a population that had ceased to grow), what was created and set in motion during that period would foster culture and beauty for centuries to come.

Often deemed the artistic answer to Dante's use of the vernacular, Giotto's painting style spread his innovative impulse to Rome, Assisi, Rimini, Padua, Naples and even Milan; the artist was a tireless traveler, and he brought this modern art form all over Italy. The artist also worked in Milan during the reign of Azzone Visconti; he'd been sent to the city by leading Florentine authorities as the pride of their city and its representative artist (and would work there almost until his death in 1337). In other words, Giotto served as a living declaration that Florence saw itself as the leading force in the arts, despite its small size.

Also during this period, the theme of awareness first raised its head with regard to Florence. It would reemerge regularly for centuries. Awareness was growing of the city's beauty, the excellence of the art created there, the intensity and breadth of knowledge cultivated and the creativity and industry displayed by its citizens.

The Gothic style, which originated in France, embraced the outgrowth of Giotto's formal teachings, the wide range of sculptures from the great church workshops and the blossoming applied and decorative arts as it evolved to absorb classical leanings, particularly from Pisa, that reflected Tuscan influence. But the artistic Renaissance of the early 1400s that would soon thrive in the area was a wholly new phenomenon that was uniquely and specifically Florentine.

A FIANCO: IL POSSENTE BLOCCO DI PALAZZO VECCHIO, INIZIATO NEL 1299 DA ARNOLFO DA CAMBIO, È SORMONTATO DALLA TORRE ALTA 94 METRI. P. 26-27: PALAZZO VECCHIO ESPRIME UN SENSO DI TUTELA E DI SICUREZZA ATTRAVERSO DETTAGLI TRATTI DALL'ARCHITETTURA MILITARE, COME I BECCATELLI E IL CAMMINAMENTO DI GUARDIA PROTETTO DAI MERLI GUELFI.

OPPOSITE: THE IMPOSING PALAZZO VECCHIO, BEGUN IN 1299 BY ARNOLFO DA CAMBIO, IS TOPPED BY A 94-METER (308-FOOT) TOWER. PAGES 26-27: THE PALAZZO VECCHIO PROVIDES A SENSE OF SAFETY AND SECURITY WITH DETAILS TYPICAL OF MILITARY ARCHITECTURE, SUCH AS CORBELS AND A PATROL PATH PROTECTED BY GUELPH MERLONS.

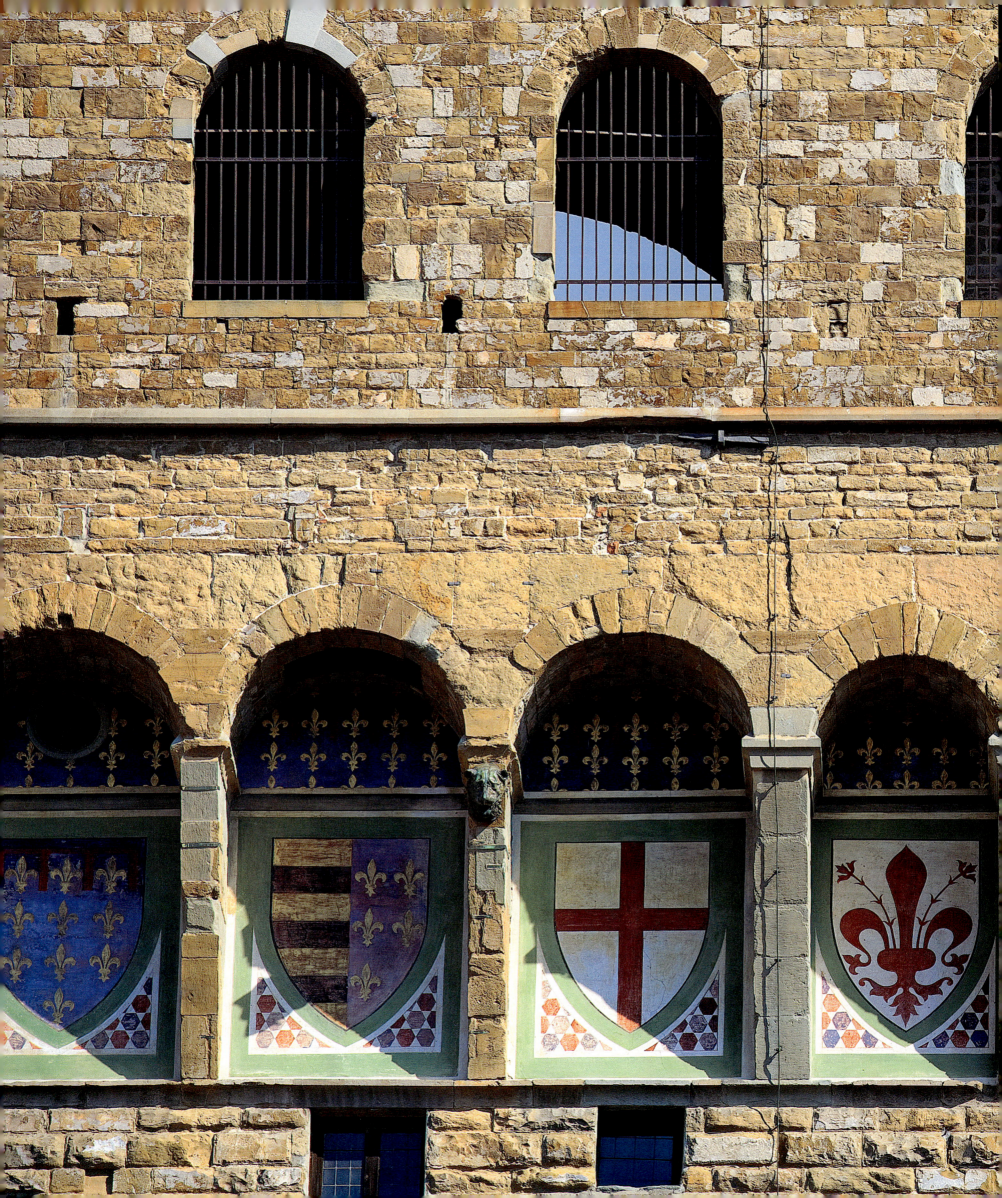

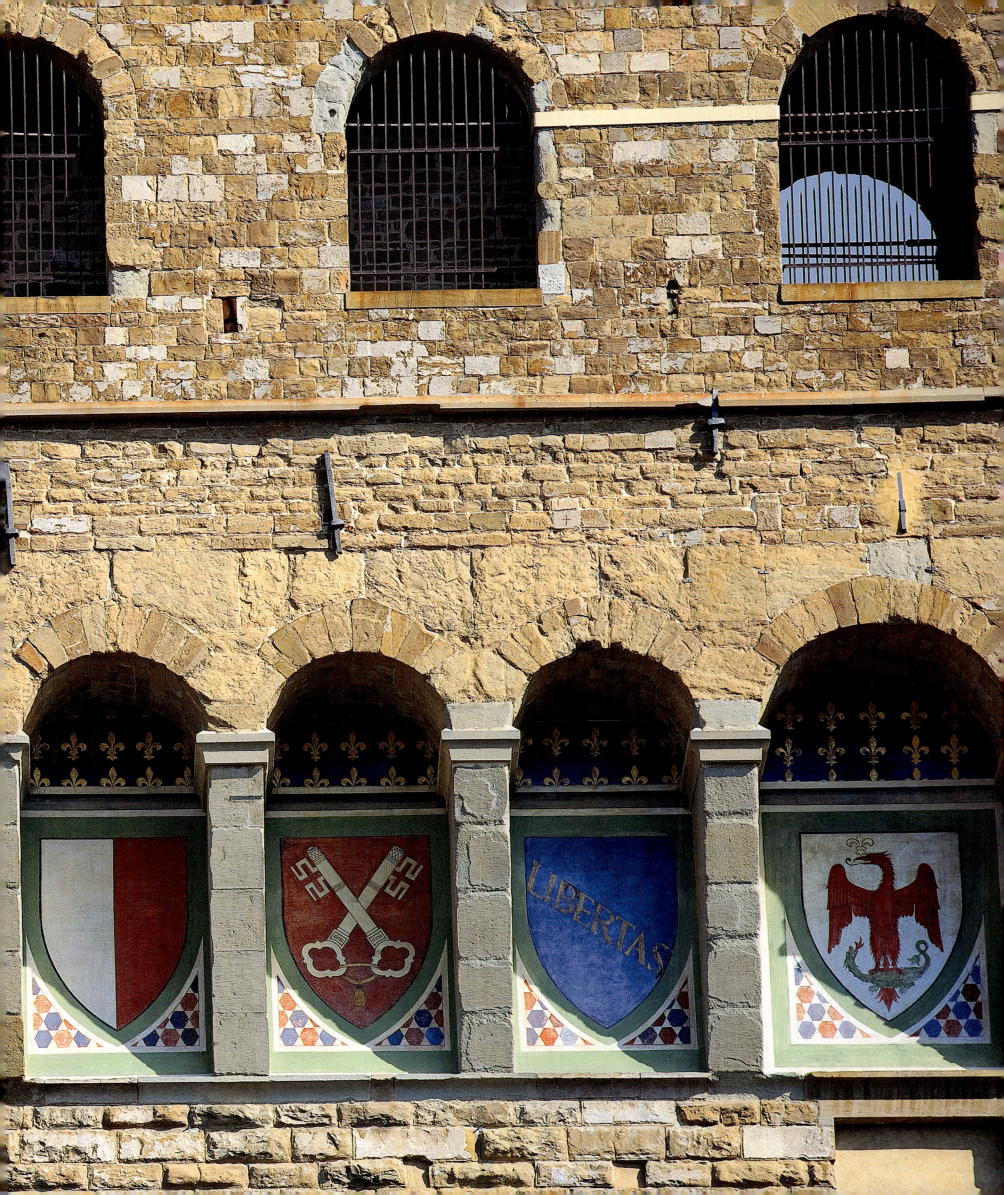

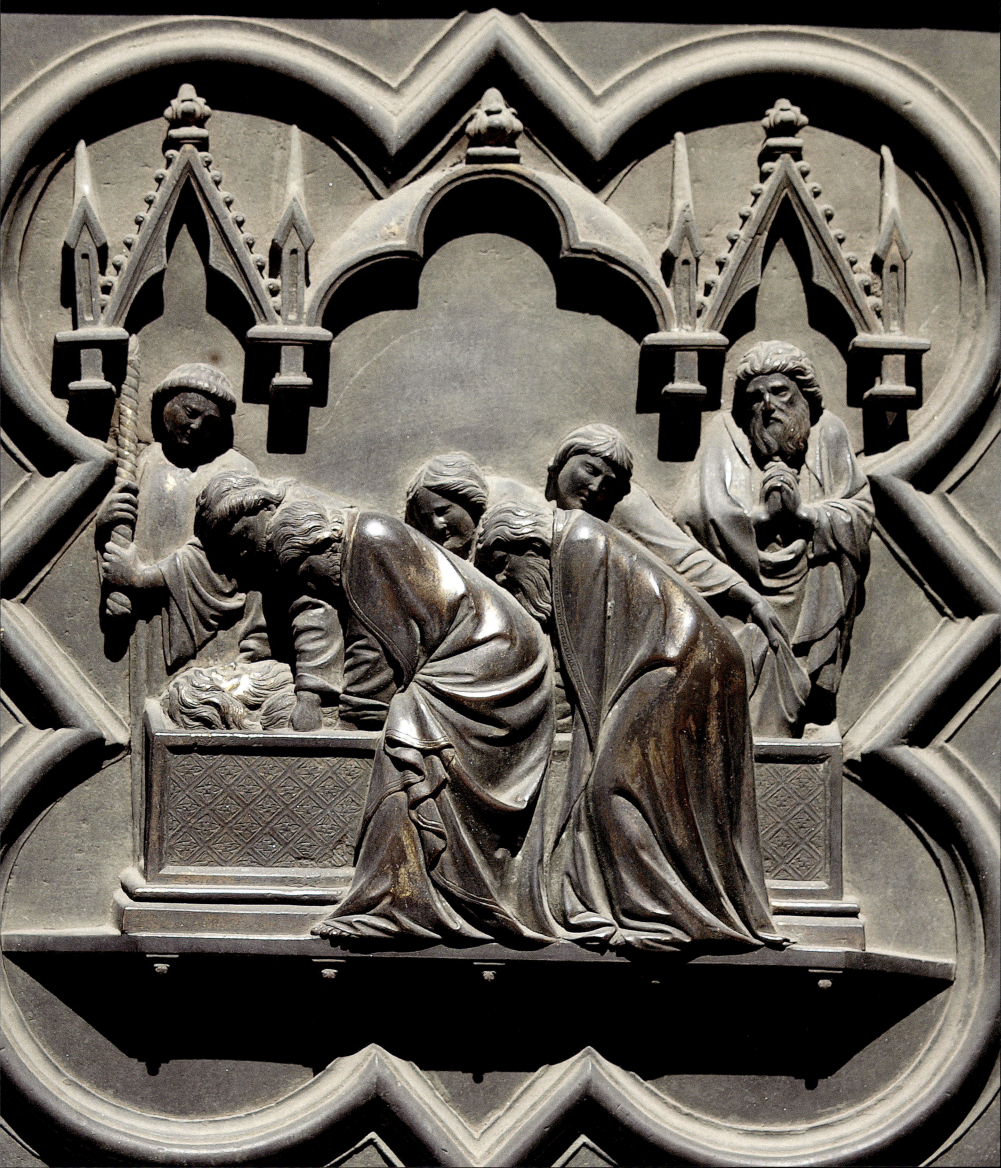

simo di Boccaccio. Ma per condivisa convenzione storiografica, il Rinascimento in arte si fa iniziare nel 1401, con il concorso che l'Arte dei Mercanti di Calimala, responsabile del Battistero fiorentino, bandì per dotare il venerato monumento di una seconda porta bronzea, settant'anni dopo la prima di Andrea Pisano.

Alla gara parteciparono sei scultori con altrettante formelle in bronzo, ciascuna dal prescritto perimetro mistilineo a "compasso" polilobato e dedicata al medesimo soggetto, il *Sacrificio d'Isacco*. Le due formelle superstiti (a Firenze, Museo Nazionale del Bargello) portano i nomi di Filippo Brunelleschi e Lorenzo Ghiberti, quest'ultimo vincitore del concorso e dunque autore della porta, installata in Battistero nel 1424, nonché di quella successiva, d'Oro o del Paradiso, finita nel 1452. Pur se nella nostra sensibilità il rilievo brusco e drammatico di Brunelleschi tocca corde profonde, e si resta distanti dall'armonioso svolgimento ghibertiano, l'eleganza compositiva e la sapienza tecnica di Lorenzo meritarono la vittoria.

Fu tuttavia Brunelleschi l'innovatore più avanzato, lo sperimentatore più ardito, non solo scultore ma architetto, ingegnere, inventore, scienziato. Con suoi esperimenti, facendo sintesi delle conoscenze disponibili di ottica, mise a punto la prospettiva lineare: una regola per la rappresentazione dello spazio che avrebbe guidato le arti, ma anche ispirato i grandi progressi della cartografia, influenzando i metodi di percezione e misurazione della Terra e aprendo di fatto la stagione dei grandi viaggi d'esplorazione e di scoperta, a partire dall'America. Protagonista della visione prospettica, l'uomo veniva a porsi al centro di tutte le cose, in linea con il pensiero umanistico che si nutriva di fonti classiche: gli autori latini via via riscoperti nelle biblioteche monastiche, i testi greci portati dai prelati ortodossi nel Concilio per l'unione delle Chiese d'Oriente e d'Occidente, che giunse da Ferrara nel 1439.

Quando i padri conciliari furono invitati a Firenze, e il ricco banchiere Cosimo de' Medici ne finanziò l'ospitalità, il primato della città in termini di sicurezza, comodità e bellezza era già stabilito. Verso il 1406 Leonardo Bruni, nella *Laudatio Florentinae Urbis*, ne aveva individuato il motivo nell'adozione di istituzioni repubblicane desunte dall'antica Roma: per Bruni, nel profilo della città racchiusa tra le armoniose e popolate colline il vertice era il palazzo dei Signori, sede del governo. Trent'anni dopo, l'orgoglio di Firenze saliva al cielo con la cupola a otto spicchi di Santa Maria del Fiore, capolavoro d'architettura e prima ancora di scienza delle costruzioni concepito dal Brunelleschi con audacia innovativa, *"struttura sì grande, erta sopra e' cieli, ampla da coprire con sua ombra tutti e' popoli toscani, fatta senza alcuno aiuto di travamenti o di copia di legname"*, secondo l'entusiastico referto di Leon Battista Alberti.

Il contributo di Firenze alla civiltà occidentale era già a metà Quattrocento immenso: la filosofia neoplatonica, la visione prospettica, la trattatistica con l'Alberti, lo splendore delle arti in quest'epoca incredibile, in cui gli artisti si chiamavano Donatello, Masaccio, Beato Angelico, Luca Della Robbia, Filippo Lippi, Andrea del Castagno, Verrocchio, Pollaiolo.

Sulle certezze fin qui raggiunte, si sarebbe costruito molto altro. Col predominio dei Medici, da Cosimo il Vecchio a Piero il Gottoso a Lorenzo il Magnifico (morto nel 1492), e con la loro ascesa al trono ducale e poi granducale, che tennero fino al-

How to date the start of a revolution that would change the course of thought, artistic style and man's relationship with God, himself and the world? Of course, the beginnings of the Renaissance can be seen in Arnolfo's classical sculptures and in Giovanni Boccaccio's proto-Humanism. It is customary among historians to date the beginning of the Renaissance, at least in terms of art, to 1401, the year that the Arte dei Mercanti di Calimala guild, responsible for Florence's baptistery, arranged a competition for design and creation of the venerated building's second bronze door, seventy years after Andrea Pisano had created the first.

Six sculptors created sample bronzes in the same size and shape and depicting the sacrifice of Isaac from the Old Testament. The two surviving samples (housed in Florence's Museo Nazionale del Bargello) are by Filippo Brunelleschi and Lorenzo Ghiberti. The latter won the competition, and his door was installed in the baptistery in 1424, and then a later door of his, known as the Gates of Paradise, was completed in 1452. While Brunelleschi's stark and dramatic work strikes a deep chord, and Ghiberti's work is more distant and low-key, Ghiberti's elegant composition and technical knowledge gave him a slight edge and earned him the victory—and rightly so.

That said, Brunelleschi was the more innovative of the two. He was quite dedicated to experimentation, not just in sculpture, but also in architecture, engineering, invention and science. His experiments, which integrated knowledge from the field of optics, perfected the linear perspective: a rule for representing space that guided the arts, but also inspired great progress in the field of cartography, where it influenced the methods used to perceive and measure the Earth and opened the way for the great explorers to make major discoveries, foremost among them the discovery of America. With perspective vision, man placed himself at the center of everything, in line with Humanist thought that drew on classical sources, including works by Latin authors gradually rediscovered in the libraries of monasteries and Greek texts that the Orthodox prelates brought to the Council of Florence—relocated from Ferrara in 1439—where the Eastern and Western churches were unified.

By the time the Council fathers were invited to Florence, where wealthy banker Cosimo de' Medici financed the event, the city's excellent security, comfort and beauty were already established. In approximately 1406, Leonardo Bruni, in his *Laudatio Florentinae Urbis* (*Praise of the City of Florence*), pointed out that the city had adopted republican institutions modeled after those of ancient Rome; Bruni wrote of the Palazzo Vecchio not just as the center of government, but as the tallest structure in the skyline of this charming city nestled in green hills. Thirty years later, the pride of Florence rose skyward: The eight-sided dome of Santa Maria del Fiore was an architectural masterpiece and the first work using Brunelleschi's science of construction. It was a bold and innovative statement that Leon Battista Alberti described as "such an enormous construction towering above the skies, vast enough to cover the entire Tuscan population with its shadow, and done without the aid of beams or elaborate wooden supports."

Florence had already made contributions to Western civilization by the mid-1400s: Neoplatonism, perspective vision, Alberti's treatises, the splendor of the arts with such artists as Donatello, Masaccio, Fra Angelico, Luca Della Robbia, Filippo Lippi, Andrea del Castagno, Andrea del Verrocchio and Pollaiolo.

A FIANCO: LA PORTA MERIDIONALE DEL BATTISTERO CONSERVA LE ORIGINALI PORTE IN BRONZO CON FORMELLE DI ANDREA PISANO (1330) .

OPPOSITE: THE SOUTHERN SIDE OF THE BAPTISTERY HAS ANDREA PISANO'S ORIGINAL BRONZE DOORS FROM 1330.

l'estinzione nel 1737, il mecenatismo e il collezionismo raggiunsero vertici di risonanza europea. La città rinnovata nei complessi ecclesiastici di San Lorenzo, Santo Spirito, San Marco, Santissima Annunziata, abbellita di palazzi, espansa nelle ville del territorio, educava gli artisti che ne avrebbero interpretato il genio mutevole: come l'amatissimo Sandro Botticelli, che con quadri straordinari come la *Primavera* e la *Nascita di Venere* chiuse in armoniose immagini mitologiche la lietezza profana dell'età di Lorenzo, e con le drammatiche pitture estreme mise in figura l'angoscia ispirata dalla predicazione apocalittica del proto riformatore fra' Girolamo Savonarola, arso sul rogo nel 1498.

Leonardo da Vinci, Michelangelo Buonarroti, Raffaello Sanzio – autori di capolavori che avrebbero un giorno contribuito a creare musei di fama mondiale, come la Galleria degli Uffizi – lavoravano in competizione tra loro all'aprirsi del Cinquecento: il secolo iniziava col *David*, colosso marmoreo di Michelangelo (1504), simbolo universale della bellezza e della potenza virile. Spostatosi a Roma il baricentro di uno splendore, di cui furono fautori i due papi Medici Leone X e Clemente VII (committenti di Michelangelo in San Lorenzo a Firenze), la città conobbe un'altra stagione eccezionalmente creativa sotto Cosimo I de' Medici e i suoi figli. È d'allora – metà XVI secolo – il rinnovamento dei quartieri fra Palazzo Vecchio e l'Arno, con la costruzione, su progetto di Giorgio Vasari, della seriale (e geniale) Fabbrica dei 13 Magistrati, coronata all'ultimo piano dal loggiato che divenne sede del primo museo dell'Europa moderna, la Galleria degli Uffizi. Un utile e spettacolare passaggio aereo, il Corridoio Vasariano, dal 1565 collega gli Uffizi a palazzo Pitti varcando il fiume sul Ponte Vecchio.

Ma il primato delle arti, oltre che dalle opere, passò attraverso la storiografia, che ebbe nelle *Vite d'artisti* di Giorgio Vasari (1550 e 1568) un monumento insuperato, e la promozione sociale dell'artista grazie all'istituzione, nel 1563, dell'Accademia delle Arti del Disegno.

L'immenso retaggio artistico dell'età medicea, cui nel Sei-Settecento si erano aggiunti capolavori di arti applicate, con l'estinzione del Medici nel 1737 corse seri rischi di dispersione e solo la lungimiranza dell'ultima della stirpe, Anna Maria Luisa Elettrice Palatina, assicurò la permanenza dei beni nei loro luoghi, grazie al documento noto come "Patto di famiglia". Giunta la dinastia dei Lorena, poi Asburgo-Lorena, subentrata la casa Savoia dopo il 1861, e infine divenuta la Repubblica italiana proprietaria di quei tesori, più che la creatività fiorirono la cultura della conservazione, la grande museologia originata dal "museo universale" degli Uffizi, la riflessione critica sulle arti, mentre la città andava incontro alle trasformazioni imposte da una modernità incalzante.

La sfida odierna di Firenze è la ricerca dell'equilibrio tra le esigenze, diverse, e talora conflittuali, di conservare un centro storico denso di memorie materiali uniche (iscritto per intero nelle liste dei beni dell'umanità secondo l'Unesco) affinché continui a irradiare il suo messaggio di civiltà e di bellezza, e insieme di farlo vivere come un ambiente urbano dai requisiti appropriati per accogliere i residenti, i commercianti, gli stranieri, il turismo di massa, dove la decisiva densità e l'altissima qualità dei segni del passato siano d'ispirazione per progettare il futuro.

The city continued to grow in importance. With the Medici dynasty in power, from Cosimo the Elder to Piero the Gouty to Lorenzo the Magnificent (who died in 1492) and their ascension to the ducal and then grand ducal throne, which the family held until it was abolished in 1737, patronage and art collection reached heights that reverberated throughout Europe. New religious complexes sprang up, including San Lorenzo, Santo Spirito, San Marco and Santissima Annunziata, as did palaces. Villas filled the surrounding areas. Artists were educated here and learned to interpret the evolving artistic spirit. Among them was Sandro Botticelli, who created both extraordinary paintings, such as *Primavera (Allegory of Spring)* and *Nascita di Venere (The Birth of Venus),* that combined mythological images with the secular freedom afforded in the age of Lorenzo the Magnificent, and dramatic paintings inspired by the apocalyptic preaching of reformer Girolamo Savonarola, burned at the stake in 1498.

Leonardo da Vinci, Michelangelo, Raphael—artists whose masterpieces would fill world-famous museums, such as the Uffizi Gallery—were competing with each other at the start of the 16th century: The century began with Michelangelo's colossal marble statue of *David,* sculpted in 1504, a symbol of beauty and virility. While Rome's importance grew under the two Medici popes, Leo X and Clement VII (who commissioned Michelangelo to design Florence's San Lorenzo), Florence blossomed under Cosimo I de' Medici and his children. Dating to the mid-16th century is the renewal of the neighborhoods between the Palazzo Vecchio and the Arno, as well as the construction of a modular building conceived by Giorgio Vasari and originally intended to provide offices for magistrates. The building was crowned by a loggia that would become the first museum in modern Europe, the Uffizi Gallery. A spectacular and practical elevated passageway, the Vasari Corridor, which crosses the river along the Ponte Vecchio, has connected the Uffizi to the Pitti Palace since 1565.

Florence's leading position in the world of art, as well as its wealth of famous works, was recorded in Vasari's *Lives of the Artists* (1550 and 1568). The Accademia delle Arti del Disegno, the Academy of the Arts of Drawing, was established in 1563.

The immense artistic collections of the Medici era, with the applied arts joining the scene in the 1600s and 1700s, seriously risked disappearing when the dynasty ended in 1737. This legacy was kept in place thanks to the long-term vision of the last scion of the house, Anna Maria Luisa, Electress Palatine. With the so-called "family pact," she ensured that the family's treasures would remain in Florence. Then the Lorraine dynasty—later the Habsburg-Lorraine dynasty—took over, and then was replaced by the house of Savoy after the events of 1861. Eventually, the Republic of Italy obtained those treasures. The culture of preservation flourished. The science of designing, organizing and managing museums grew out of experience with the Uffizi, a "universal museum." Time marched on, and the city modernized.

Today, Florence's challenge is to strike a balance between preserving a historic center dense with unique material (the entire area is a UNESCO World Heritage site), while continuing to share its culture and beauty, not to mention maintaining an urban environment that can meet the needs of residents, shopkeepers and tourists—a place where the signs of the past can serve as inspiration for the future.

A fianco: Sotto la cupola del Brunelleschi si vede un tratto di muratura rustica. Ai primi del '500 s'iniziò a costruirvi una loggetta su progetto di Baccio d'Agnolo, ma rimase incompiuta dopo che Michelangelo la definì una "gabbia da grilli".
P. 32-33: Ponte Vecchio è stato eretto da Neri di Fioravante nel 1345; inconfondibili sono le botteghe degli orafi letteralmente aggrappate lungo i fianchi.

Opposite: Under Brunelleschi's dome there is a piece of unfinished wall. In the early 1500s, construction began on a small loggia designed by Baccio d'Agnolo, but when Michelangelo derided it, saying it looked like "a cricket cage," the project was abandoned.
Pages 32-33: The Ponte Vecchio was built by Neri di Fioravante in 1345; gold jewelry shops seem to cling to the sides of the bridge.

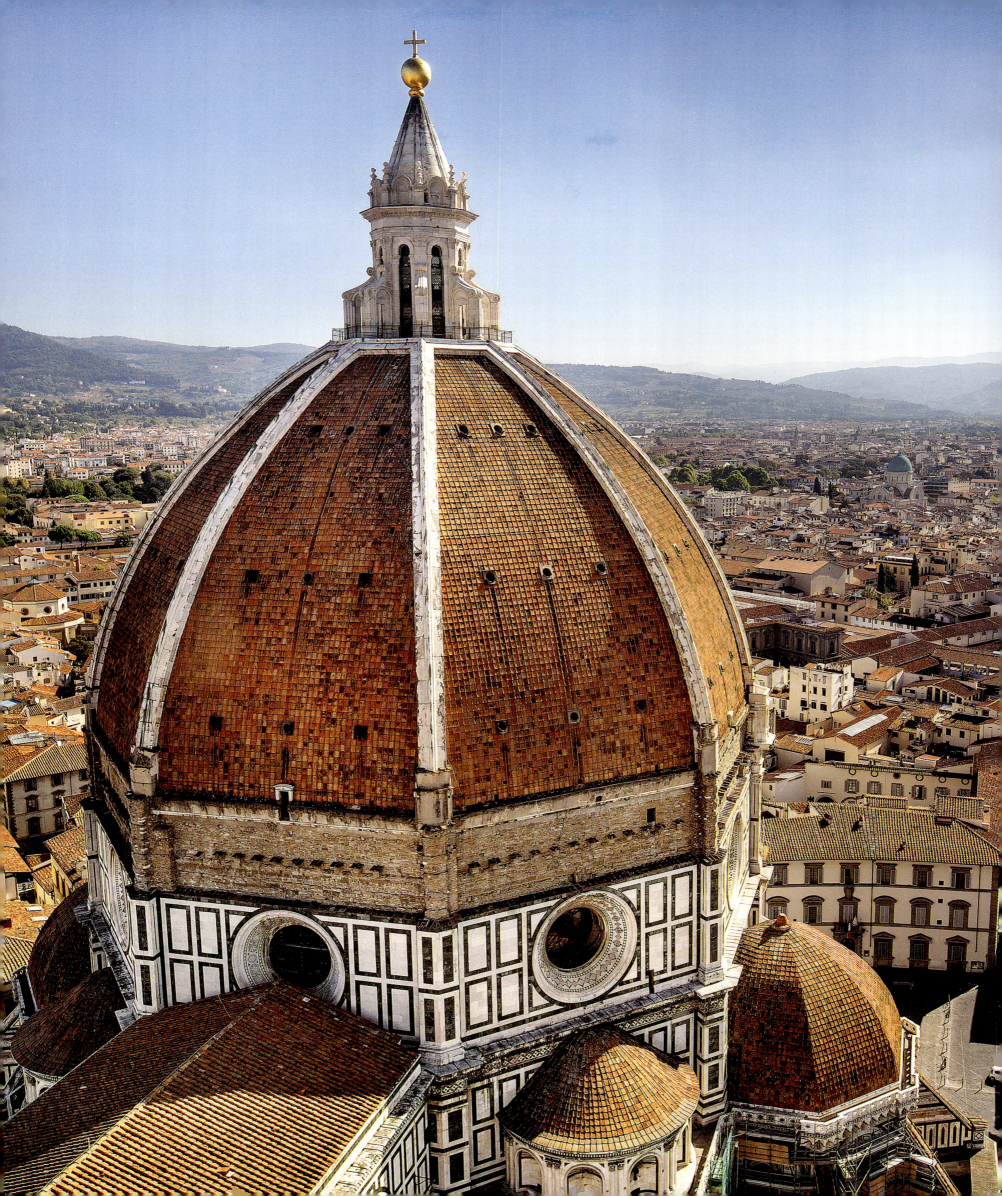

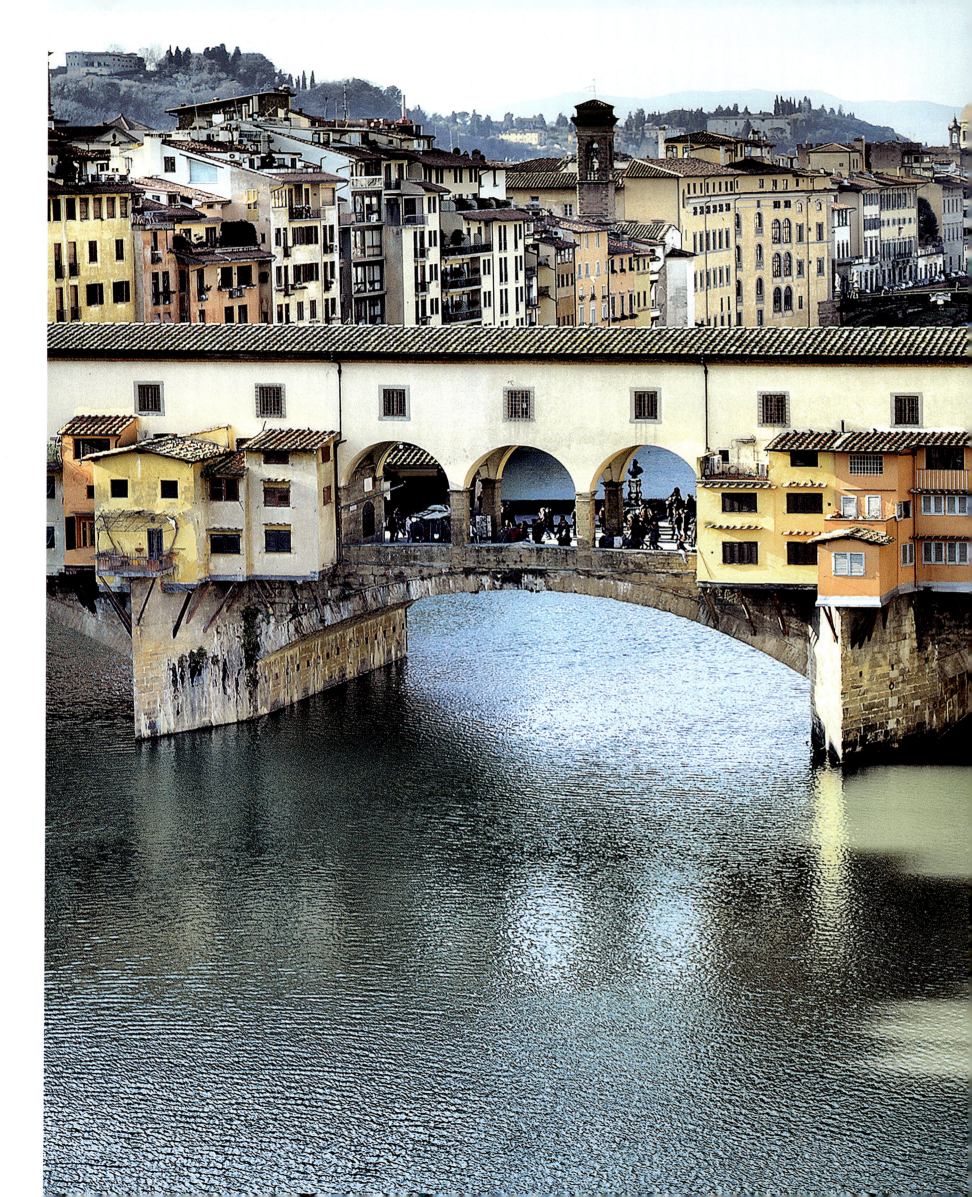

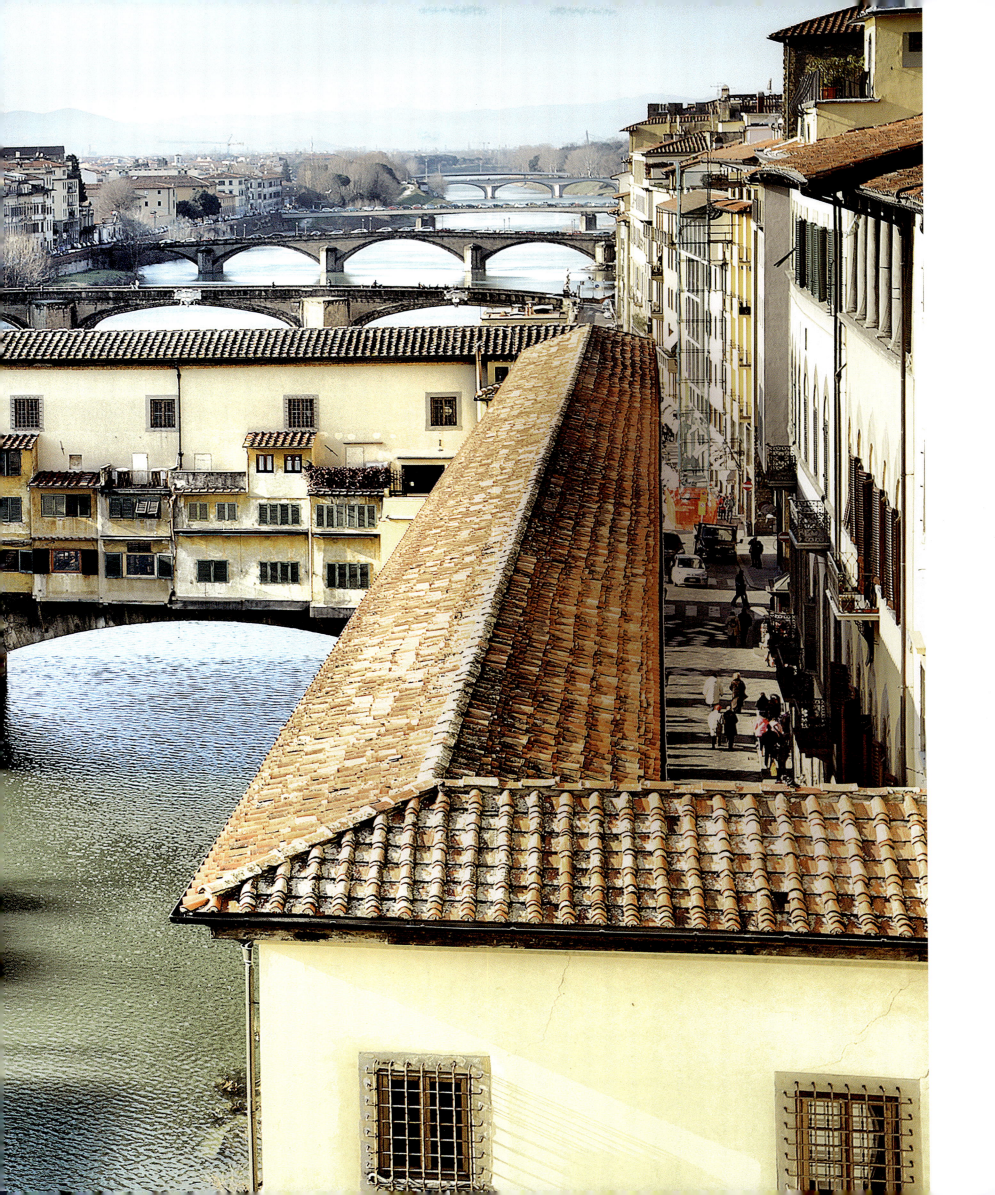

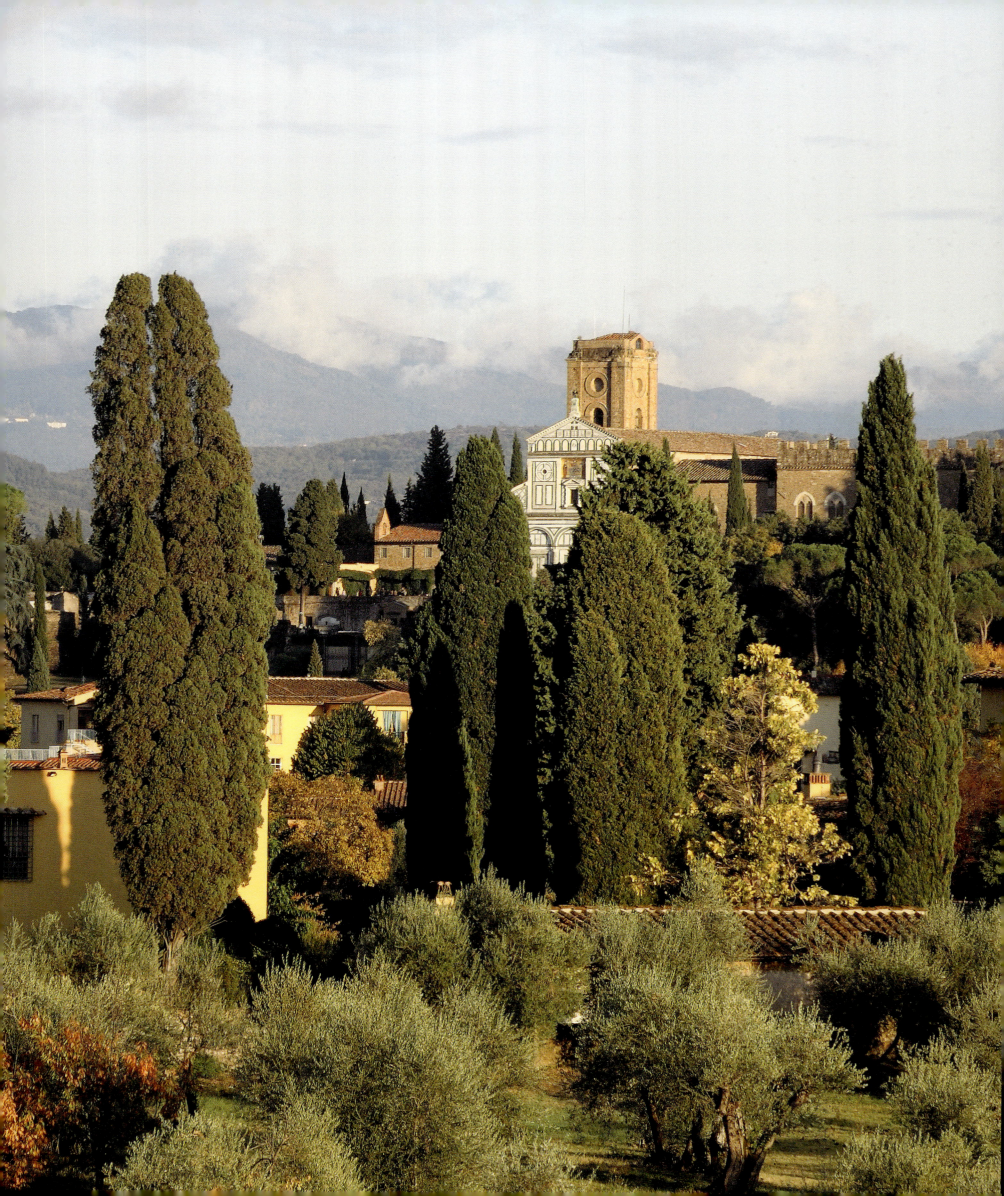

DA *FLORENTIA* ALL'ETÀ DI DANTE
FROM FLORENTIA TO THE AGE OF DANTE

Le più antiche testimonianze di un insediamento presso la confluenza del Mugnone nell'Arno risalgono al X secolo a.C., quando una popolazione italica prende stabile dimora sull'area che sarebbe diventata il centro storico di Firenze. Peraltro, queste remote origini conoscono un'evoluzione lenta e poco significativa. La fondazione di Fiesole nel V secolo a.C. testimonia che gli etruschi, com'è noto, prediligevano per le loro città le vette delle colline, e l'insediamento in riva al fiume fungeva solo da luogo di sbarco e di mercato per la ricca Fiesole; ma, conquistato e smantellato da Silla, l'abitato risorge nel 59 a.C. come colonia e con il nome di *Florentia*. Pur mantenendo il sito del precedente centro italico ed etrusco, *Florentia* assume il classico assetto delle vie ortogonali romane. Il foro corrispondeva all'attuale piazza della Repubblica e l'intera città era raccolta entro il quadrilatero composto da via de' Tornabuoni, via de' Cerretani, via del Proconsolo e l'asse formato da via Porta Rossa e via Condotta. In età imperiale il ruolo di *Florentia* cresce: sorgono edifici monumentali, di cui non restano però ruderi se non nelle fondamenta, come le terme ritrovate sotto la pavimentazione di piazza della Signoria, un teatro (sotto Palazzo Vecchio) e un anfiteatro, non lontano dall'odierna piazza Santa Croce di cui si può tuttora intuire la curva nell'assetto urbanistico circostante via de' Greci. La mancanza di significativi resti antichi è ampiamente compensata dalle importanti raccolte di arte etrusca e romana nel Museo Archeologico, e dalla spettacolare raccolta di marmi classici disposti lungo i corridoi degli Uffizi.

Florentia conosce il cristianesimo grazie a san Miniato, evangelizzatore della città nell'anno 250. Nel IV secolo, inizialmente fuori dal perimetro della città romana, vengono costruite le prime chiese, come San Lorenzo e Santa Felicita, poi radicalmente trasformate durante il Rinascimento. Dopo l'editto di tolleranza emanato da Costantino, ai cristiani viene permesso di costruire luoghi di culto anche entro le mura: nasce così la basilica di Santa Reparata, le cui strutture sono tuttora in parte visitabili e riconoscibili al di sotto dell'attuale cattedrale. In corrispondenza della basilica viene con ogni probabilità fondato il battistero ottagonale, la cui prima testimonianza documentaria risale all'anno 897, ma che probabilmente è di fondazione più antica. Stupendo edificio geometrico, perfetto nelle proporzioni ed esemplare nel rivestimento ornamentale in marmi bianchi e verdi, il battistero diventa il simbolo più riconoscibile della città, che ha come patrono san Giovanni Battista.

Assediata e più tardi conquistata dagli Ostrogoti, dopo la fine dell'Impero romano Firenze non si sottrae alla generale decadenza, pur essendo promossa a capitale di un ducato longobardo. La ripresa, che sancisce anche il ruolo storico di Fi-

The earliest signs of a settlement in the area near the confluence of the Mugnone and Arno rivers date back to the 10th century B.C., when an Italic people established itself on the land that would later become the historic center of the city of Florence. However, these long ago events were fairly static and are barely reflected by the city as we know it today. It's widely recognized that the Etruscans preferred to build their cities on hilltops, and they established Fiesole at a high vantage point in the 5th century B.C.; the settlement they created nearby on the banks of the river served largely as a landing spot for ships and as a market for that wealthy town. The area was conquered and demolished by Lucius Cornelius Sulla, and then it underwent a resurgence in 59 B.C., when it became a colony known as Florentia. While Florentia rose on the site of the previous Italic and then Etruscan settlements, it adopted a classic Roman road system of squared off byways. The forum stood in what is today the Piazza della Repubblica, and the entire city existed within the square bordered by Via de' Tornabuoni, Via de' Cerretani, Via del Proconsolo and the road that turns from Via Porta Rossa into Via Condotta. During the imperial era, Florentia played an increasingly significant role: Monumental buildings were constructed, though today only ruins and some of their foundations remain. These include the thermal baths found under the Piazza della Signoria, a theater (beneath the Palazzo Vecchio) and an

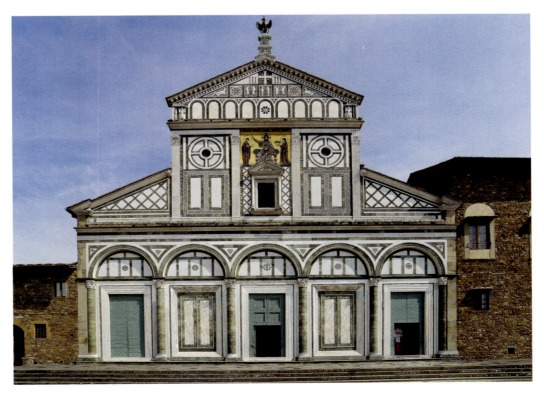

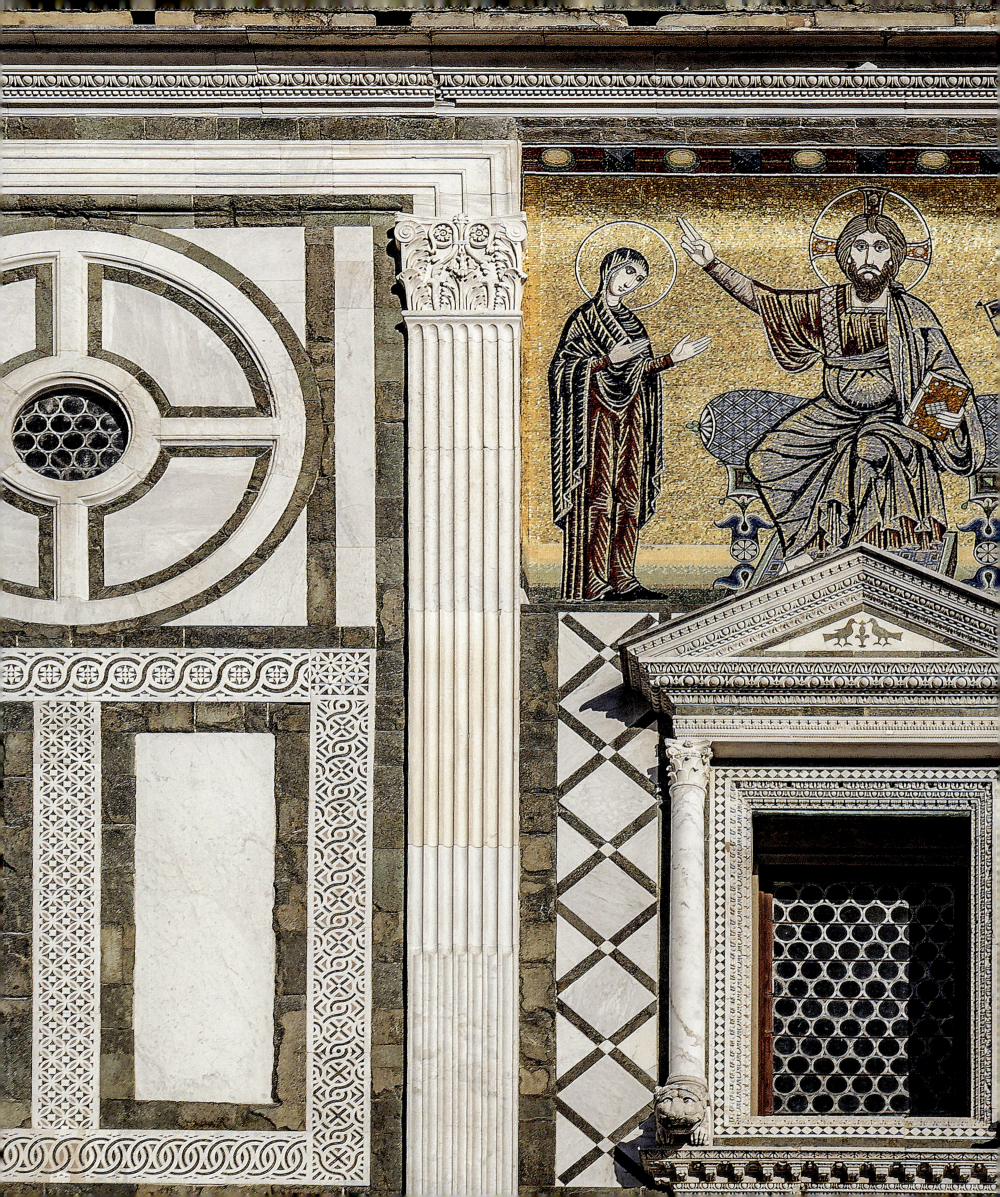

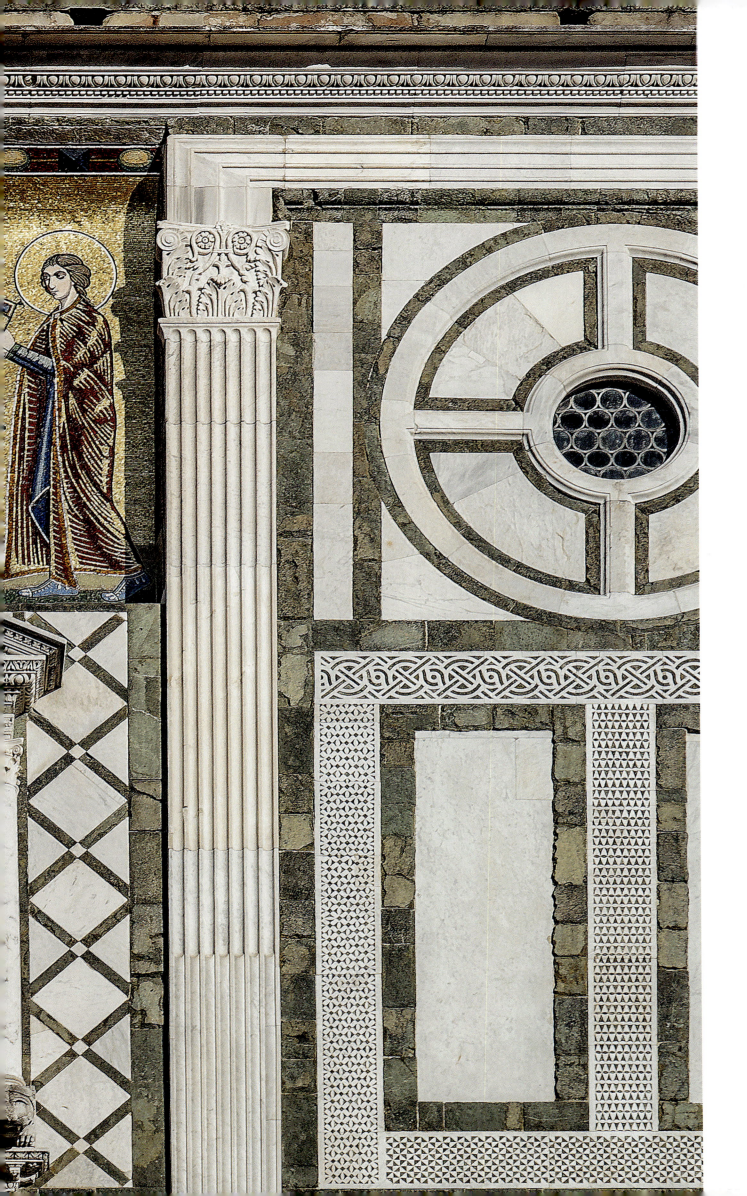

A FIANCO: DISEGNI DI MARMO
BIANCO DELLE ALPI APUANE E MARMO
VERDE DI PRATO INCORNICIANO IL
MOSAICO DUECENTESCO A FONDO ORO
CHE SCINTILLA SULLA FACCIATA DI SAN
MINIATO.
P. 38 E 39: L'ABSIDE DELLA BASILICA DI
SAN MINIATO RIPROPONE LA RAFFINA-
TISSIMA ALTERNANZA DI MARMI BIANCHI
E VERDI. NEL CATINO ABSIDALE DILAGA
UN GRANDE MOSAICO CON CRISTO BE-
NEDICENTE DEL XIII SECOLO.
P. 40 E 41: IL MILLENARIO BATTISTERO
È IL MONUMENTO PIÙ ANTICO DEL CEN-
TRO DI FIRENZE, TANTO DA ESSERNE DI-
VENUTO IL SIMBOLO STESSO. AL
RIVESTIMENTO ESTERNO IN MARMI CO-
LORATI FA RISCONTRO UNO SPETTACO-
LARE INTERNO RIVESTITO DI MOSAICI A
FONDO ORO ESEGUITI A PARTIRE DAL
1270.

OPPOSITE: DESIGNS CRAFTED WITH
WHITE MARBLE FROM THE APUAN
ALPS AND GREEN MARBLE FROM
PRATO FRAME THE 13TH-CENTURY MO-
SAIC ON A GOLD BACKGROUND THAT
SPARKLES ON THE SAN MINIATO FA-
CADE.
PAGES 38 AND 39: THE APSE IN THE
SAN MINIATO BASILICA IS GRACIOUSLY
DECORATED IN GREEN AND WHITE MAR-
BLE. A LARGE MOSAIC THAT DEPICTS
CHRIST GIVING HIS BLESSING LOOKS
DOWN FROM THE APSE BASIN. IT DATES
TO THE 13TH CENTURY.
PAGES 40 AND 41: THE BAPTISTERY,
MORE THAN 1,000 YEARS OLD, IS THE
OLDEST BUILDING IN THE CENTER OF
FLORENCE AND HAS BECOME THE SYM-
BOL OF THE CITY. THE OUTSIDE DECORA-
TION IN COLORED MARBLE CONTRASTS
WITH A SPECTACULAR INTERIOR COVE-
RED IN MOSAICS ON A GOLD BACK-
GROUND THAT WERE BEGUN IN 1270.

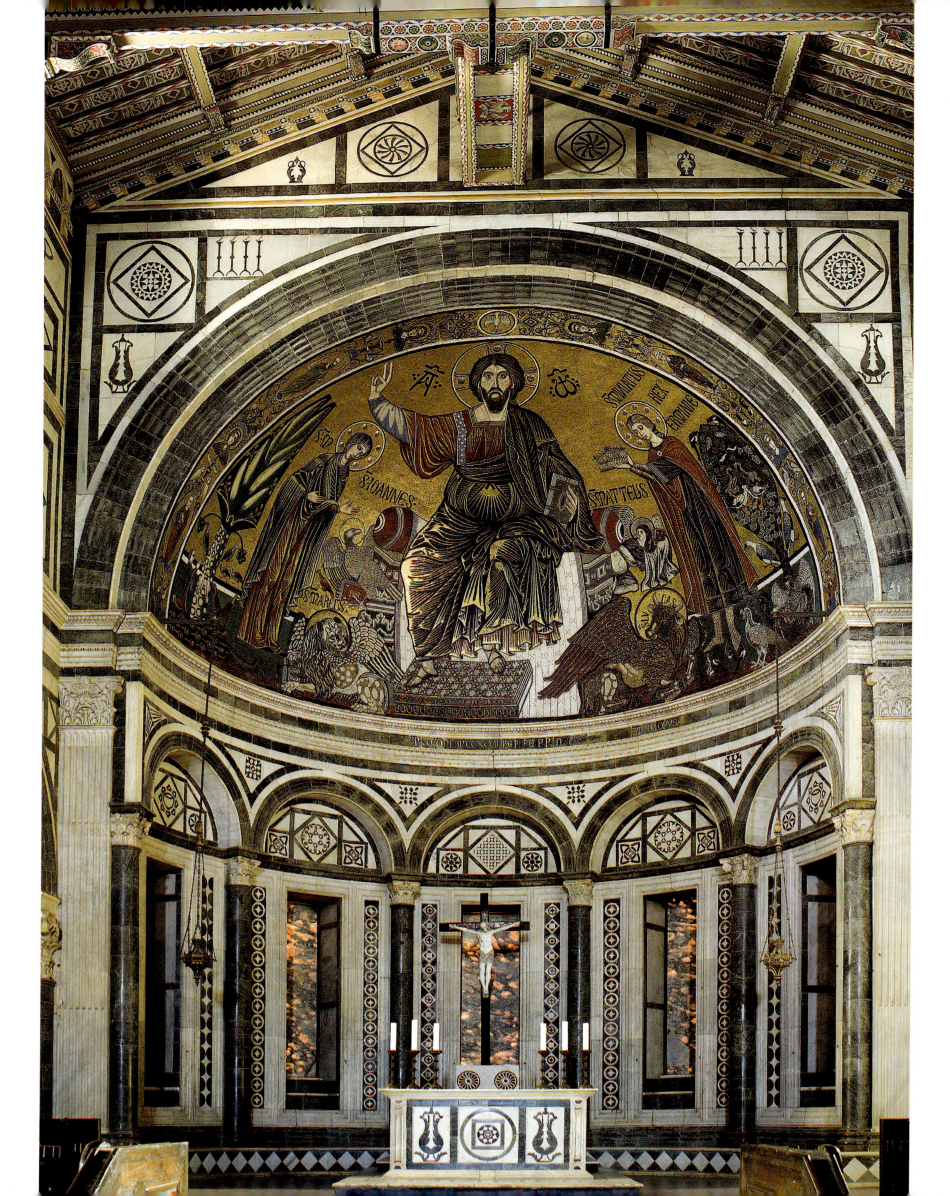

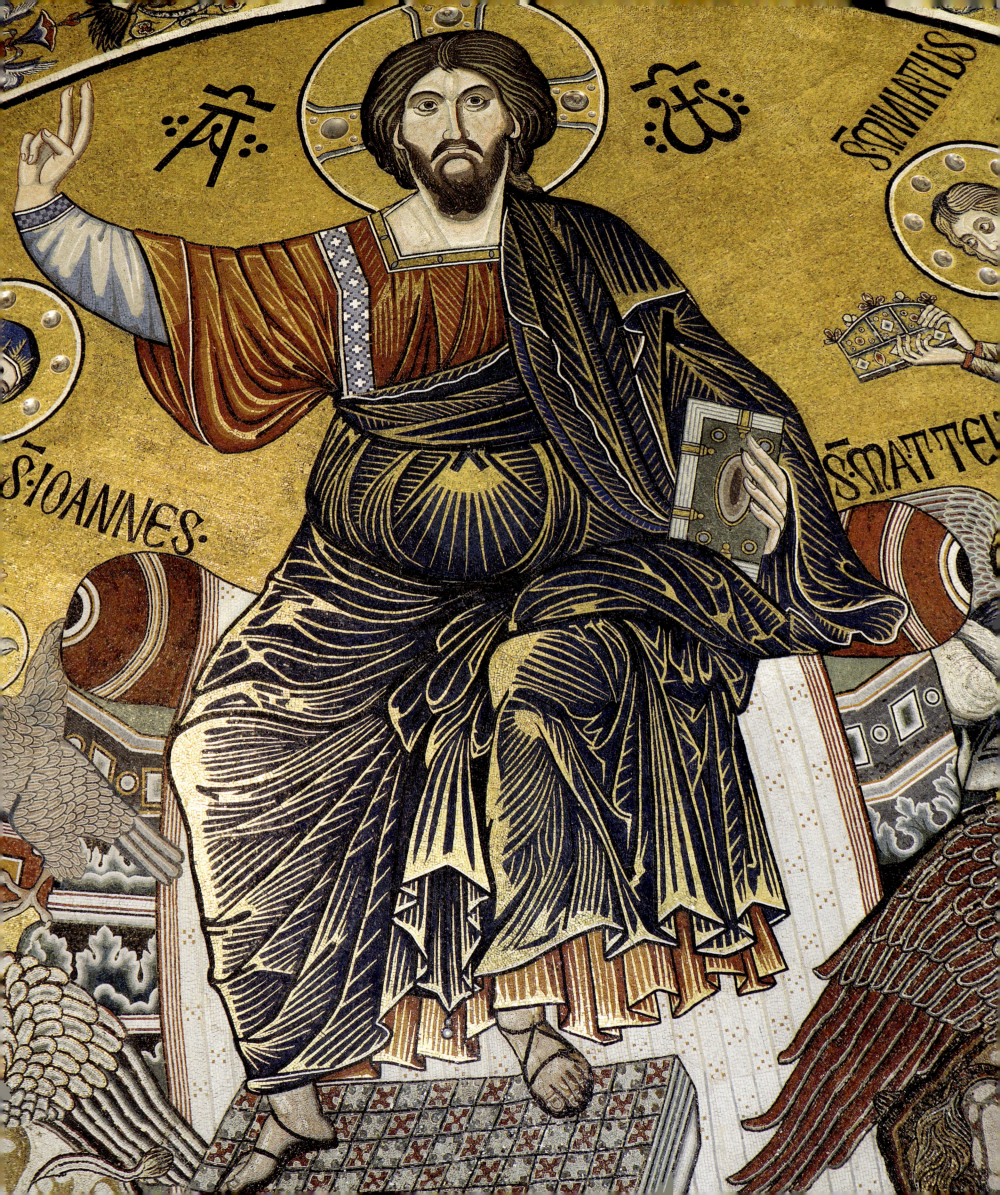

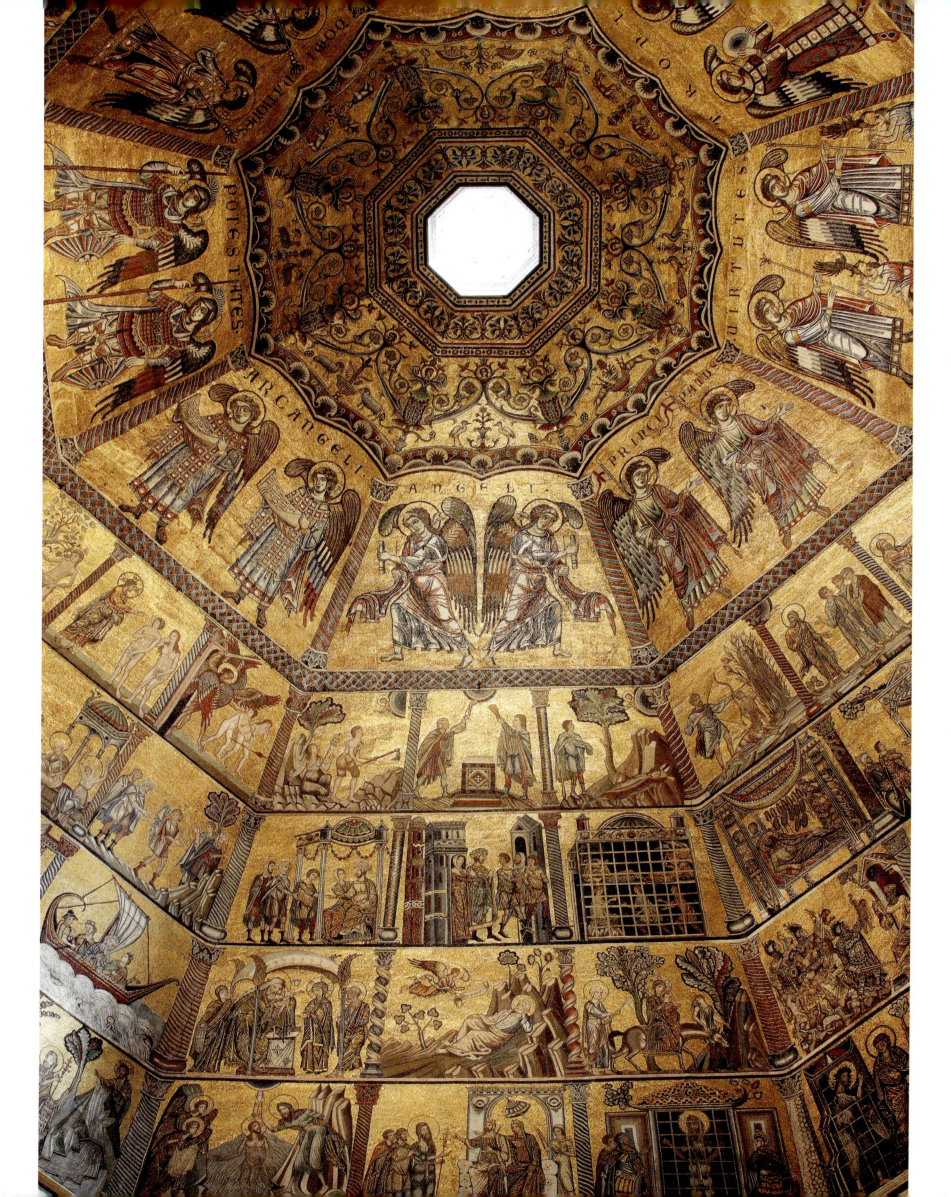

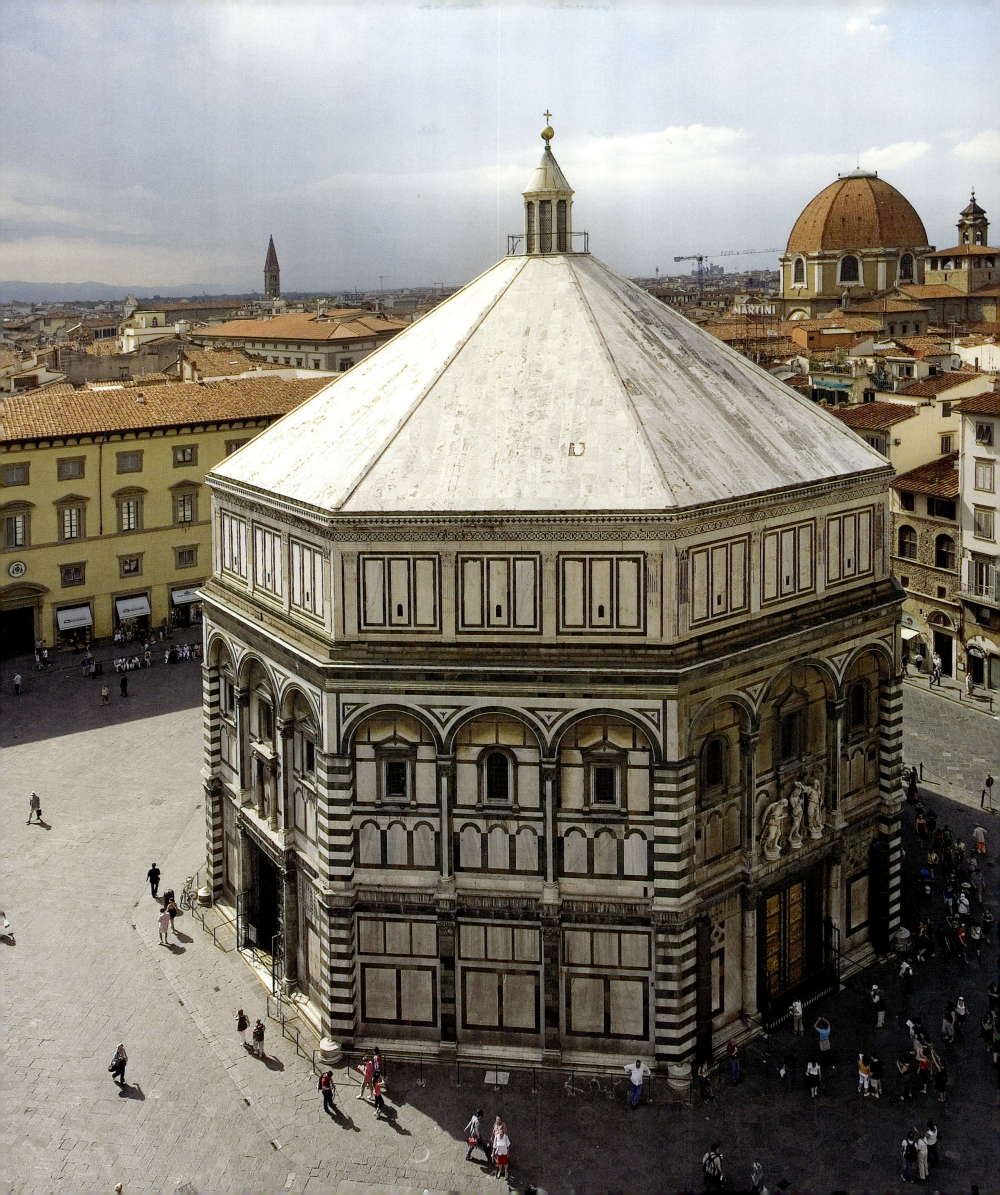

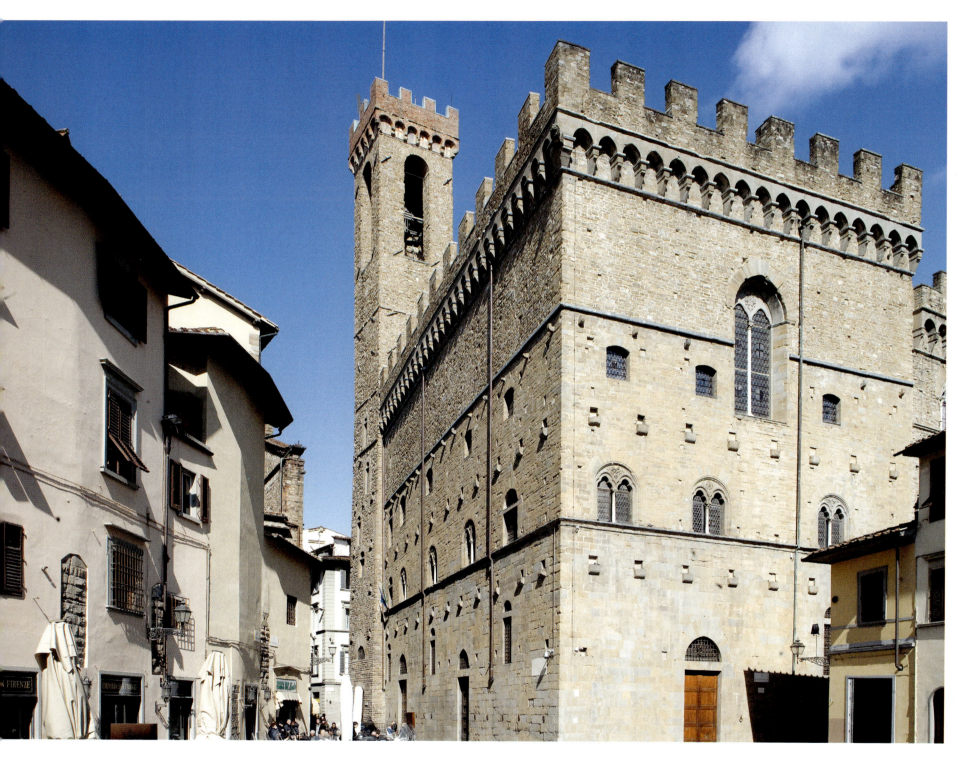

SOPRA E A FIANCO: IL PALAZZO DEL BARGELLO (1255) PRESENTA ALL'ESTERNO UNA TORRE MERLATA E, ALL'INTERNO, UN SUGGESTIVO CORTILE A PORTICO E LOGGIA SU PILASTRI OTTAGONALI.

renze come città di cultura, viene avviata grazie alla dinastia carolingia: nell'anno 825 l'imperatore Lotario I, nipote di Carlo Magno, colloca Firenze tra le otto città italiane in cui aprire istituti di studi superiori.

Intorno al Mille Firenze appare governata da un dualismo tra il potere vescovile e la crescente rappresentatività del *populus florentinus*. Ottenuta la piena indipendenza, il Comune si organizza politicamente intorno alle Arti, le corporazioni dei lavoratori. Le sette Arti Maggiori sono quelle dei mercanti (o di Calimala), dei giudici e notai, dei cambiavalute, dei lavoratori della lana, dei lavoratori della seta (o di Por Santa Maria), dei medici e speziali, e dei pellicciai. A queste sette, con gli statuti civici del 1282, si aggiungeranno altre categorie professionali, destinate a diventare importanti committenti di opere d'arte.

amphitheater not far from what today is the Piazza Santa Croce—its outline is faintly traced by the curving Via de' Greci. The lack of any significant ancient ruins is certainly offset by the impressive collection of Etruscan and Roman art in the Archeological Museum, as well as the splendid collection of classical marble pieces that line the hallways of the Uffizi Gallery.

Saint Minias evangelized in Florentia in the year 250, introducing Christianity to the local residents. In the 4th century A.D., the earliest churches, including San Lorenzo and Santa Felicita, were built outside of the Roman city. They would later be transformed radically during the Renaissance. After Constantine issued his edict urging tolerance, Christians were allowed to build places of worship within the walls: One such church was Santa Reparata, a building that is still partially recognizable beneath the current cathedral and can be visited. The octagonal

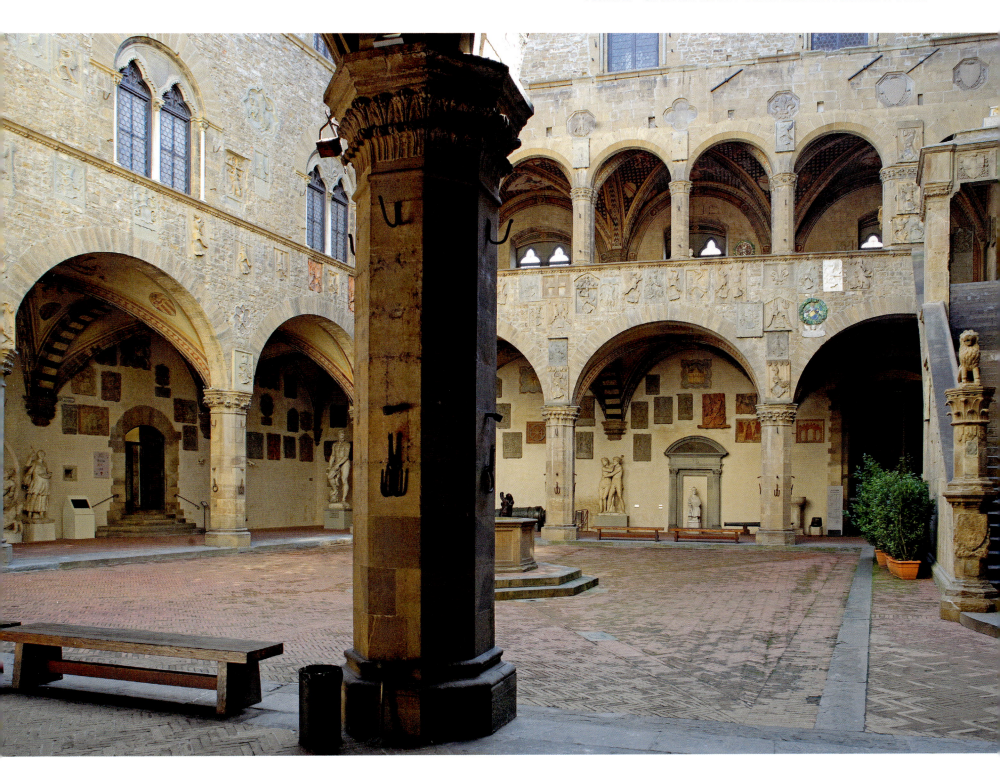

La Firenze medievale, all'interno delle mura nostalgicamente citate da Dante in un celebre passo del *Paradiso*, presentava un aspetto severo, con case di pietra robuste come piccole fortezze. In vivacissimo contrasto cromatico, sul modello del battistero, alcune delle chiese costruite a partire dall'XI secolo presentano rivestimenti con motivi geometrici in marmi bianchi e verdi. Emblematica è la splendida facciata di San Miniato, la più bella chiesa romanica di Firenze, in una felice posizione panoramica, iniziata nel 1018. Altre chiese medievali, nel fitto reticolo del centro storico, sono Santi Apostoli, Santa Maria Maggiore, Santo Stefano e San Pier Scheraggio, poi semidistrutta e inglobata nel palazzo degli Uffizi.

Tra il XIII e il XIV secolo Firenze conosce un grandioso sviluppo culturale, urbanistico e monumentale, ancora più straordinario se si considera il periodo storico carico di ten-

baptistery was likely created at the same time as the basilica; the first evidence documenting it dates to 897, but it is believed to be older than that. A fantastic geometric building, with perfect proportions and exceptional decoration in white and green marble, the baptistery would become the most recognizable symbol of the city, whose patron saint is John the Baptist.

Under siege and later conquered by the Ostrogoths, after the fall of the Roman Empire Florence was part of the general decline, although it was chosen as the capital of a Lombard duchy. Its subsequent rise—which positioned Florence to take a leading role as cultural center for centuries—can be credited to the Carolingian dynasty: In 825, Emperor Lothair I, a grandson of Charlemagne, chose Florence as one of eight Italian cities where he would open institutes for advanced study.

Around the year 1000, Florence seems to have been gov-

ABOVE AND OPPOSITE: THE BARGELLO PALACE (1255) HAS BATTLEMENTS ON THE OUTSIDE AND INSIDE HOUSES A LOVELY COURTYARD LINED WITH PORTICOES AND A LOGGIA ON OCTAGONAL PILLARS.

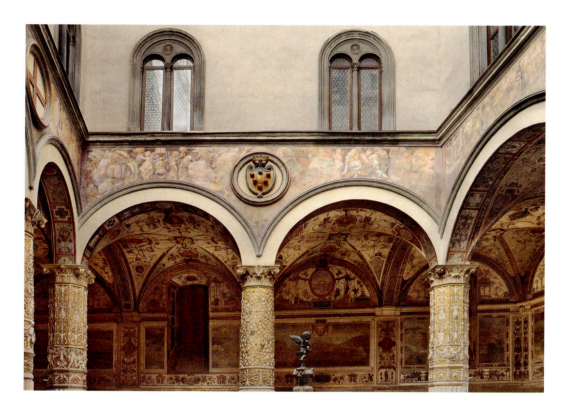

sioni interne e di guerre: il robusto palazzo del Bargello (1255) è il simbolo di una stagione caratterizzata da famose battaglie contro i senesi (Montaperti, Colle Val d'Elsa, Campaldino: a quest'ultima, nel 1294, prende parte anche il ventiquattrenne Dante Alighieri). A partire dal 1252 comincia ad essere coniato il fiorino, l'inconfondibile moneta d'oro con il giglio di Firenze. La città cresce notevolmente e nel corso del Trecento arriverà a sfiorare i 100.000 abitanti. Di straordinaria importanza è la fondazione dei grandi conventi urbani dei domenicani (Santa Maria Novella, 1278) e dei francescani (Santa Croce, 1295), due grandiosi complessi architettonici in cui emerge il genio di Arnolfo di Cambio, scultore e architetto protagonista del gotico fiorentino e, insieme a Brunelleschi e Vasari, l'artista che più profondamente ha caratterizzato il volto della città. Ad Arnolfo si devono anche Palazzo Vecchio, la basilica di Santa Trinita e la fondazione della cattedrale di Santa Maria del Fiore, per la quale predispone anche notevolissime sculture oggi esposte nel Museo dell'Opera del Duomo. Le case-torri medievali lasciano il posto ad abitazioni più confortevoli, con botteghe al pian terreno. È la città in cui crescono Dante e Giotto, in cui si gettano le basi per una nuova cultura basata sui valori intellettuali e sentimentali dell'uomo. Con i dipinti su tavola e gli affreschi in Santa Croce, ma anche con il progetto del campanile del Duomo, Giotto apre una nuova civiltà pittorica, in cui la figura umana è la misura proporzionale dello spazio. D'altra parte, la situazione politica ed economica della splendida Firenze trecentesca resta molto incerta: la peste nera del 1347-1348 (sfondo storico in cui è ambientato il *Decamerone* di Boccaccio) è una grande tragedia

erned by a combination of the Church and growing representation of the *populus florentinus.* Once the commune became completely independent, it organized politically around the Arti, or guilds. The seven Arti Maggiori, the major guilds, were the merchants' guild (also known as the Arte di Calimala), the judges and notaries' guild, the money-changers' guild, the wool weavers and merchants' guild, the silk weavers and merchants' guild (also known as the Arti di Por Santa Maria), the physicians and pharmacists' guild and the furriers' guild. Guilds for other professional categories were added under the civic statutes of 1282, and like the original guilds, they would commission major works of art.

Medieval Florence, contained within the walls nostalgically described by Dante in one of the most famous passages from his *Paradiso,* was rather severe looking. Its sturdy houses were made of stone and resembled small fortresses. Some of the churches built beginning in the 11th century offered a stark contrast—influenced by the baptistery, they were decorated with geometric patterns in white and green marble. A good example is the facade of San Miniato, Florence's prettiest Romanesque church, which stands on a hill. Construction on the church started in 1018. Other Medieval churches in the densely built historic center include Santi Apostoli, Santa Maria Maggiore, Santo Stefano and San Pier Scheraggio, which later was partially destroyed and incorporated into the Uffizi building.

From the 13th century to the 14th century, Florence underwent striking cultural, metropolitan and architectural development—which is even more extraordinary in light of the fact that this period in its history was marked by internal tension and war. The large Bargello Palace, which dates to 1255, is a symbol of the period when many of Florence's famous battles against Siena (such as the battles of Montaperti, Colle Val d'Elsa and Campaldino—the latter, in 1294, saw 24-year-old Dante Alighieri take part) were fought. In 1252, the florin was minted. This was Florence's famous gold coin with the Florentine lily represented by a fleur-de-lis motif. The city grew notably, and during the 14th century it passed the threshold of 100,000 residents. Sizeable religious complexes were built in the city by both Dominicans (Santa Maria Novella in 1278) and Franciscans (Santa Croce in 1295). These two large architectural projects broadcast the talent of Arnolfo di Cambio, the sculptor and architect who launched the Florentine Gothic and with Brunelleschi and Vasari formed the trio of artists largely responsible for giving the city its now-famous look. Arnolfo was also responsible for the Palazzo Vecchio, the Santa Trinita basilica and the foundation for Santa Maria del Fiore cathedral, for which he also created sculptures that today are exhibited in the Museo dell'Opera del Duomo. Medieval house-towers gave way to more comfortable dwellings with space for shops on the ground floor. This was the city where Dante and Giotto grew up, where the groundwork was laid for a culture that exalted man's intellect and emotions. With panel paintings and frescoes for Santa Croce and the design for the main cathedral's bell tower, Giotto created a new artistic culture where human figures marked spatial proportions. On the other hand, the political and economic situation in Florence in the 1300s remained

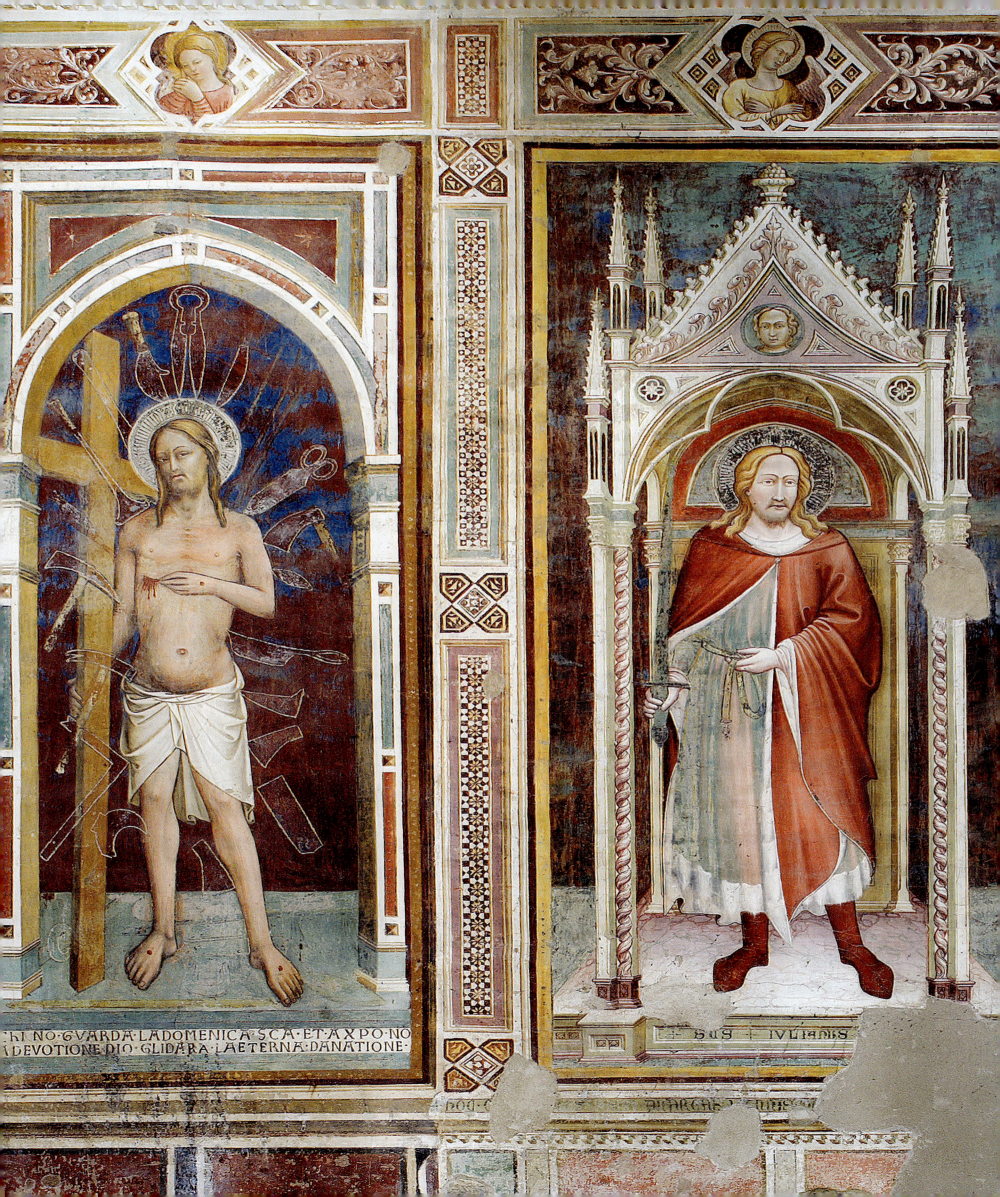

CHI NO GVARDA LA DOMENICA SCA ET A XPO NO
DEVOTIONE DIO GLI DARA LA ETERNA DANATIONE

· SUS · IVLIANVS ·

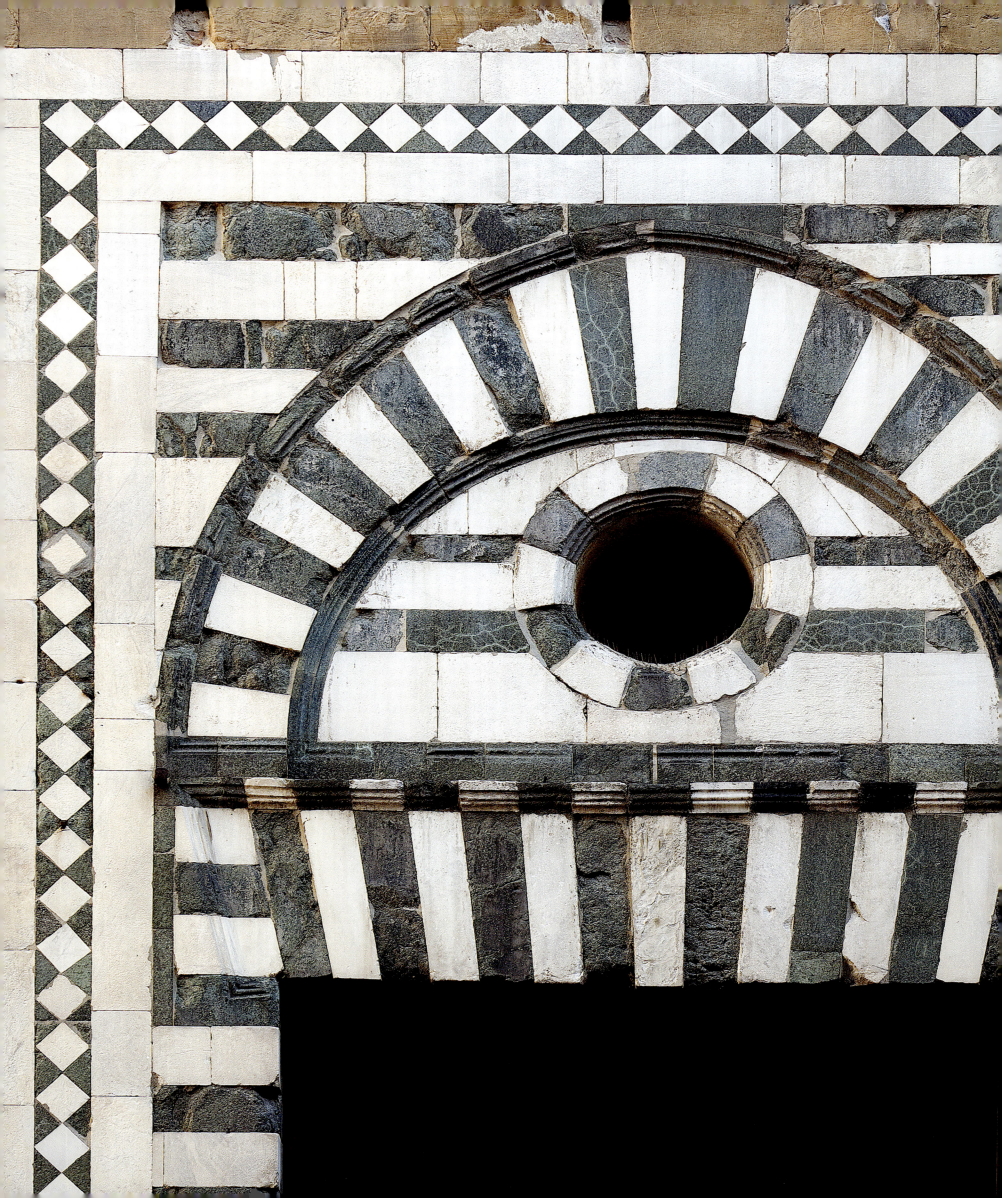

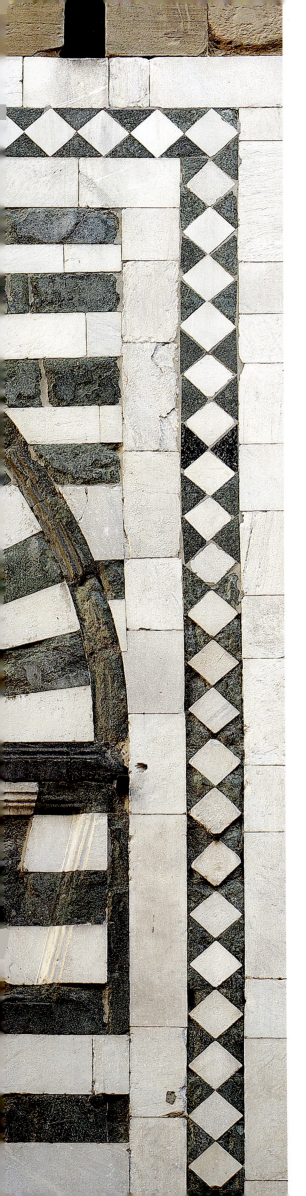

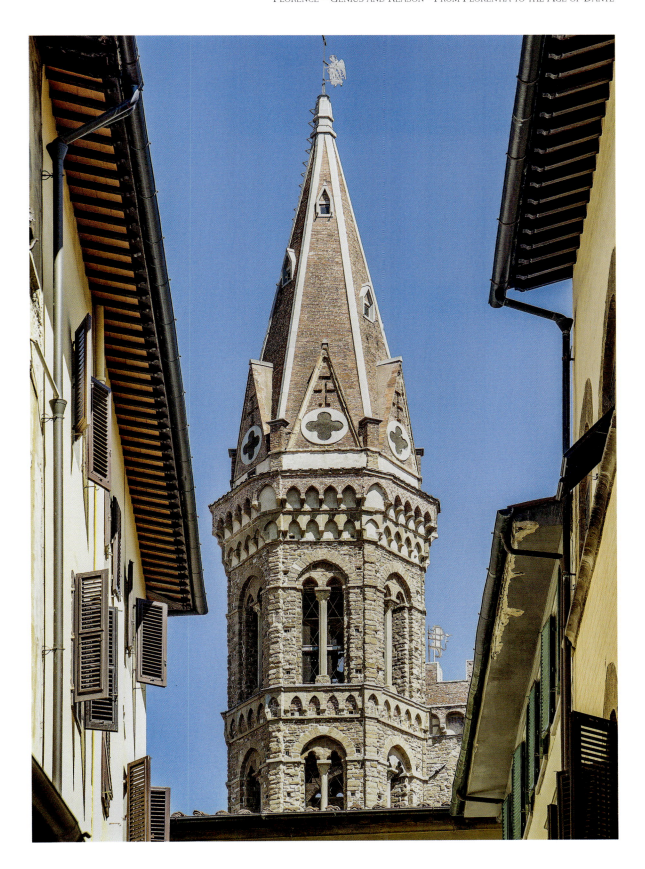

A fianco: dettaglio della facciata romanica di Santo Stefano al Ponte, oggi utilizzata per concerti.
Sopra: L'aguzzo campanile gotico della Badia Fiorentina (1330).

Opposite: Close-up of the Romanesque façade of Santo Stefano al Ponte, today used for concerts.
Above: The graceful Gothic bell tower of the Badia Fiorentina (1330).

47

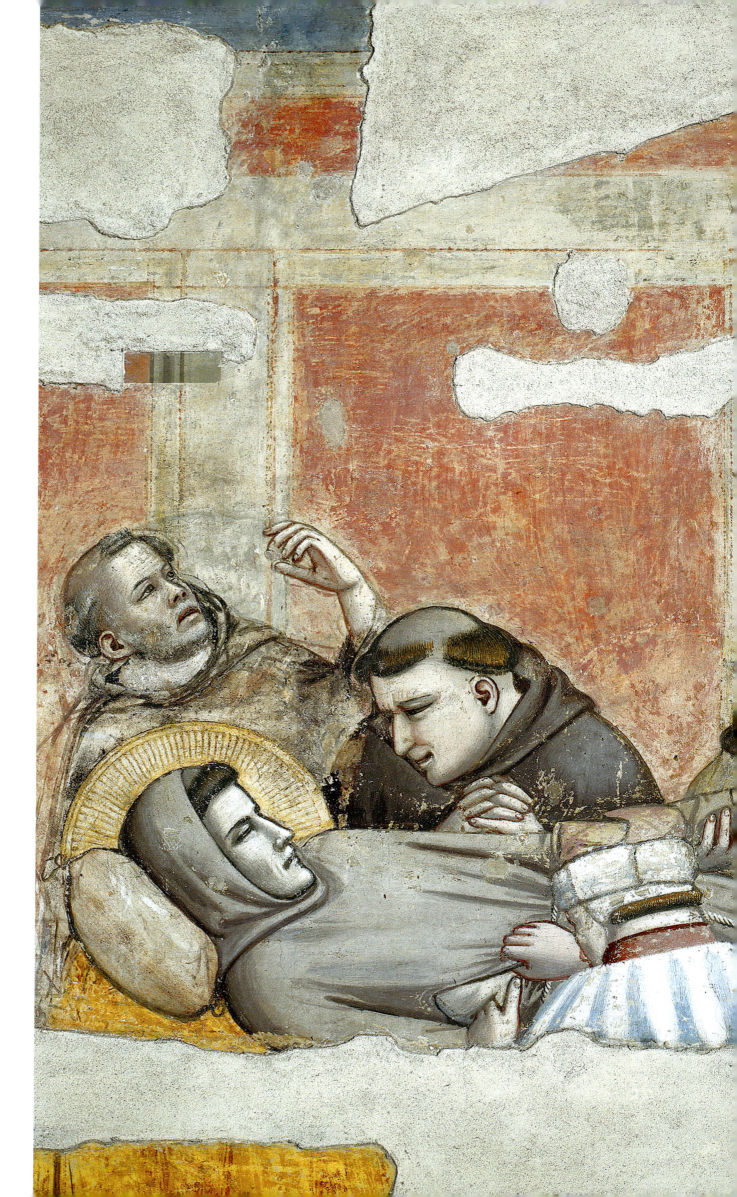

A FIANCO: GLI AFFRESCHI NELLA CAP-
PELLA BARDI DI SANTA CROCE SONO
UN CAPOLAVORO DELLA MATURITÀ DI
GIOTTO. CELEBRE È LA COMMOVENTE
SCENA DELLA *MORTE DI SAN FRANCE-
SCO*.
P. 50: GIOTTO E BRUNELLESCHI A
CONFRONTO IN QUESTA IMMAGINE
RAVVICINATA DEL CAMPANILE E DELLA
CUPOLA DEL DUOMO.
P. 51: COME DIRETTORE DELLA FAB-
BRICA DEL DUOMO, GIOTTO HA INI-
ZIATO A COSTRUIRE IL CAMPANILE A
PARTIRE DAL 1338. DOPO LA MORTE
DELL'ARTISTA, LA TORRE VENNE COM-
PLETATA DA ANDREA PISANO E FRAN-
CESCO TALENTI.
P. 52-53: I FIANCHI DEL DUOMO MO-
STRANO IN MODO EVIDENTE LA PAS-
SIONE DEGLI ARTISTI FIORENTINI PER LA
GEOMETRIA E LA REGOLARITÀ.
P. 54 E 55: DUE DETTAGLI DELLA FAC-
CIATA DEL DUOMO, COMPIUTA ALLA
FINE DEL XIX SECOLO. I FRAMMENTI
SCULTOREI DEL TRE E QUATTROCENTO
SONO CONSERVATI NEL MUSEO DEL-
L'OPERA DEL DUOMO.

OPPOSITE: FRESCOES IN THE BARDI
CHAPEL OF SANTA CROCE WERE
CREATED BY GIOTTO IN THE LATER
YEARS OF HIS CAREER. THE MOVING
SCENE DEPICTING THE DEATH OF SAINT
FRANCIS IS PARTICULARLY WELL-
KNOWN.
PAGE 50: THE WORK OF GIOTTO
STANDS NEXT TO THAT OF BRUNELLE-
SCHI IN THIS IMAGE OF THE MAIN CA-
THEDRAL'S TOWER AND DOME.
PAGE 51: GIOTTO WAS IN CHARGE OF
CONSTRUCTION OF FLORENCE'S MAIN
CATHEDRAL, AND HE BEGAN TO WORK
ON THE BELL TOWER IN 1338. AFTER
HIS DEATH, ANDREA PISANO AND
FRANCESCO TALENTI COMPLETED IT.
PAGES 52-53: FLORENTINE ARTISTS
WERE PASSIONATE ABOUT REGULAR
GEOMETRIC SHAPES—AS THE WALLS
OF THE CATHEDRAL MAKE CLEAR.
PAGES 54 AND 55: TWO CLOSE-UPS
OF THE FACADE OF THE CATHEDRAL,
COMPLETED IN THE LATE 19TH CEN-
TURY. FRAGMENTS OF 13TH- AND
14TH-CENTURY SCULPTURE ARE HOU-
SED IN THE MUSEO DELL'OPERA DEL
DUOMO.

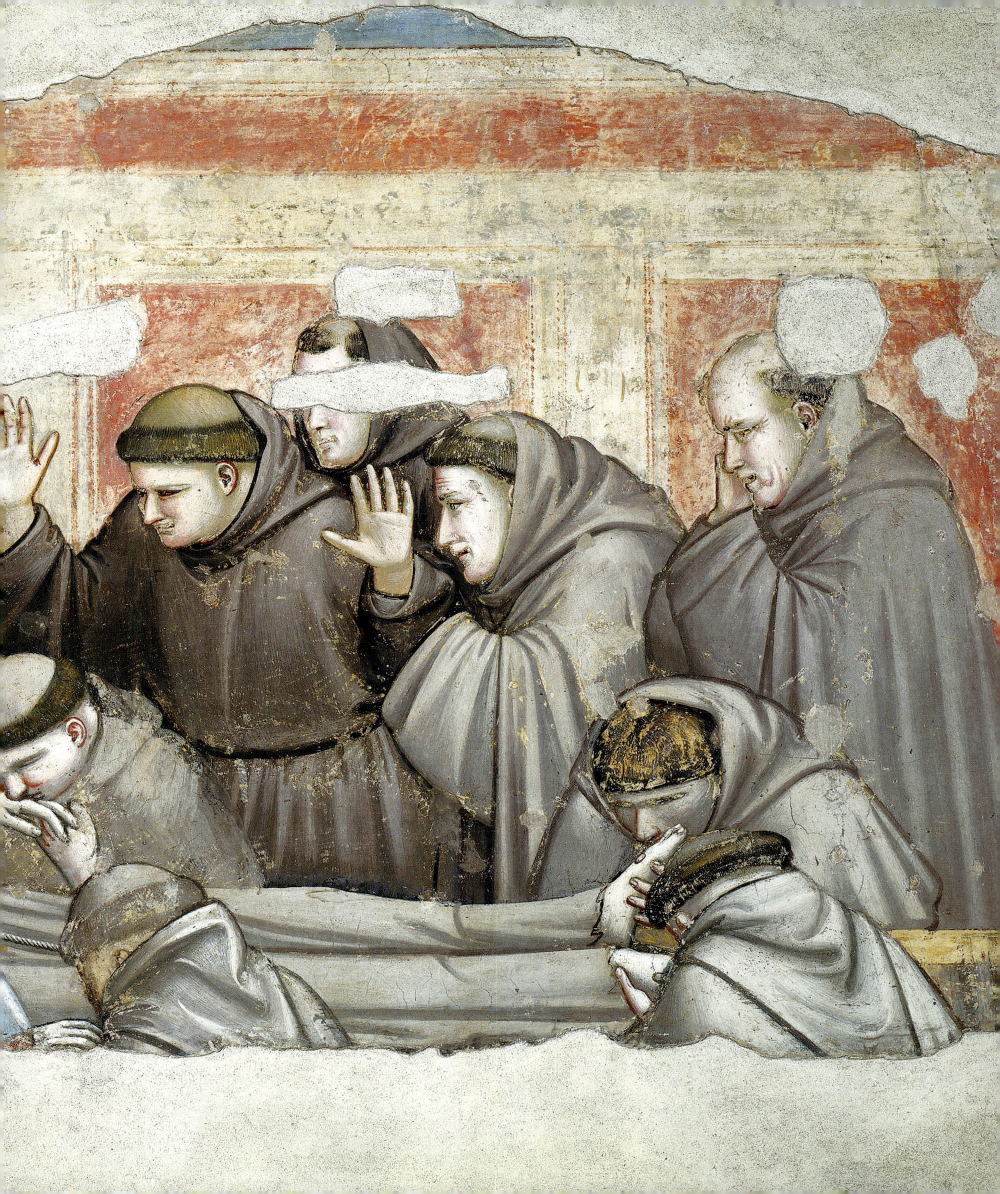

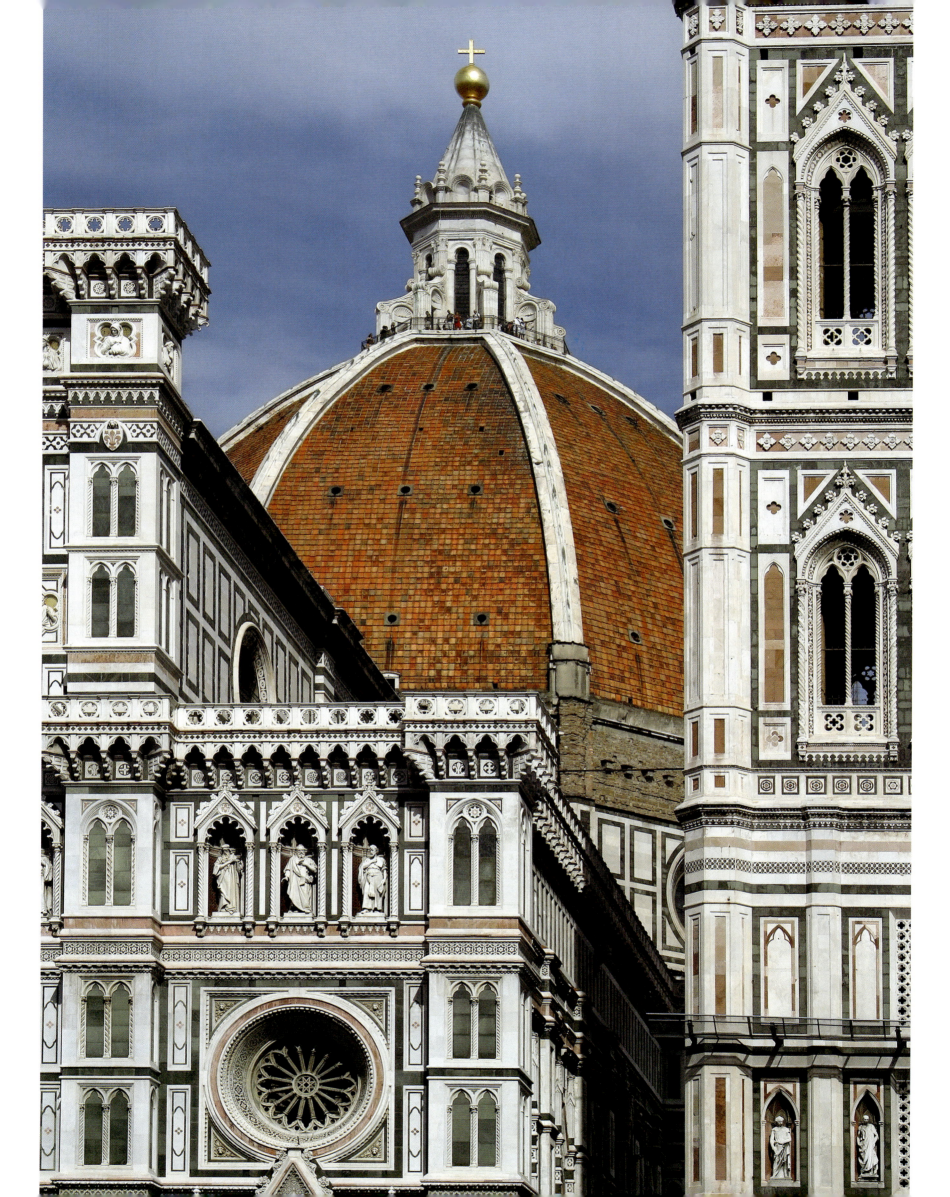

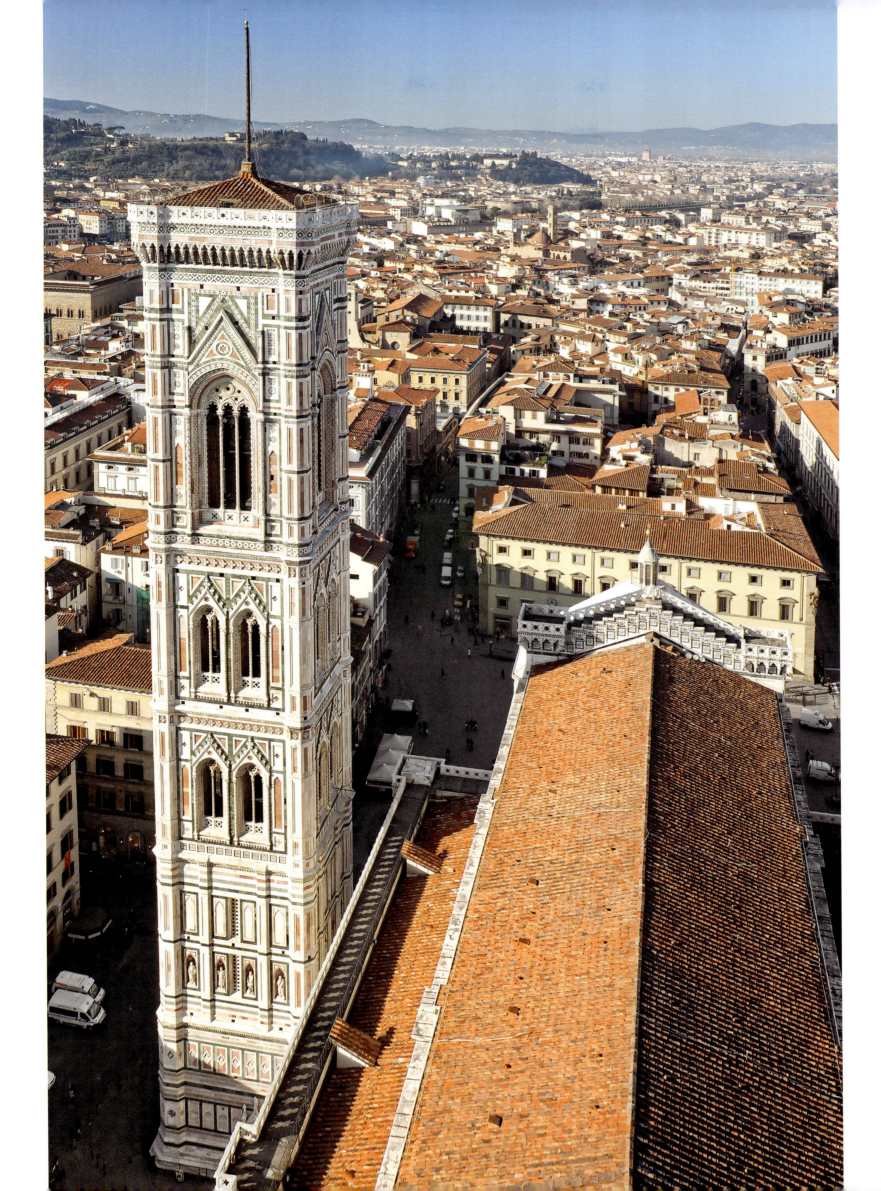

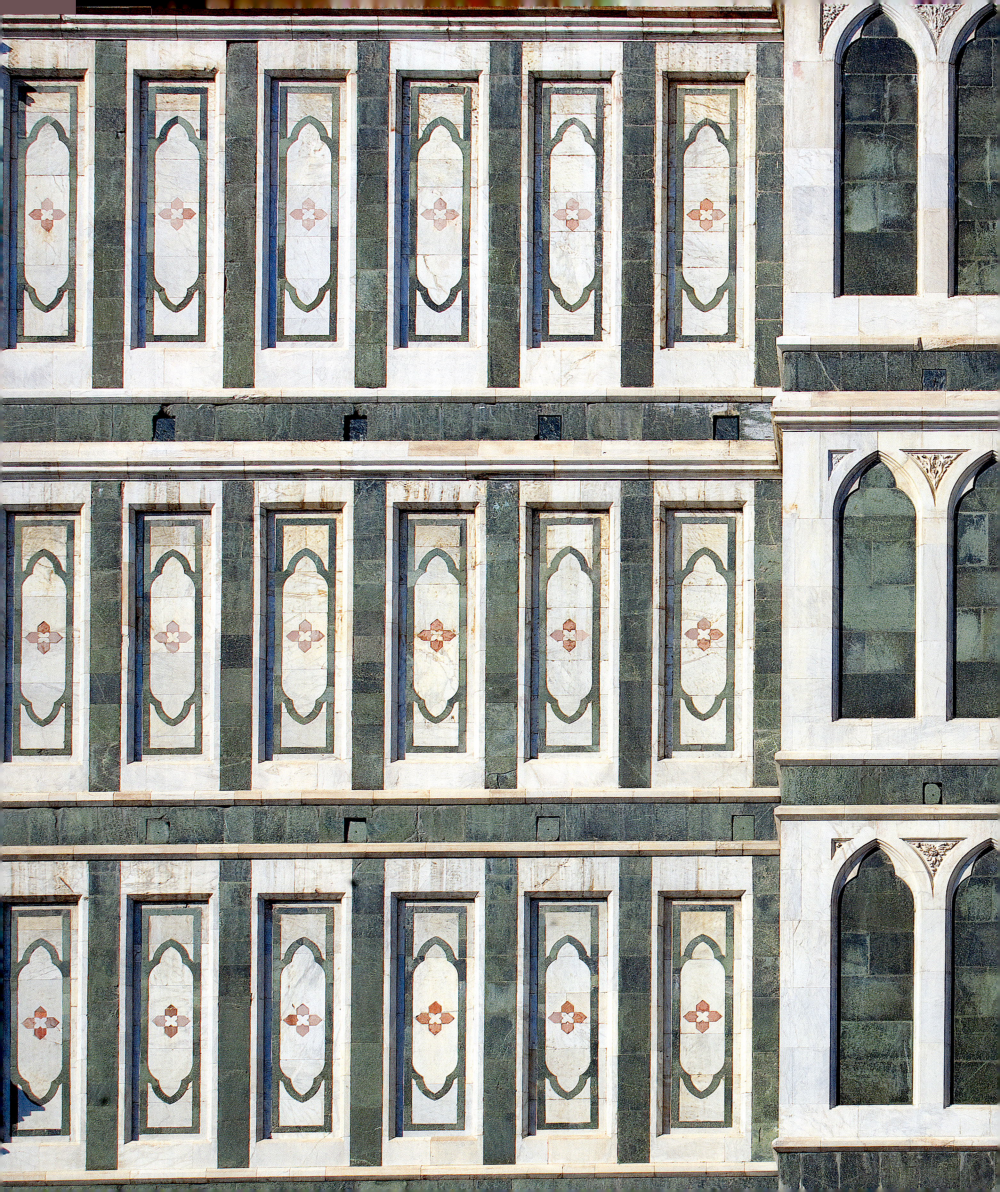

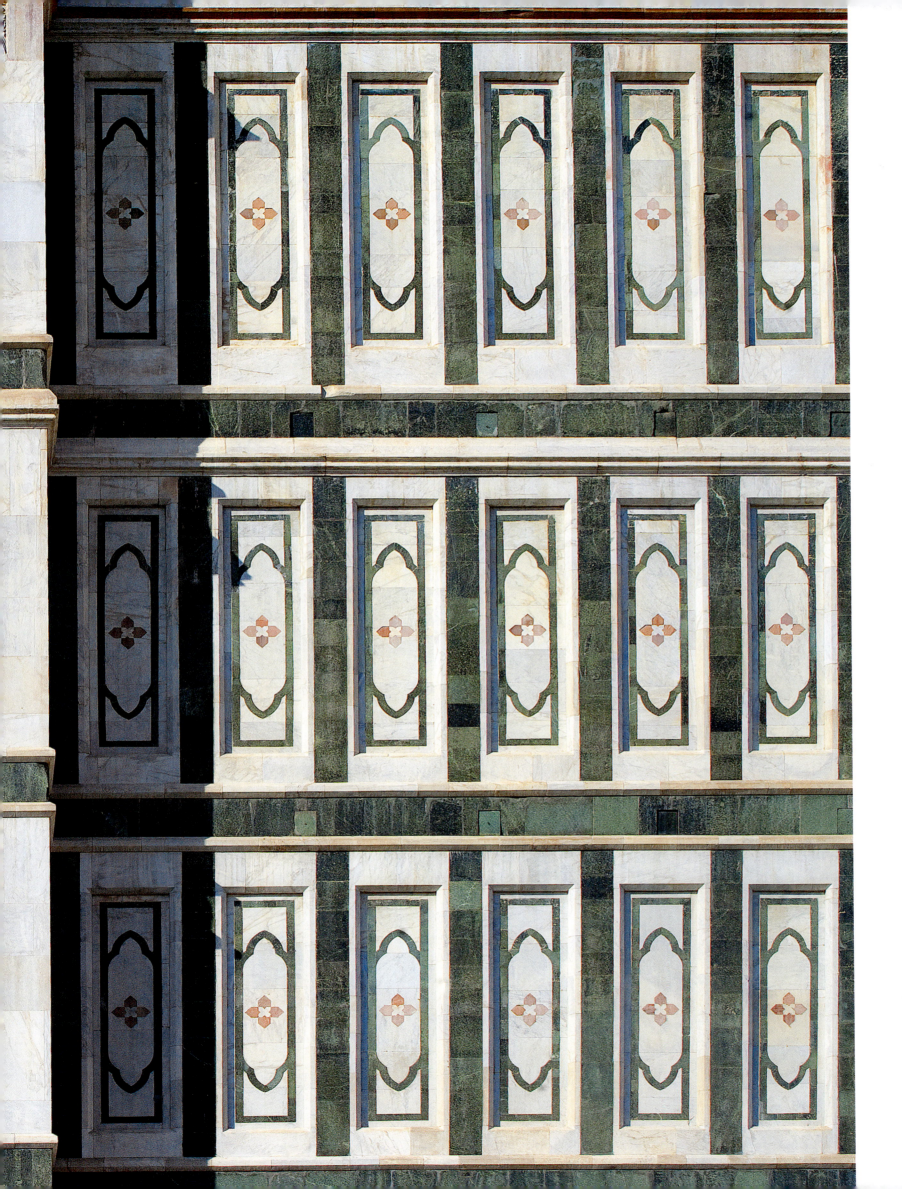

53

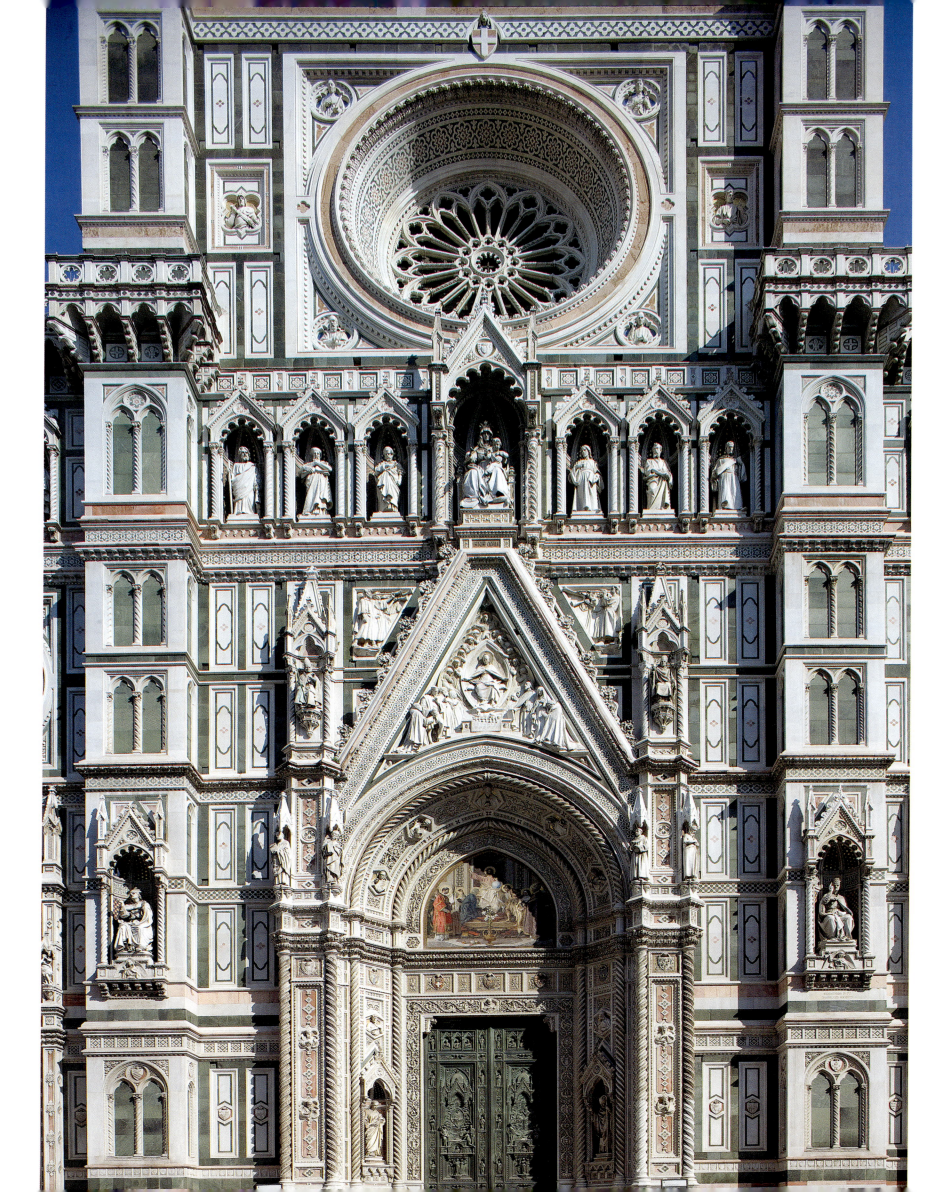

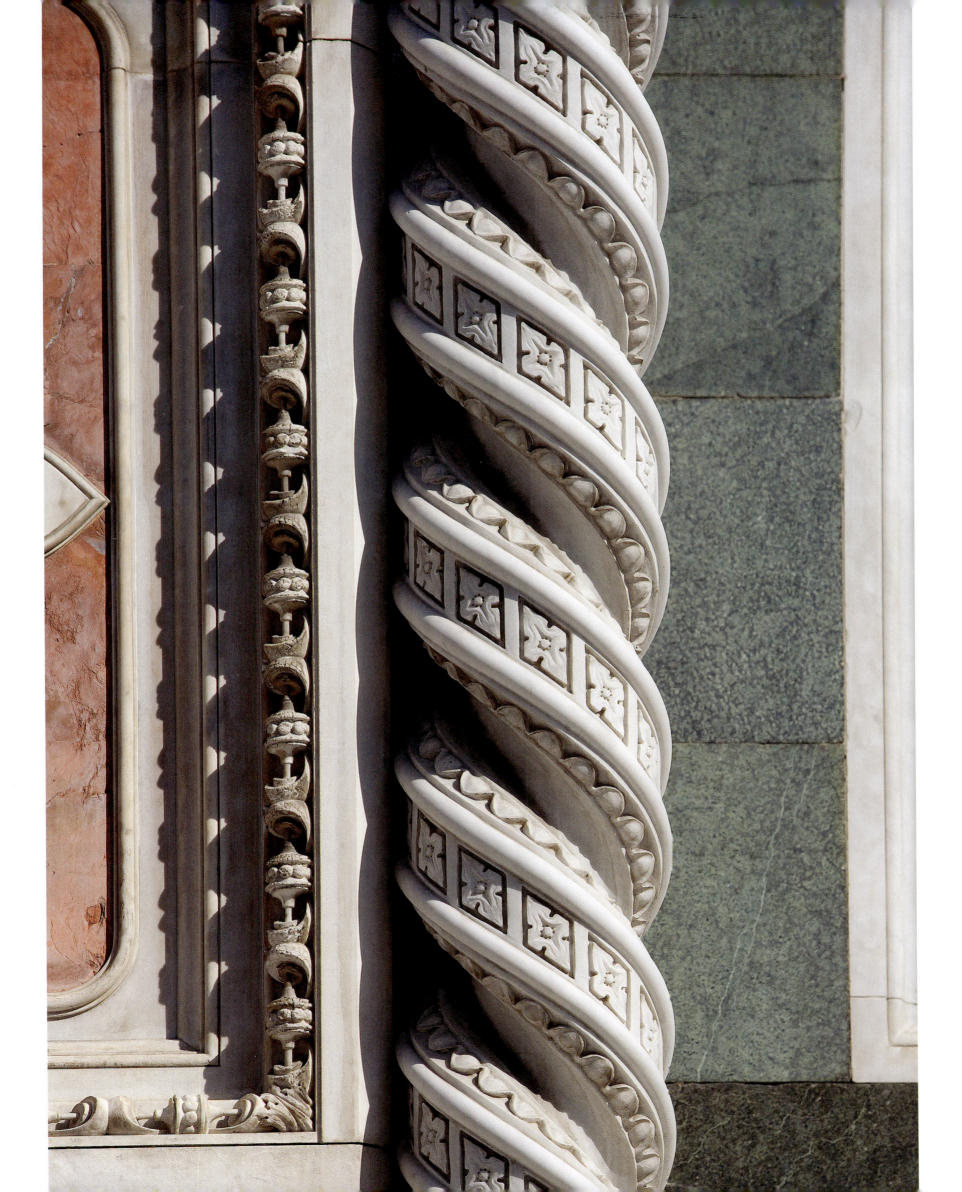

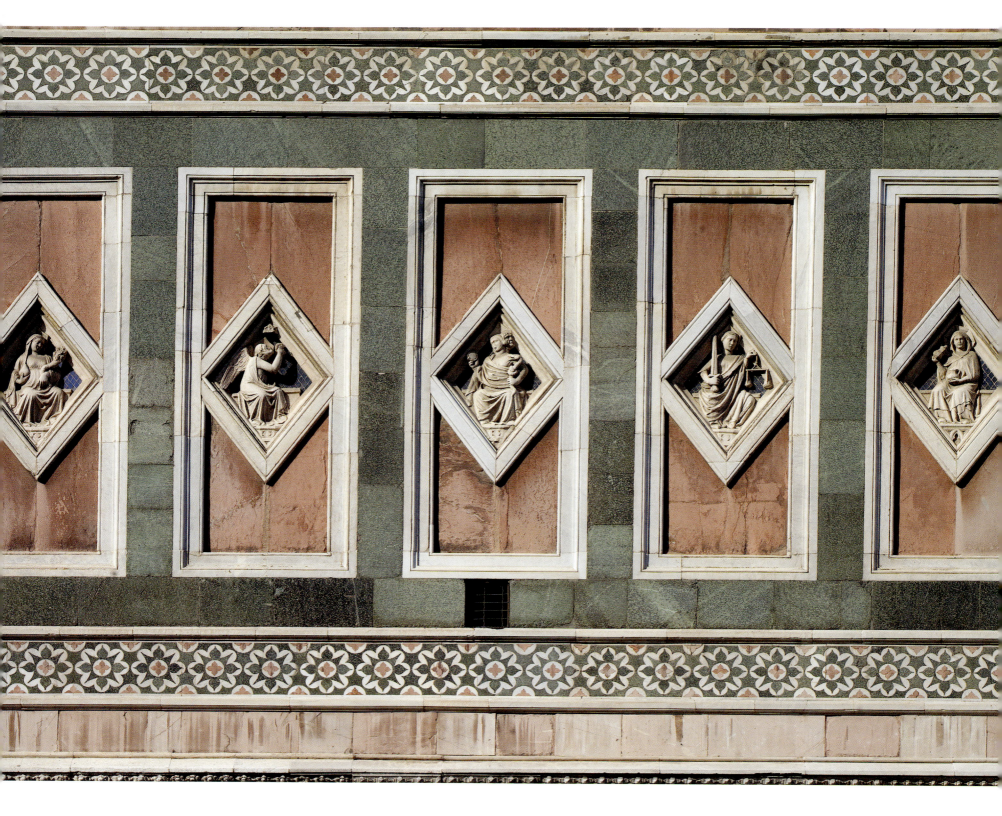

SOPRA: L'INFILATA DELLE FORMELLE TRECENTESCHE LUNGO IL BASAMENTO DEL CAMPANILE DI GIOTTO.
A FIANCO: LA FORMELLA CON NOÉ, INVENTORE DELLA VITICOLTURA, OPERA DI ANDREA PISANO.

ABOVE: A ROW OF 14TH-CENTURY TILES RUNS ALONG THE BASE OF GIOTTO'S TOWER.
OPPOSITE: THIS TILE BY ANDREA PISANO DEPICTS NOAH, CONSIDERED THE INVENTOR OF VITICULTURE.

collettiva, e si riflette anche nel ritorno delle arti figurative a una severa compostezza. Il tumulto dei Ciompi (la ribellione dei cardatori della lana, 1378) sottolinea la tensione tra le categorie dei lavoratori meno abbienti e le classi più ricche, in particolare l'emergente *élite* dei banchieri. Firenze viene minacciata dall'espansionismo dei duchi di Milano e solo la morte improvvisa di Gian Galeazzo Visconti, nel 1402, ne impedisce la conquista. Davanti a questo pericolo la città sembra risvegliarsi di colpo: ritrovata una stabilità sociale e amministrativa sotto la guida della famiglia Medici, Firenze spalanca le porte alla stagione del Quattrocento.

uncertain: The black plague that ravaged the city from 1347 to 1348 (the period in which Boccaccio's *Decameron* is set) was a collective tragedy, and it was reflected in the return of severe and restrained figurative art. The Ciompi revolt (the revolt of the wool carders in 1378) highlighted tensions between members of the working class and the wealthy, especially the emerging banking elite. Florence was threatened by the expansion of the Milan duchies, and only the unexpected death of Gian Galeazzo Visconti in 1402 kept it from being conquered. In the face of danger, the city seemed to sit up and take notice: Under the Medici family, it would once again find social and political stability, and then Florence would throw open its doors to welcome the 1400s.

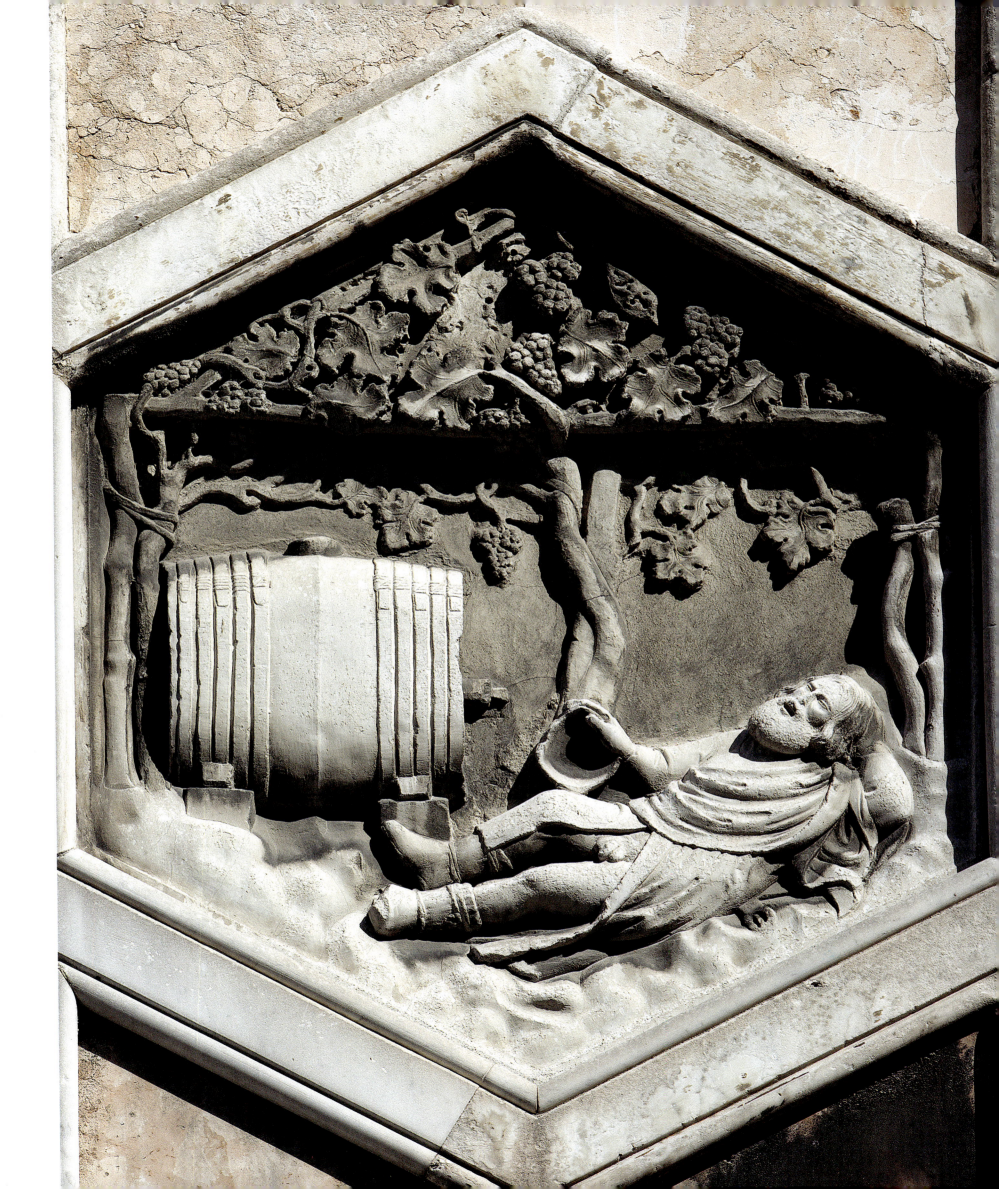

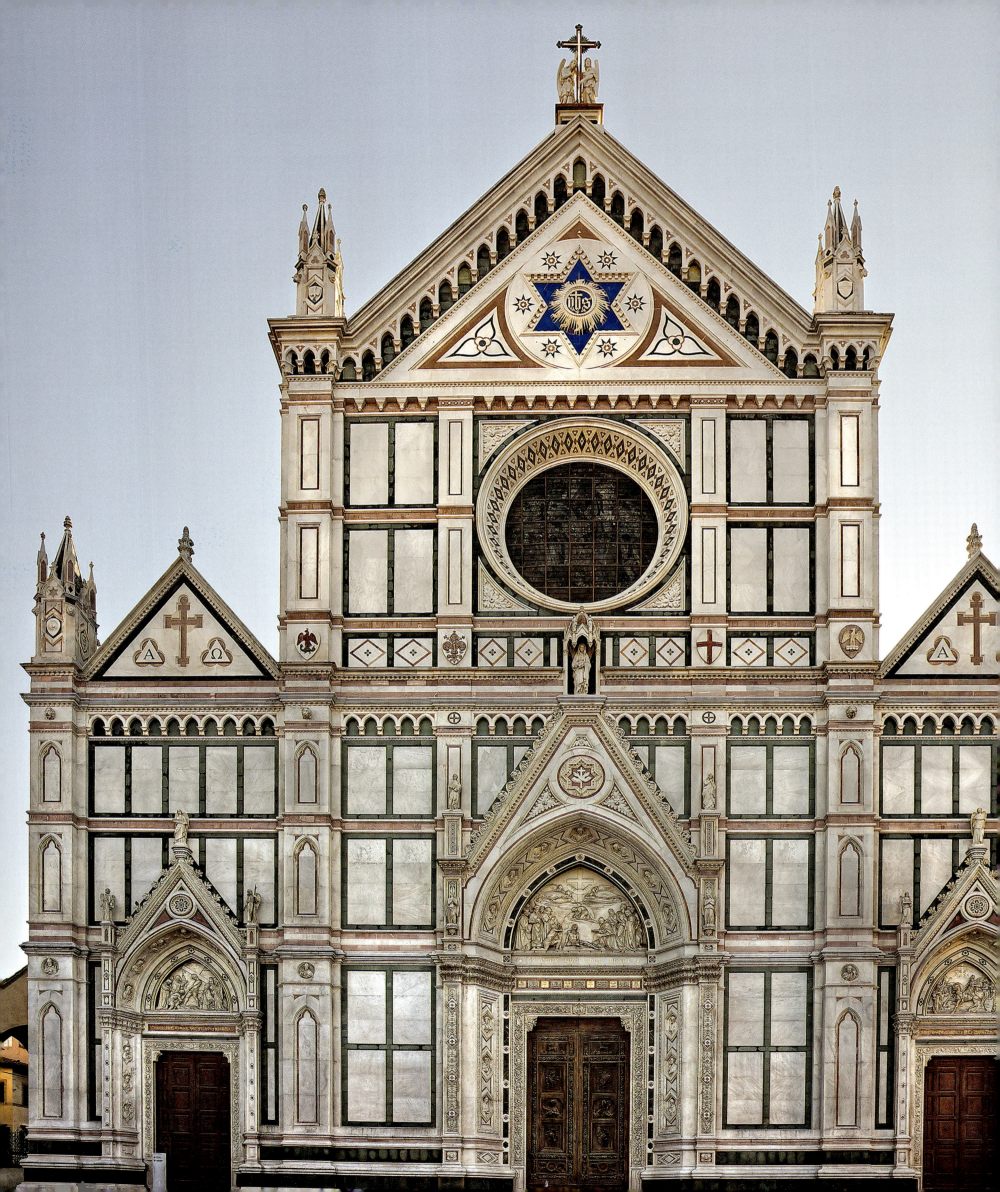

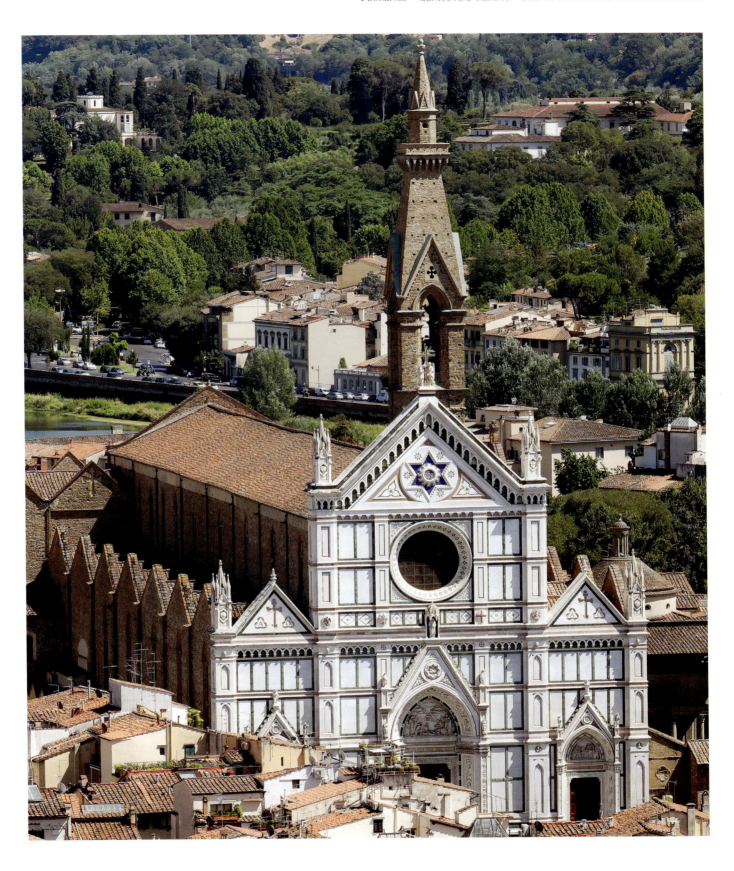

A FIANCO: LA FACCIATA DI SANTA CROCE, REALIZZATA
IN STILE NEOGOTICO NEL 1863.
SOPRA: VEDUTA D'INSIEME DELLA CHIESA FRANCE-
SCANA DI SANTA CROCE, PROGETTATA DA ARNOLFO DI
CAMBIO E INIZIATA NEL 1295, UNO DEI MASSIMI CAPO-
LAVORI DEL GOTICO ITALIANO.

OPPOSITE: THE NEOGOTHIC FAÇADE OF SANTA CROCE
DATES TO 1863.
ABOVE: VIEW OF THE FRANCISCAN CHURCH OF SANTA
CROCE, DESIGNED BY ARNOLFO DI CAMBIO AND BEGUN
IN 1295, AN ITALIAN GOTHIC MASTERPIECE.

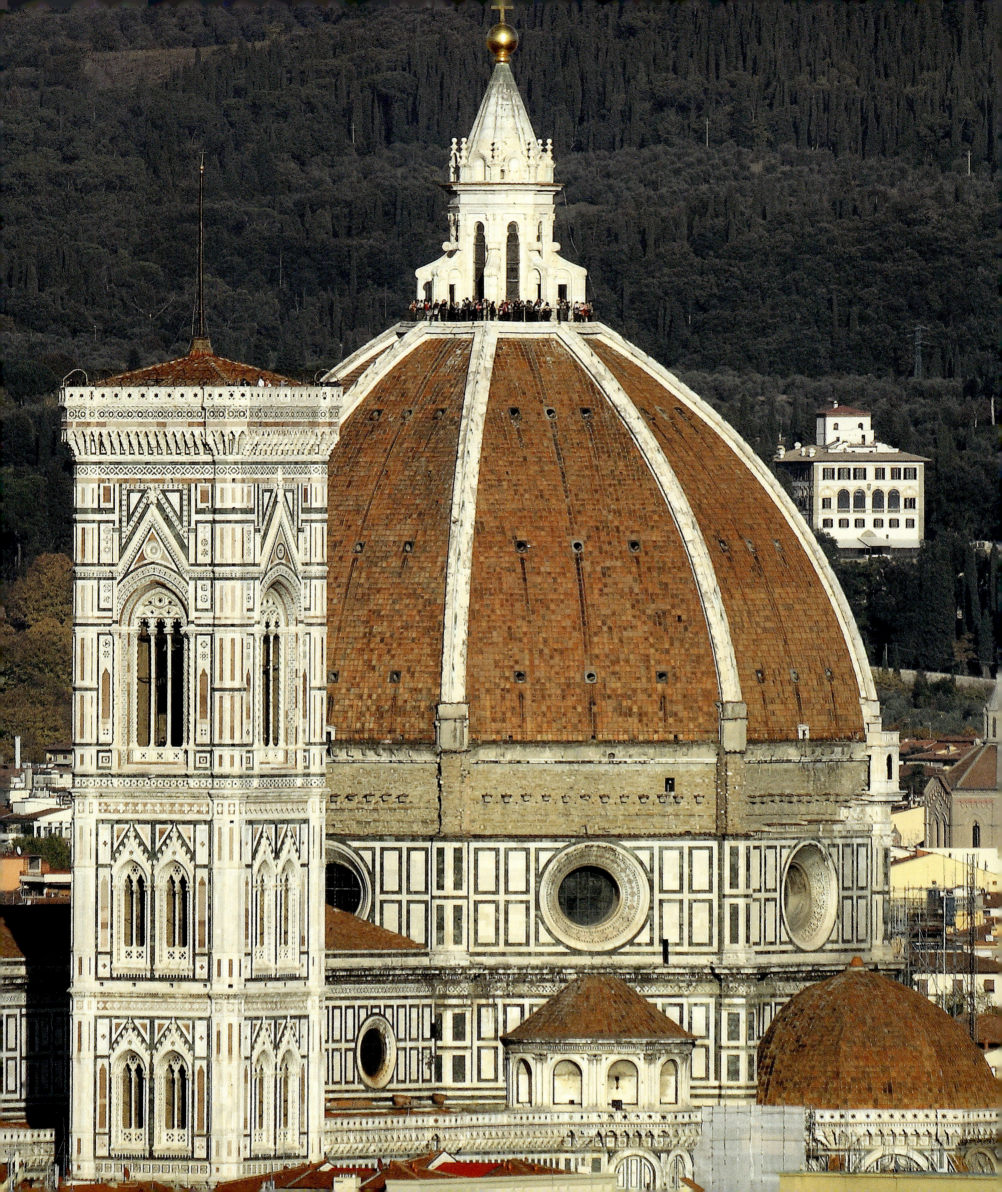

IL QUATTROCENTO:
IL GIGLIO IN PIENA FIORITURA
THE 1400S: THE LILY IN FULL BLOOM

La Firenze quattrocentesca è una repubblica governata da una ristretta oligarchia di ricche famiglie di finanzieri e mercanti, ai vertici della quale si pongono i Medici, sostenuti anche dall'appoggio del popolo minuto. Lo stato fiorentino si amplia con la definitiva conquista di Arezzo, Prato, Pistoia e Livorno: ma il territorio resta decisamente limitato rispetto al ruolo di assoluta protagonista della cultura. Senza perdere l'intensità del rapporto con il sacro, l'Umanesimo fiorentino (prefigurato da Giotto e da Dante) libera l'uomo dai vincoli medievali, si apre alla piena conoscenza dell'universo naturale, rivendica un ruolo attivo e responsabile nei confronti del mondo e della storia. Com'era avvenuto nell'Atene di Pericle, l'arte diviene anche uno strumento della politica: i letterati, gli artisti, i filosofi e gli uomini di cultura affiancano, come importanti consiglieri, l'azione di governo della città e dello stato, mentre il largo raggio delle grandi committenze ecclesiastiche trova nella spettacolare cupola del Duomo un simbolo insuperabile.

Il secolo si apre con Brunelleschi, Donatello e Masaccio, grazie ai quali si definisce anche la canonica triade di architettura, scultura e pittura al vertice delle espressioni creative. L'Umanesimo propone la rilettura della classicità non come banale ripetizione o citazione di modelli antichi, ma come spunto per ritrovare la vera essenza della natura, dei sentimenti e del pensiero. Nasce l'utopia di una nuova civiltà, in cui l'armonia si basa sulla "divina" proporzione dell'uomo, misura di tutte le cose. L'abbandono dello stile gotico in architettura viene sancito da Brunelleschi: l'equilibrio e la dignità intrinseca nell'uomo portano a immaginare e a realizzare edifici e spazi semplici, e insieme solenni, basati su forme geometriche pure e su leggi matematiche. La costruzione della cupola del Duomo è un'impresa leggendaria, ma di grandissima importanza sono anche gli altri complessi sacri costruiti da Brunelleschi: la basilica di San Lorenzo con la Sagrestia Vecchia, concepita come mausoleo dei Medici, la grandiosa e ritmica Santo Spirito, l'incompiuta rotonda di Santa Maria degli Angeli e l'esemplare cappella dei Pazzi annessa a Santa Croce. Anche per l'urbanistica e l'architettura civile Brunelleschi risulta determinante: le limpide arcate del portico dello Spedale degli Innocenti e il blocco iniziale di palazzo Pitti sono modelli importanti per i palazzi signorili quattrocenteschi, come palazzo Medici di Michelozzo, palazzo Strozzi, iniziato da Benedetto da Maiano, e palazzo Rucellai, opera del grande architetto e trattatista Leon Battista Alberti. Con la sua poliedrica attività, aperta a materiali, dimensioni e soggetti sempre nuovi, Donatello segna la svolta espressiva della scultura: è bene ricordare che molte delle sue opere sono state concepite per essere esposte all'aperto, sulle facciate, nelle piazze, con una dimensione davvero diretta e popolare di contatto quotidiano con l'arte, concepita non come

In the 1400s, Florence was a republic governed by a small group of wealthy families of bankers and merchants. The unchallenged leading family was the Medici family, which enjoyed widespread support among the masses as well. The Florentine state grew as it conquered Arezzo, Prato, Pistoia and Livorno, but the amount of land it controlled would always remain small in relation to the size of its cultural impact. Though Florence maintained an intense relationship with the sacred, Florentine Humanism (first introduced by Giotto and Dante) freed man from Medieval constraints, focused on full awareness of the natural universe and played a major and active role in the world and in history. As in Athens in the era of Pericles, art became a political tool: Writers, artists, philosophers and men of culture served as key players in the government of the city and the state, while religious groups enjoyed wide reach, as represented by the main cathedral's impressive dome, which symbolically dominated the city.

This was the century of Brunelleschi, Donatello and Masaccio, and thanks to them the canonical trio of architecture, sculpture and painting began to be seen as the ulti-

A FIANCO: LA CUPOLA DI BRUNELLESCHI, PORTATA A COMPIMENTO NEL 1434. SOTTO: L'INCOMPIUTA CHIESA DODECAGONALE DI SANTA MARIA DEGLI ANGELI, PROGETTATA DA BRUNELLESCHI. P. 62 E 63: UN CONFRONTO CLASSICO TRA DUE DIVERSE E MAGISTRALI INTERPRETAZIONI IN BRONZO DELLA FIGURA DI DAVID ADOLESCENTE, RISPETTIVAMENTE DI DONATELLO (C. 1440) E DI VERROCCHIO (C. 1472-75), ENTRAMBI AL BARGELLO.

OPPOSITE: BRUNELLESCHI'S DOME, COMPLETED IN 1434. BELOW: THE INCOMPLETE TWELVE-SIDED SANTA MARIA DEGLI ANGELI CHURCH, DESIGNED BY BRUNELLESCHI. PAGES 62 AND 63: A CLASSIC PAIRING OF TWO DIFFERENT BUT EQUALLY MASTERFUL BRONZES DEPICTING THE ADOLESCENT DAVID: ONE BY DONATELLO (CIRCA 1440) AND ONE BY VERROCCHIO (CIRCA 1472-1475). TODAY, BOTH CAN BE SEEN IN THE MUSEO NAZIONALE DEL BARGELLO.

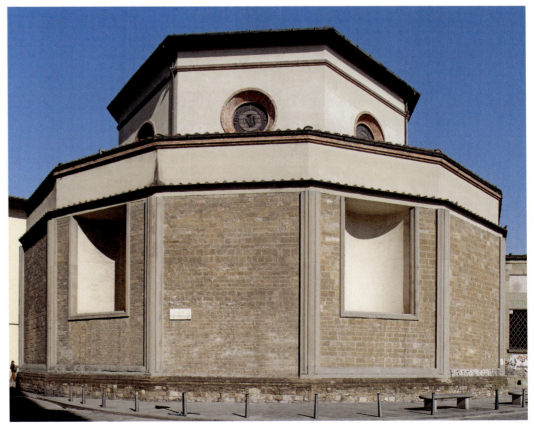

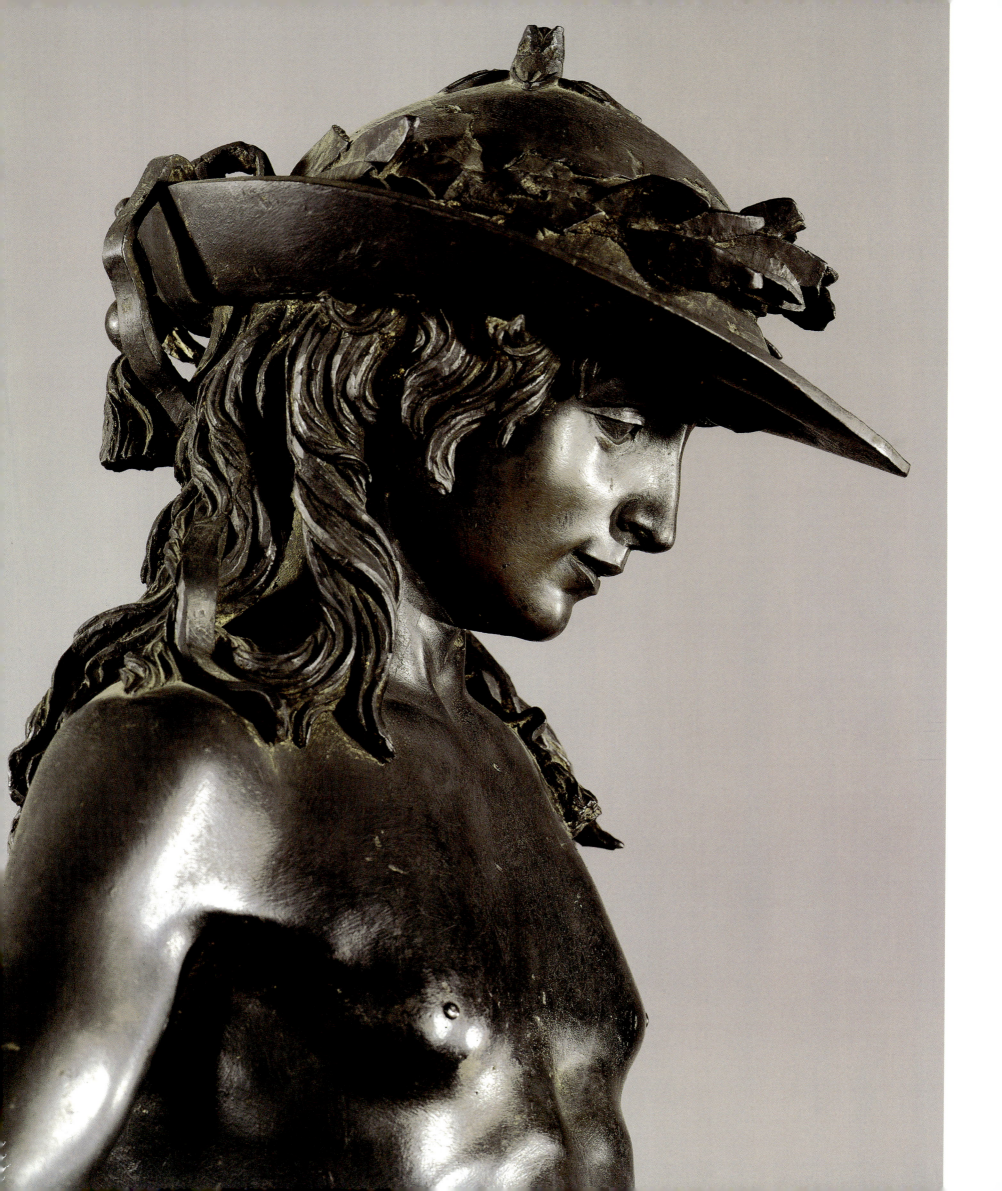

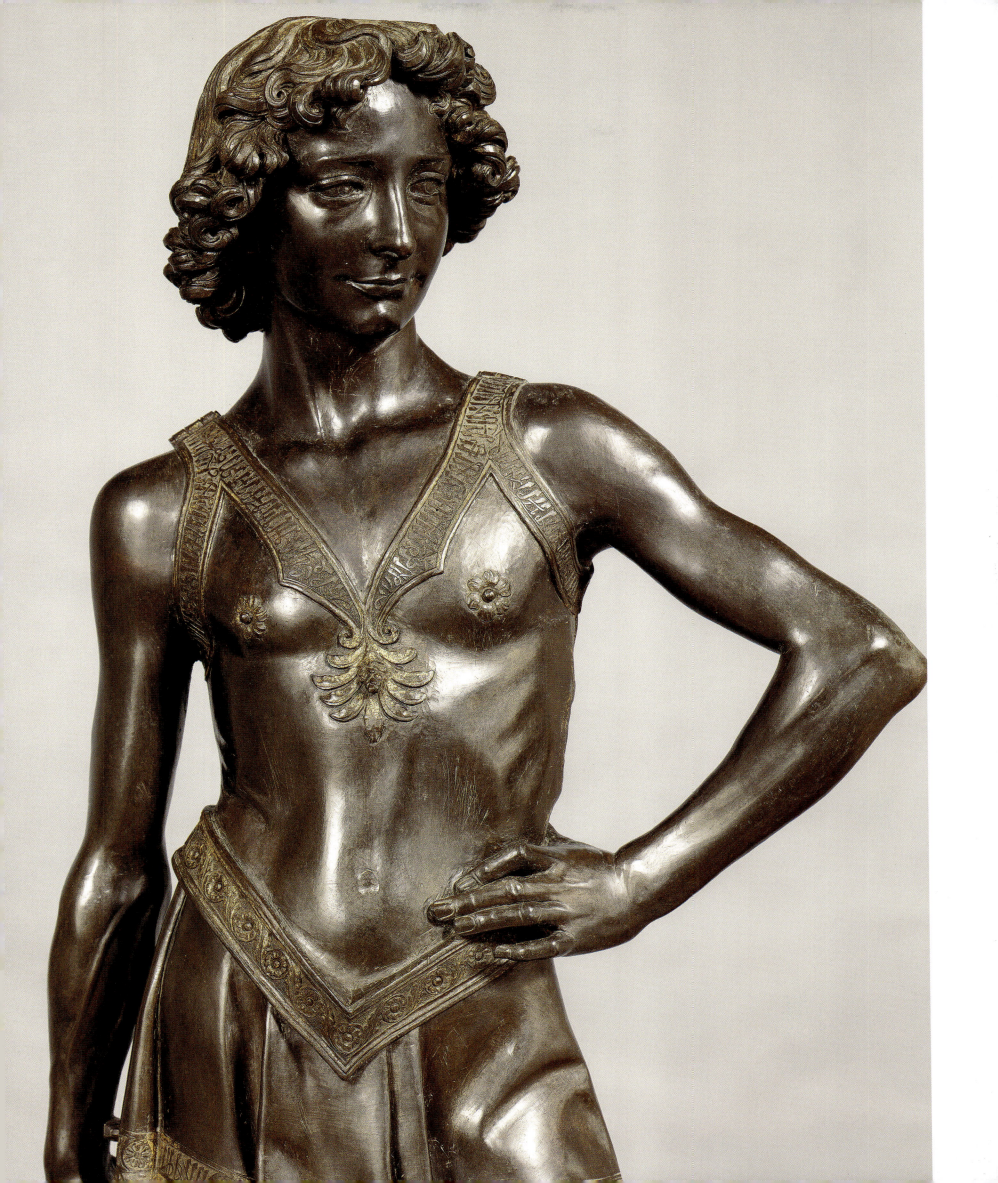

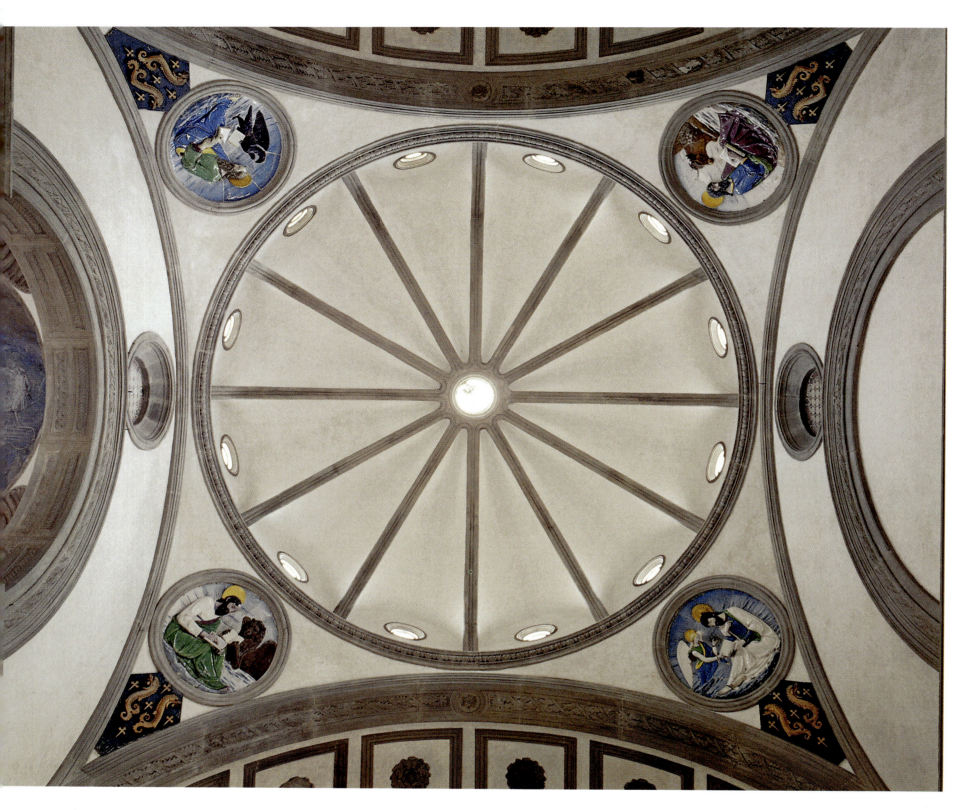

Sopra: La cupola della Cappella dei Pazzi annessa a Santa Croce, gioiello architettonico di Brunelleschi, con tondi in terracotta invetriata di Luca della Robbia.
A fianco: Il solenne interno della basilica di Santo Spirito, ultimo, audace capolavoro di Brunelleschi.

Above: The dome of the Pazzi Chapel, connected to the Santa Croce church, an architectural gem by Brunelleschi with glazed terracotta roundels by Luca della Robbia.
Opposite: The somber interior of the Santo Spirito basilica, Brunelleschi's majestic final masterpiece.

lusso per pochi ma come essenza stessa della città e dei suoi abitanti.

La pittura conosce un'evoluzione serrata. Nel 1423 Gentile da Fabriano dipinge per la chiesa di Santa Trinita la festosa *Adorazione dei Magi* (oggi agli Uffizi), capolavoro dell'arte tardogotica; ma già l'anno successivo Masaccio e Masolino, nella cappella Brancacci, rilanciano e aggiornano la lezione di Giotto, proponendo figure di impressionante potenza fisica e morale entro i nuovi spazi offerti dall'applicazione della prospettiva. In questa direzione si avviano pittori diversi per cultura e sensibilità (Beato Angelico, Filippo Lippi, Paolo Uccello, Domenico Veneziano, Andrea del Castagno), fino alla piena conquista

mate in creative expression. Humanism called for a new look at classicism, not as a banal repetition of or reference to ancient models, but as a launching pad for discovering the true essence of nature, emotions and thought. A new utopian civilization was born, and it was one in which harmony was based on man's "divine" proportion, the measurement of all things. Brunelleschi sanctioned the abandonment of the Gothic style in architecture: The balance and intrinsic dignity of man led him and others to conceive of and then to create buildings and spaces that were both simple and solemn, based on pure geometric shapes and the laws of mathematics. Brunelleschi's dome for the

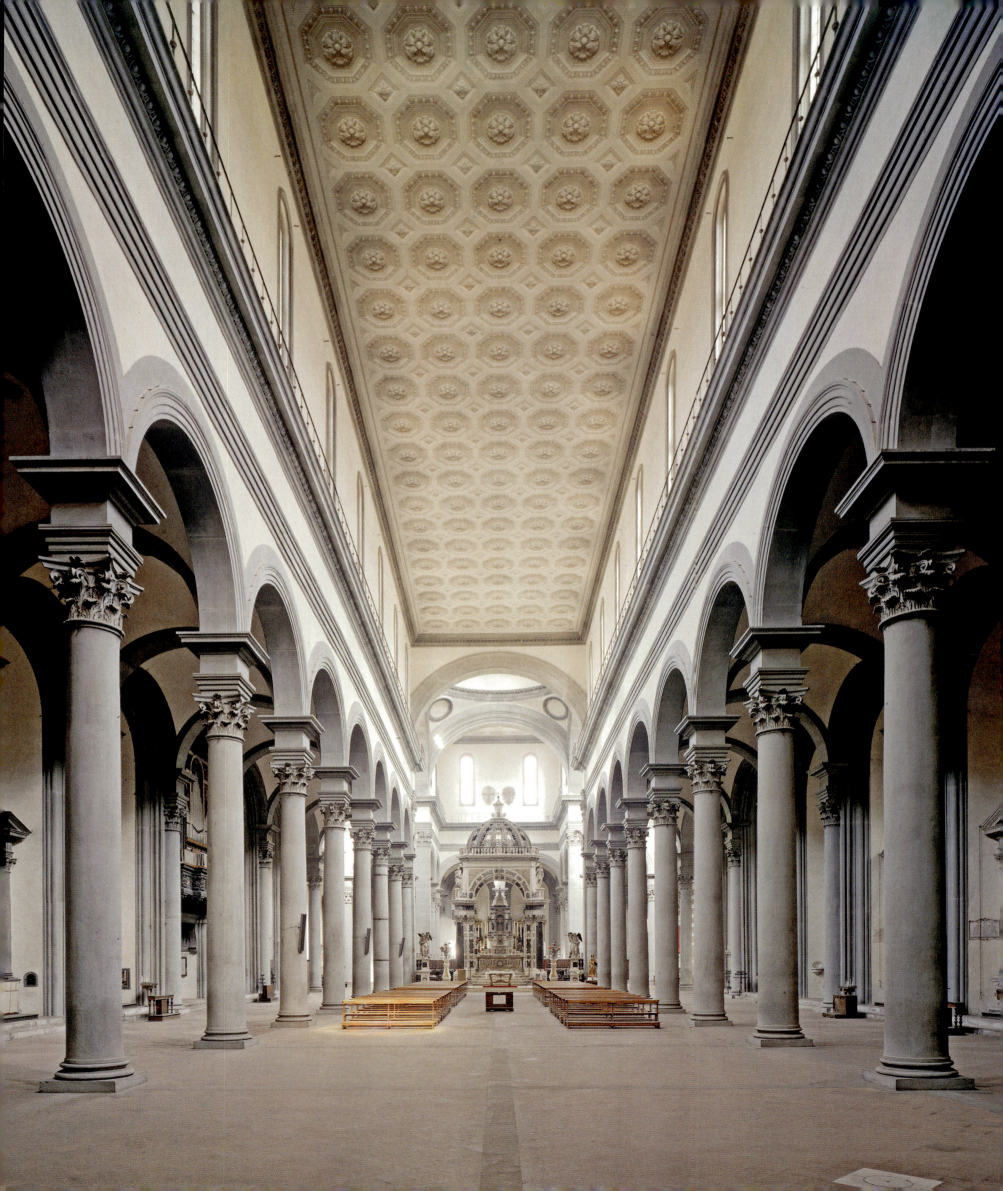

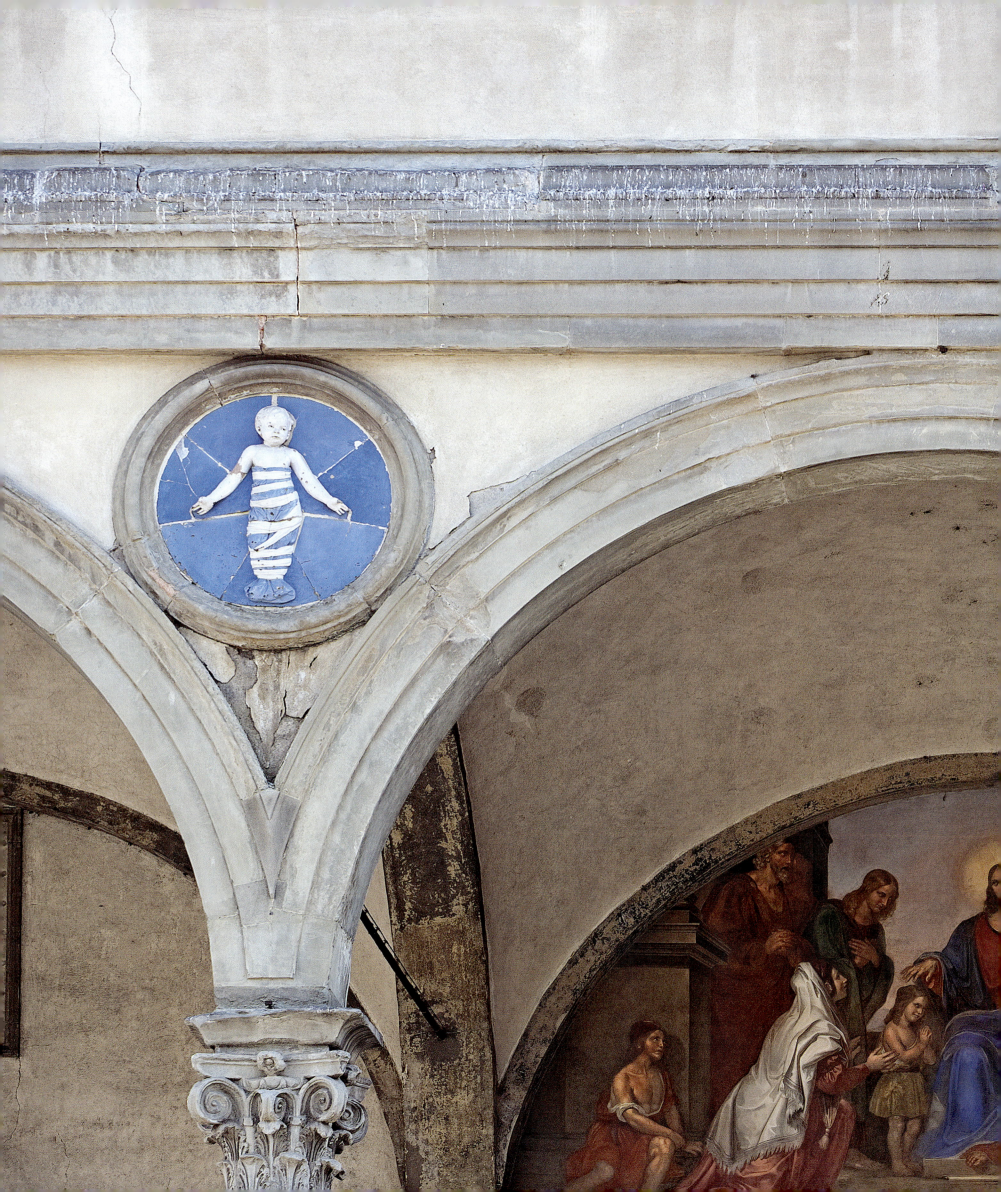

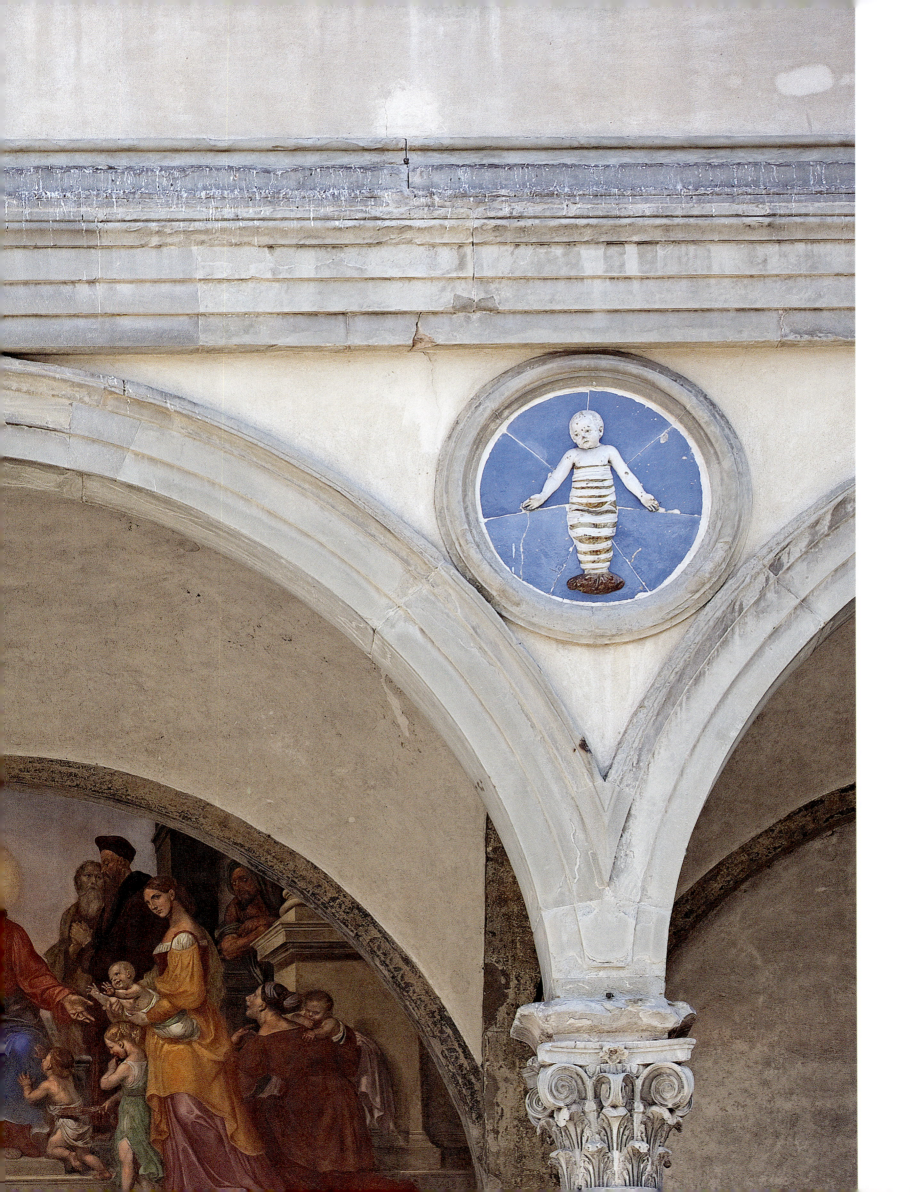

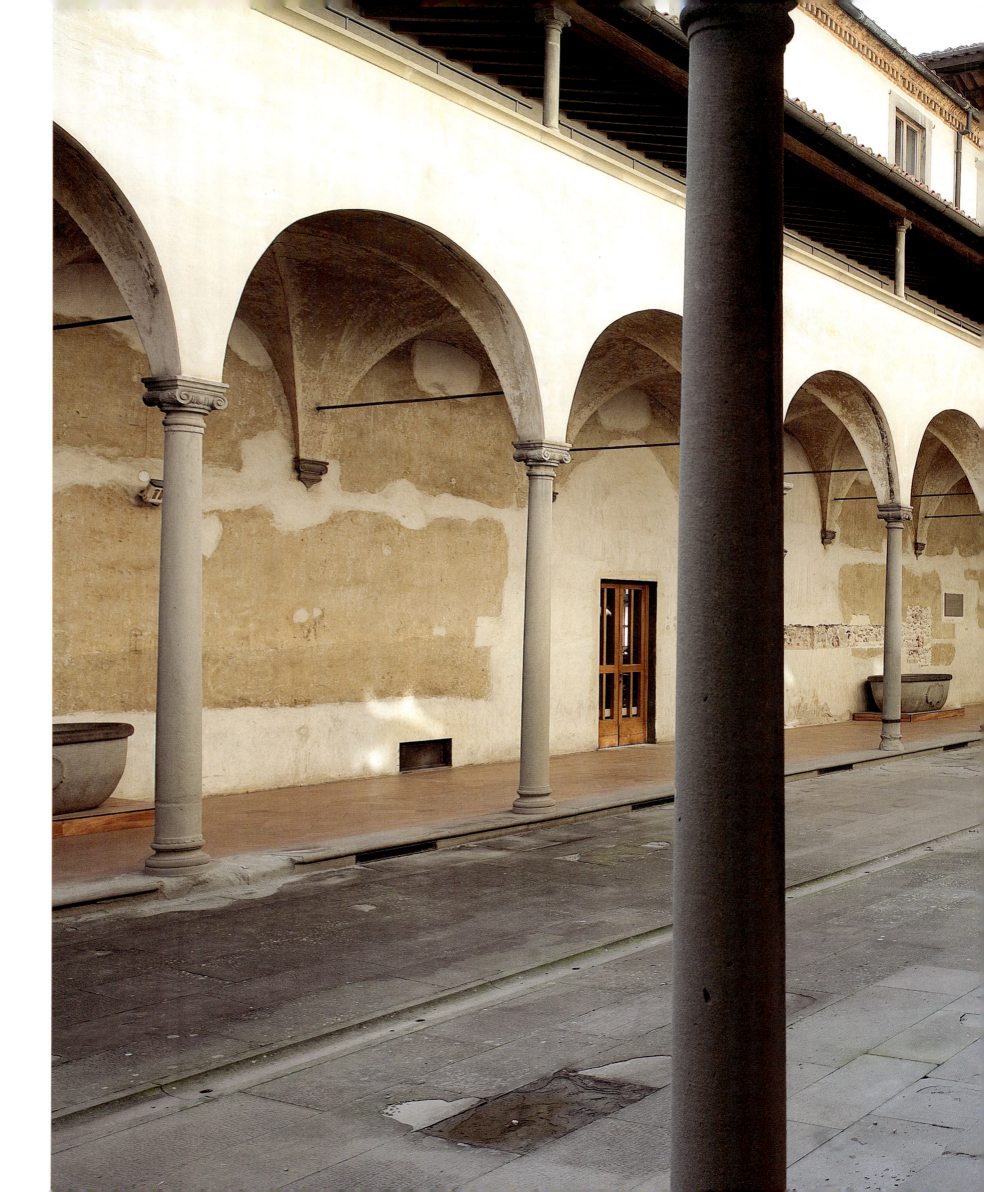

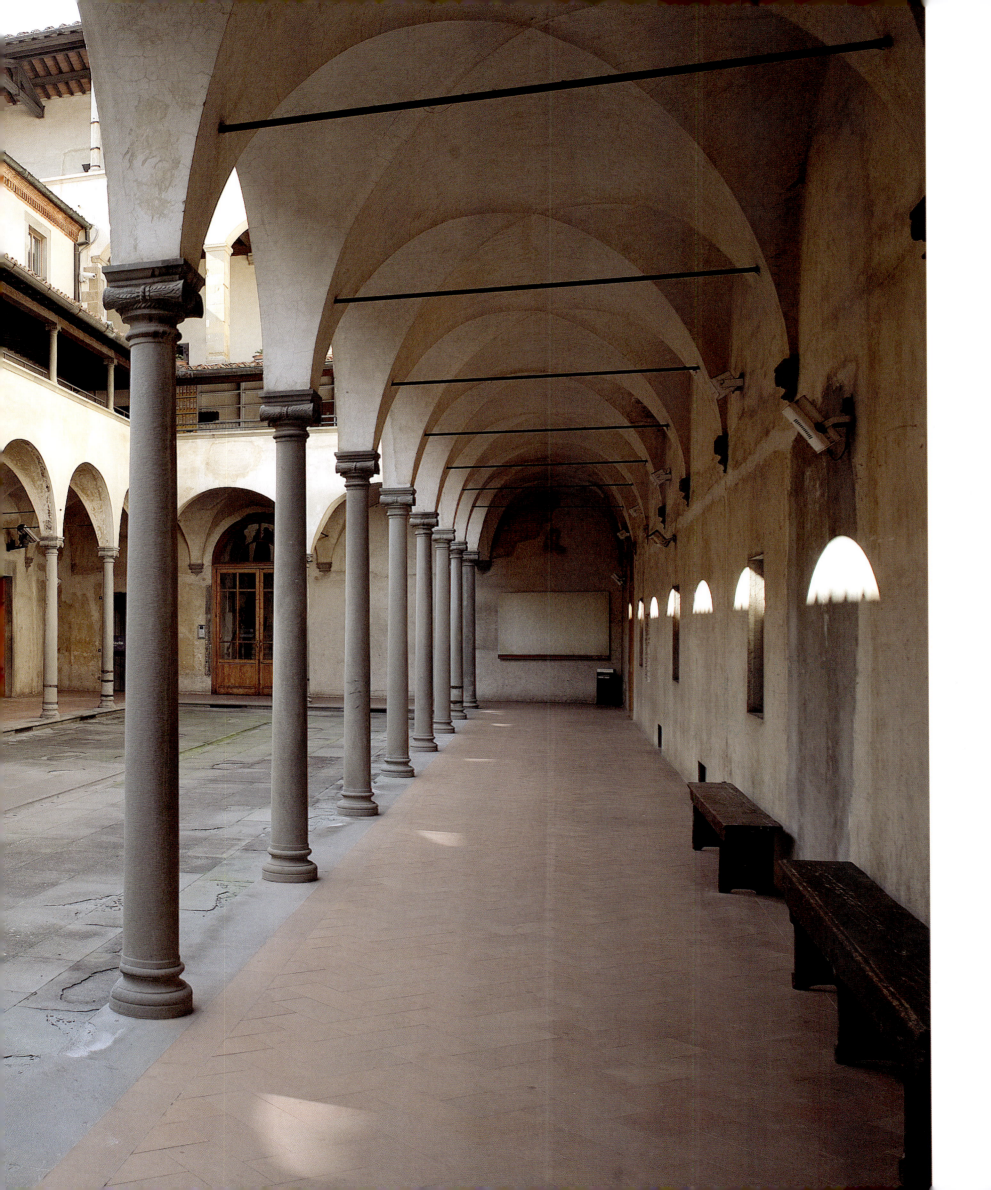

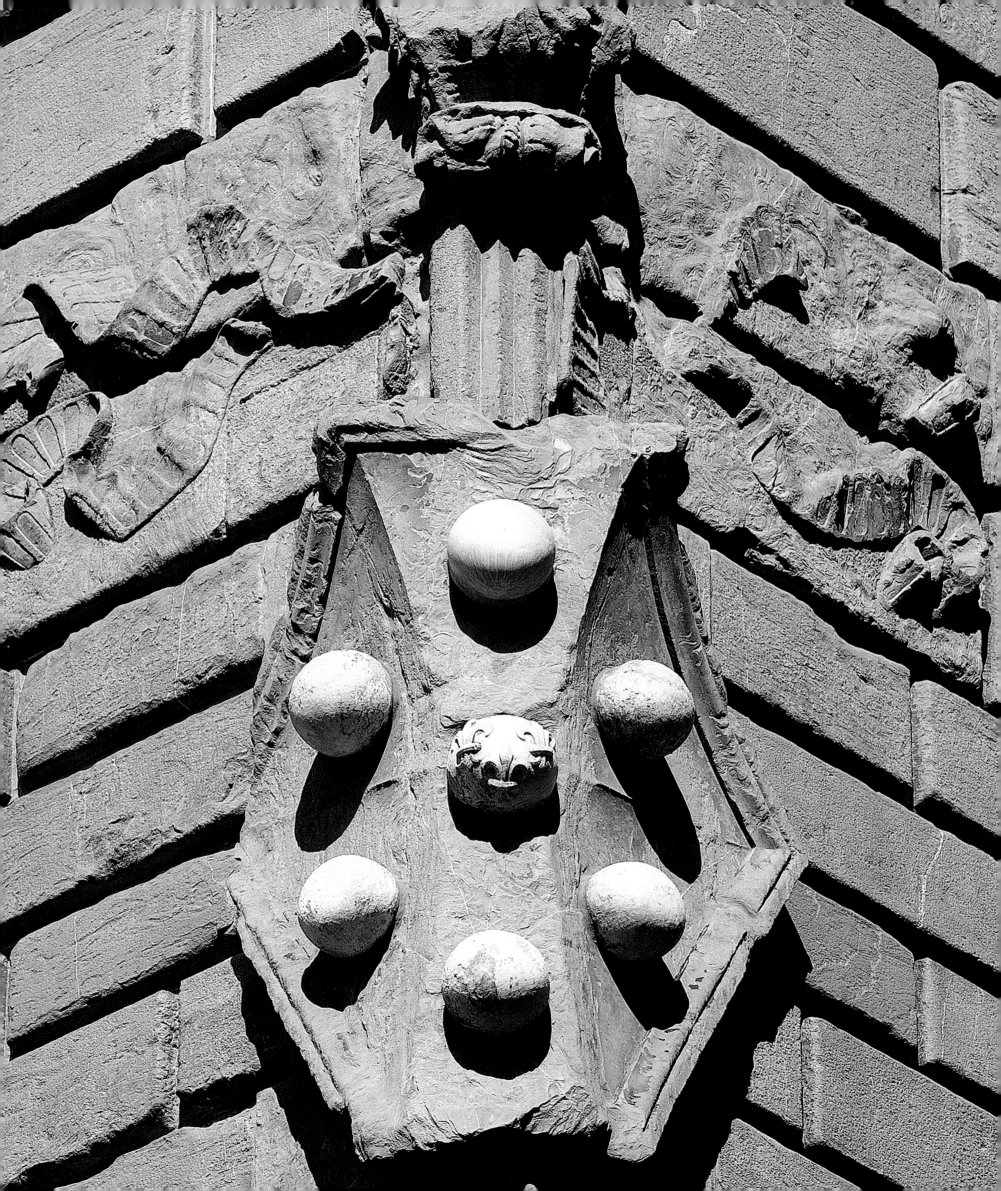

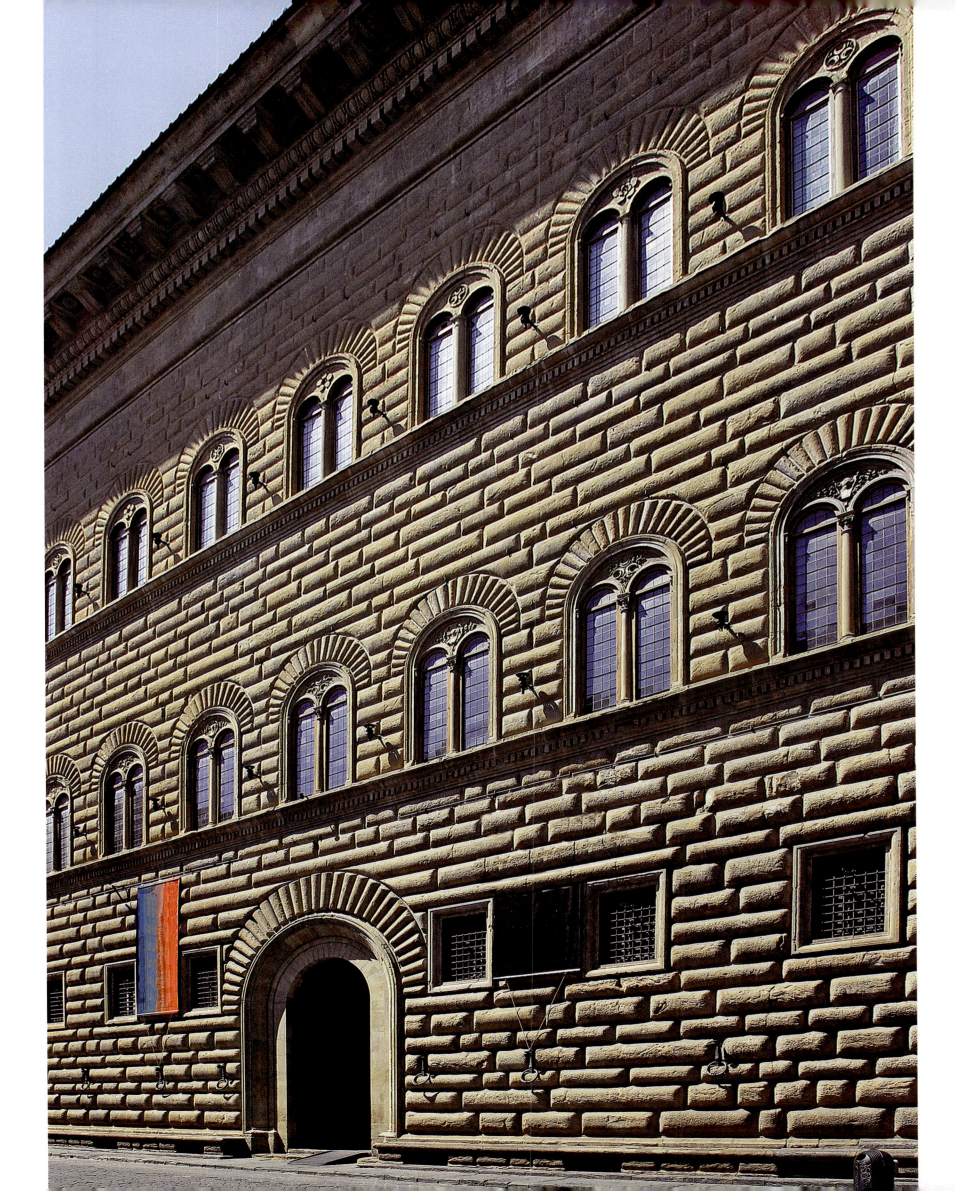

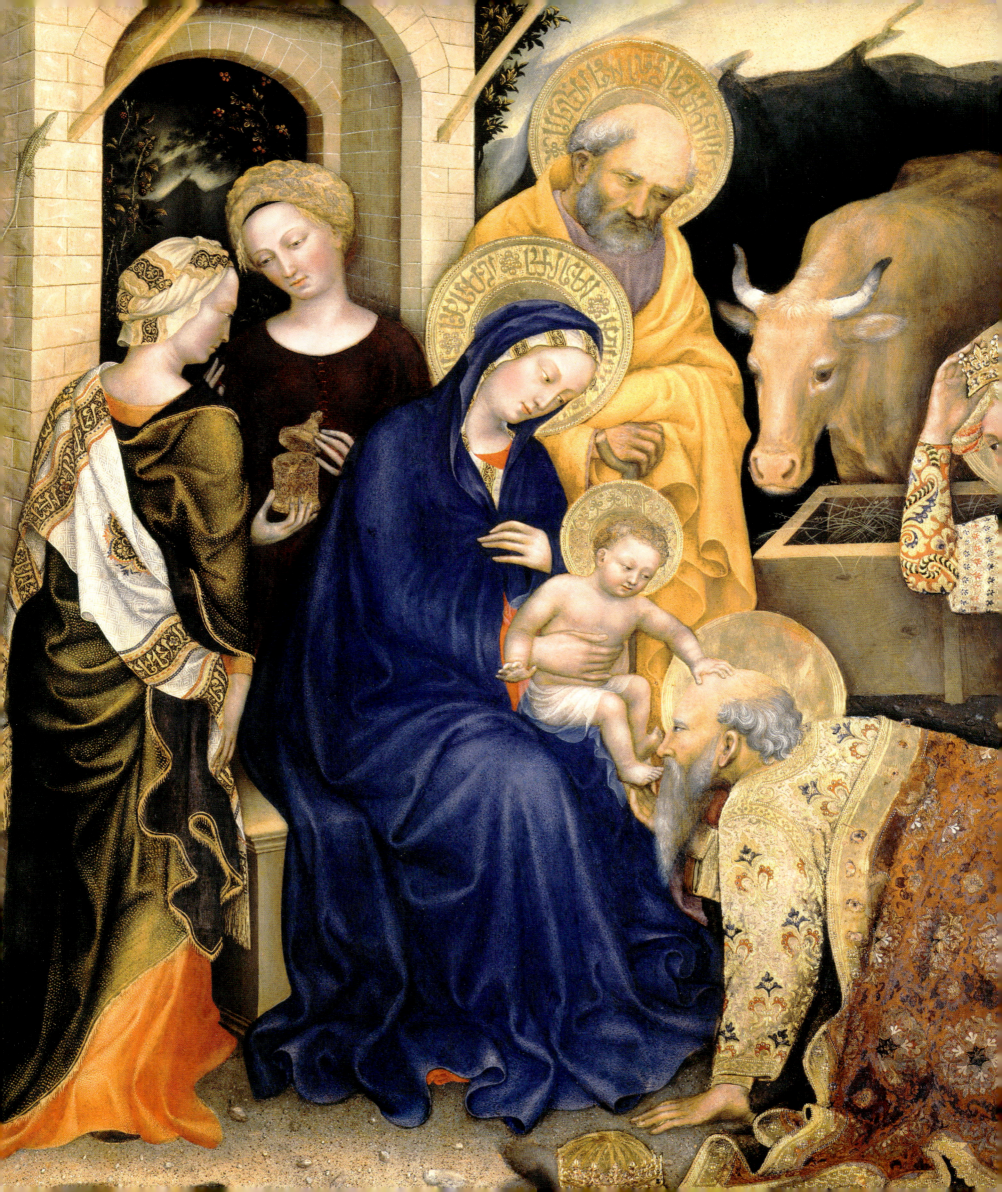

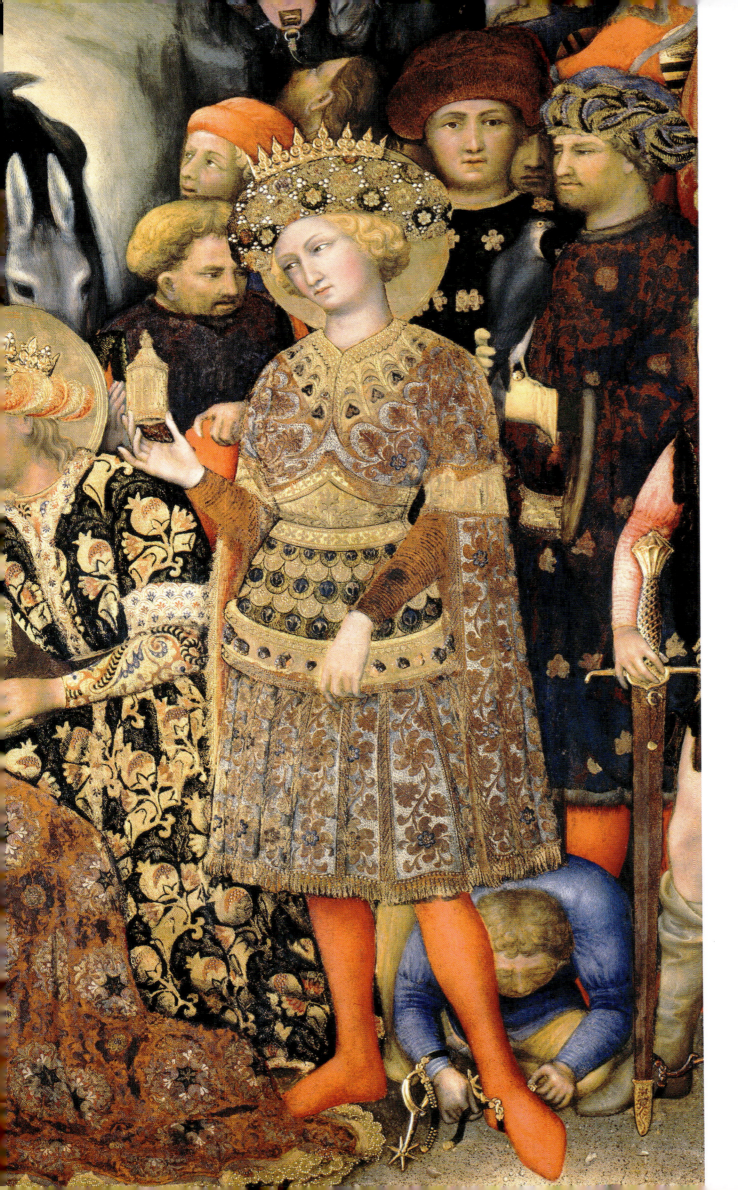

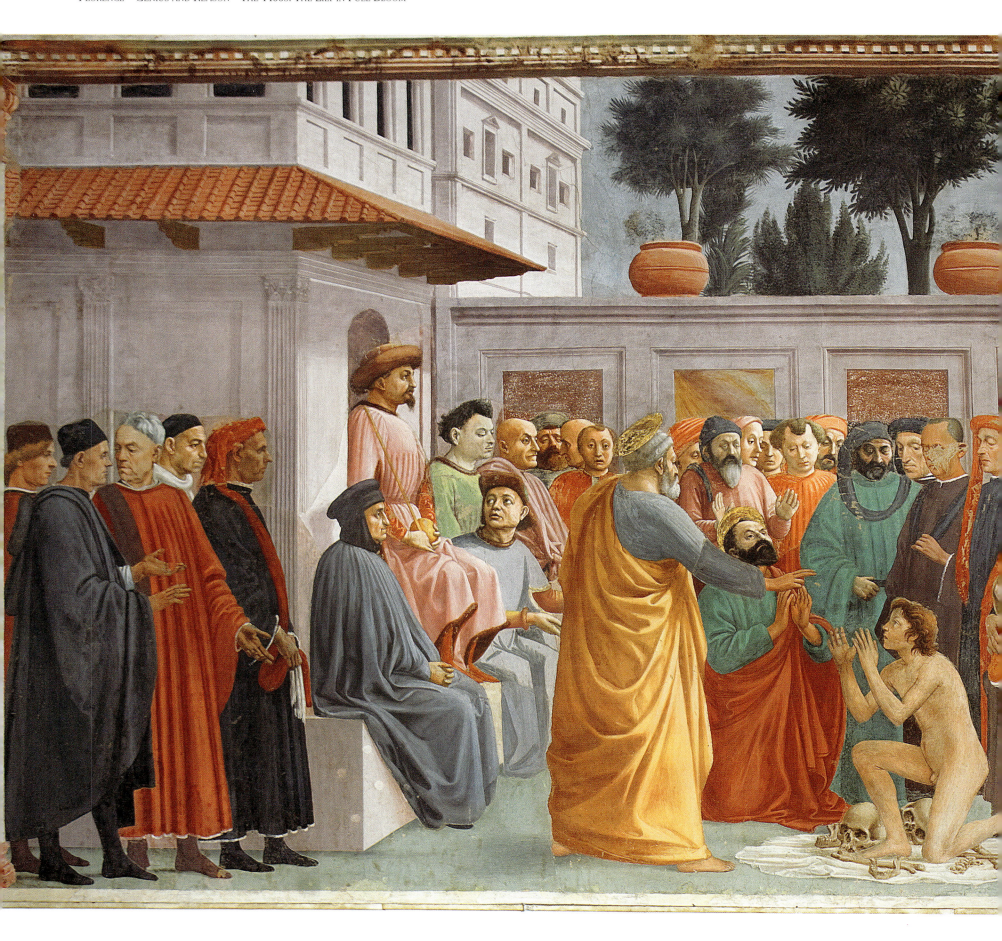

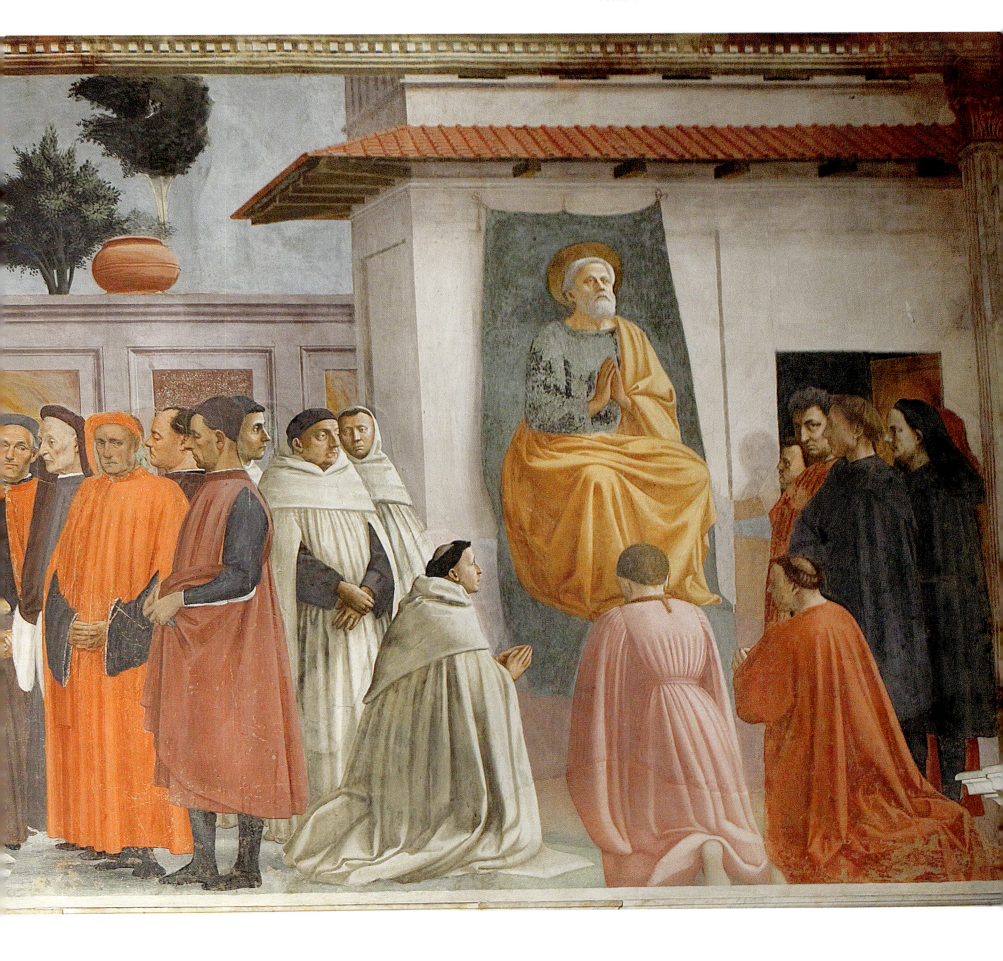

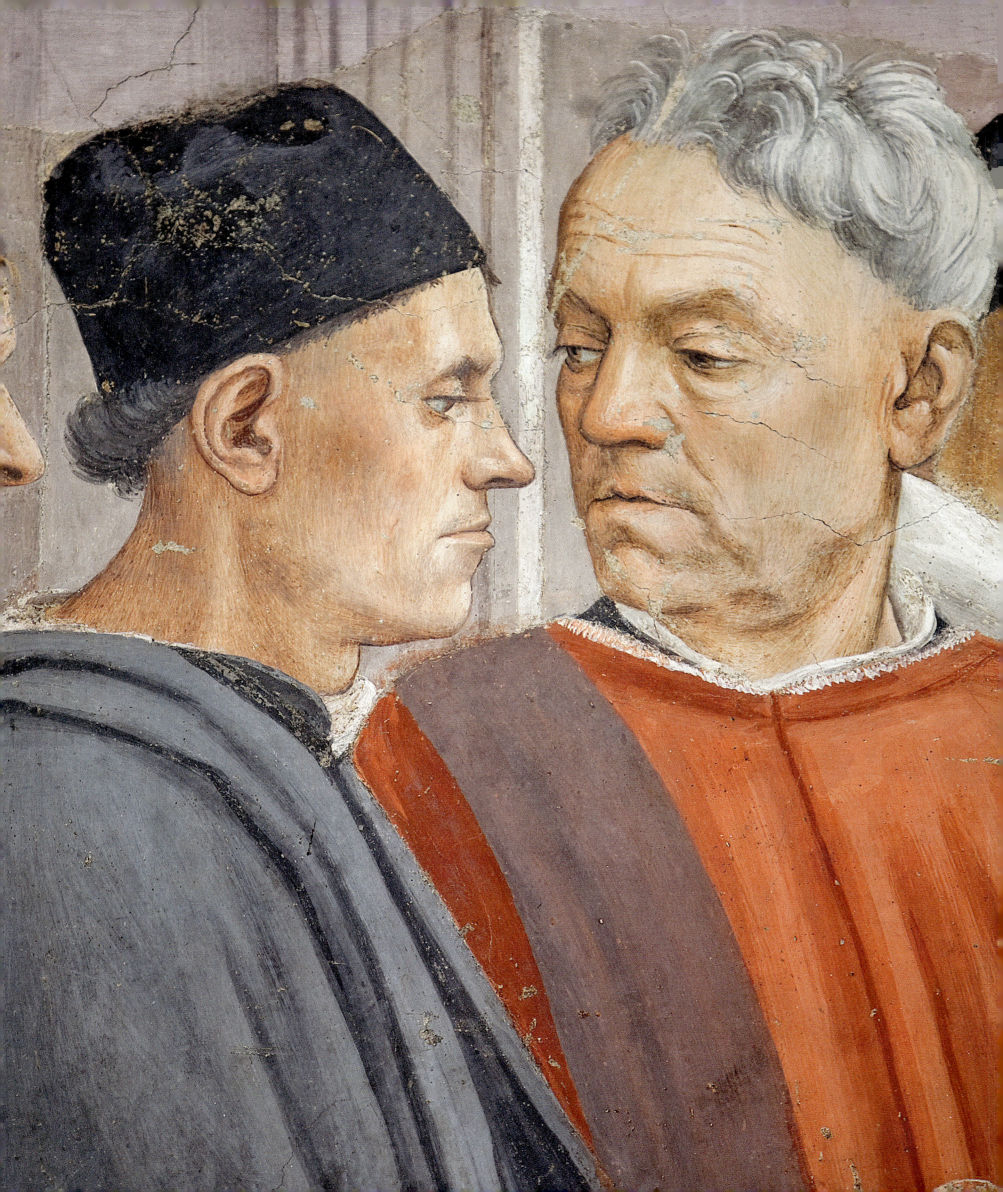

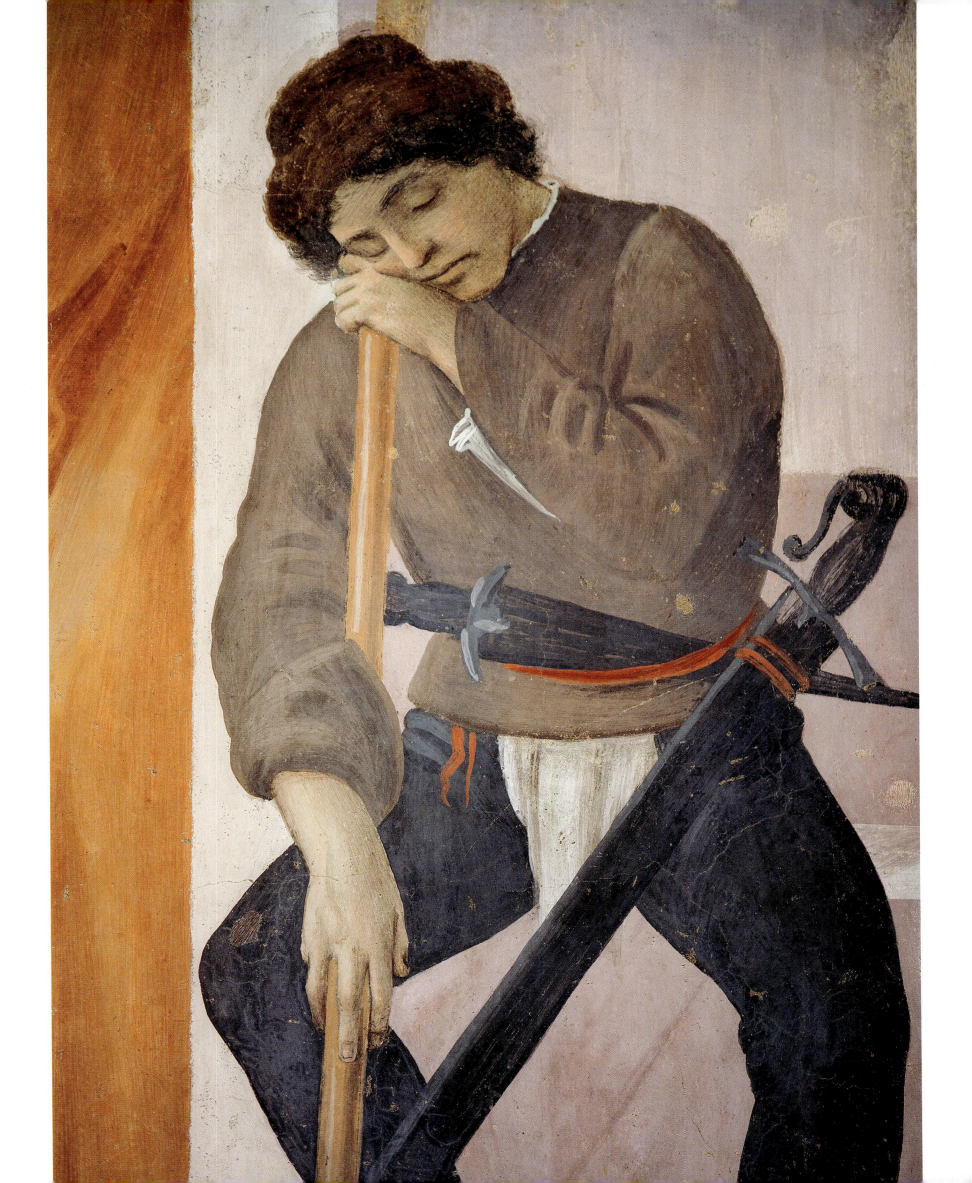

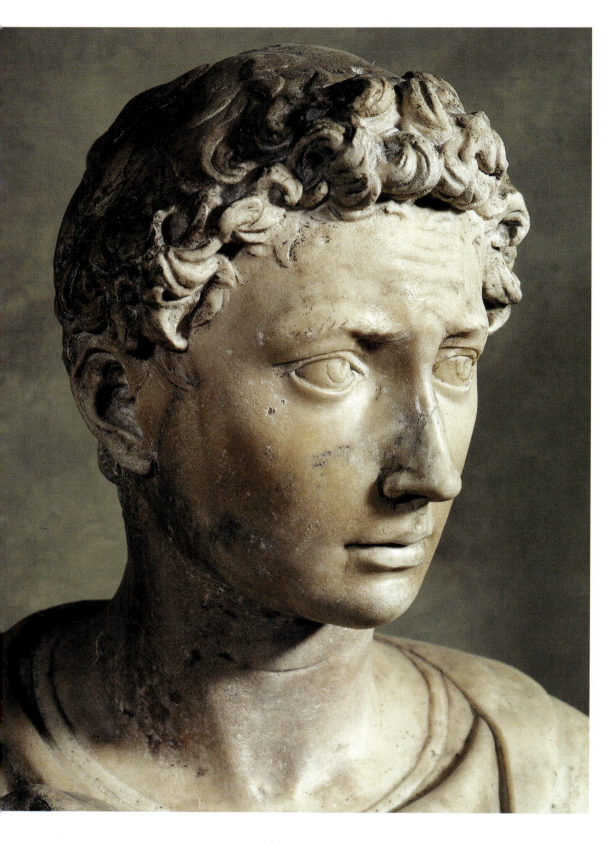

Sopra: L'intensa espressione del *San Giorgio* (1416, oggi nel Museo del Bargello), uno dei primi capolavori di Donatello, realizzato per la nicchia dell'arte dei Corazzai nella chiesa di Orsanmichele.

Above: Donatello's *Saint George*, dating to 1416, wears an intense expression. Today housed in the Museo Nazionale del Bargello, the statue was created for the armor-makers' niche in Orsanmichele.

delle regole matematiche della rappresentazione tridimensionale, sancite dalle opere e dagli scritti di Piero della Francesca.

Le iniziative dei Medici, con una rete commerciale e finanziaria abilmente gettata in tutta Europa, riescono a rendere Firenze una delle capitali della diplomazia internazionale: spettacolare è la visita di uno degli ultimi imperatori bizantini, Giovanni VIII Paleologo, nel 1439. Dopo la metà del secolo, la pittura e la scultura si trasformano, e all'intensità espressiva si sostituisce una raffinata eleganza: Verrocchio, Botticelli, Filippino Lippi e Ghirlandaio saranno gli artisti più affermati negli anni di Lorenzo il Magnifico. Le allegorie profane dipinte da

main cathedral is legendary, of course, but his other religious complexes are also major works: These include the basilica of San Lorenzo with its Sagrestia Vecchia, or Old Sacristy, designed to serve as a mausoleum for the Medici family, the large and symmetrical Santo Spirito, the incomplete rotunda of Santa Maria degli Angeli and the exemplary Pazzi Chapel connected to Santa Croce. Brunelleschi had a marked effect on the city and its secular buildings as well: The clean arches of the portico on the Spedale degli Innocenti and the initial structure of the Pitti Palace would serve as models for 15th-century noble palaces, such as Michelozzo's Palazzo Medici, Palazzo Strozzi, begun by Benedetto da Maiano, and Palazzo Rucellai, the work of the great architect and writer of treatises Leon Battista Alberti. With eclectic interests and an openness to various materials, sizes and an endless string of new subjects, Donatello explored the expressive side of sculpture. Many of his works were actually commissioned to be exhibited in the open air on facades and in squares, and as a result they were specifically designed to put people of all classes in direct and daily contact with art. They were conceived not as luxury items for a chosen few, but as essential for the city and its residents.

The art of painting evolved quickly during this period. In 1423 for Santa Trinita church, Gentile da Fabriano painted the joyful *Adoration of the Magi* (now housed in the Uffizi), a late Gothic masterpiece; the following year in the Brancacci Chapel, Masaccio and Masolino built upon Giotto's theories to create figures with impressive physical and moral power that resided in the space created by applying perspective. Painters from various cultures and backgrounds (Fra Angelico, Filippo Lippi, Paolo Uccello, Domenico Veneziano, Andrea del Castagno) all headed in the same direction, until the mathematical rules of three-dimensional representation became standard; those rules were further sanctioned by the work and the writings of Piero della Francesca.

The Medici family had a business and financial network that reached all over Europe, and its members took steps to position Florence as a capital of international diplomacy. A stand-out among these efforts was the visit to Florence by one of the last Byzantine emperors, John VIII Palaiologos, in 1439. In the latter half of the century, painting and sculpture were transformed, and intense expressiveness was replaced with refined elegance: Andrea del Verrocchio, Sandro Botticelli, Filippino Lippi and Domenico Ghirlandaio were the most highly regarded artists during the years when Lorenzo the Magnificent held power. Secular allegories

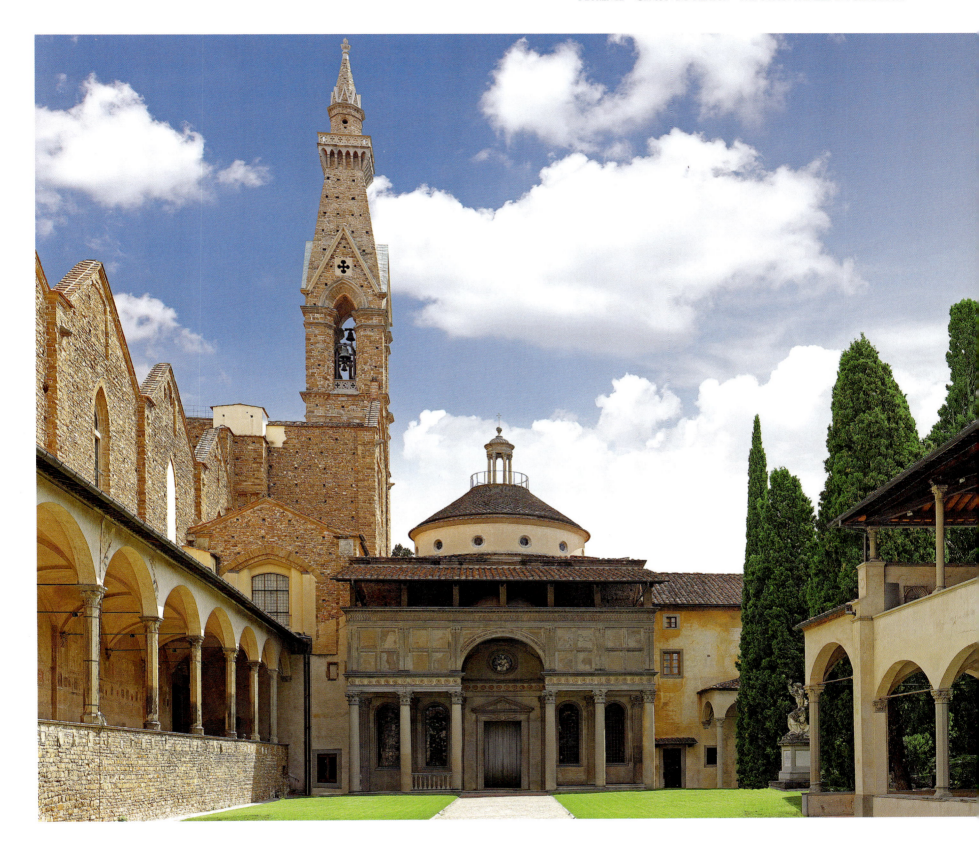

SOPRA: AL TERMINE DEL PORTICATO
SUL FIANCO DESTRO DI SANTA CROCE
SI APRE LA CAPPELLA DEI PAZZI,
GIOIELLO DI ARCHITETTURA
QUATTROCENTESCA, INIZIATA DA
BRUNELLESCHI NEL 1428.

ABOVE: AT THE END OF THE PORTICO
ALONG THE RIGHT SIDE OF SANTA
CROCE SITS THE PAZZI CHAPEL, A
SHOWPIECE FOR THE PERIOD BEGUN BY
BRUNELLESCHI IN 1428.

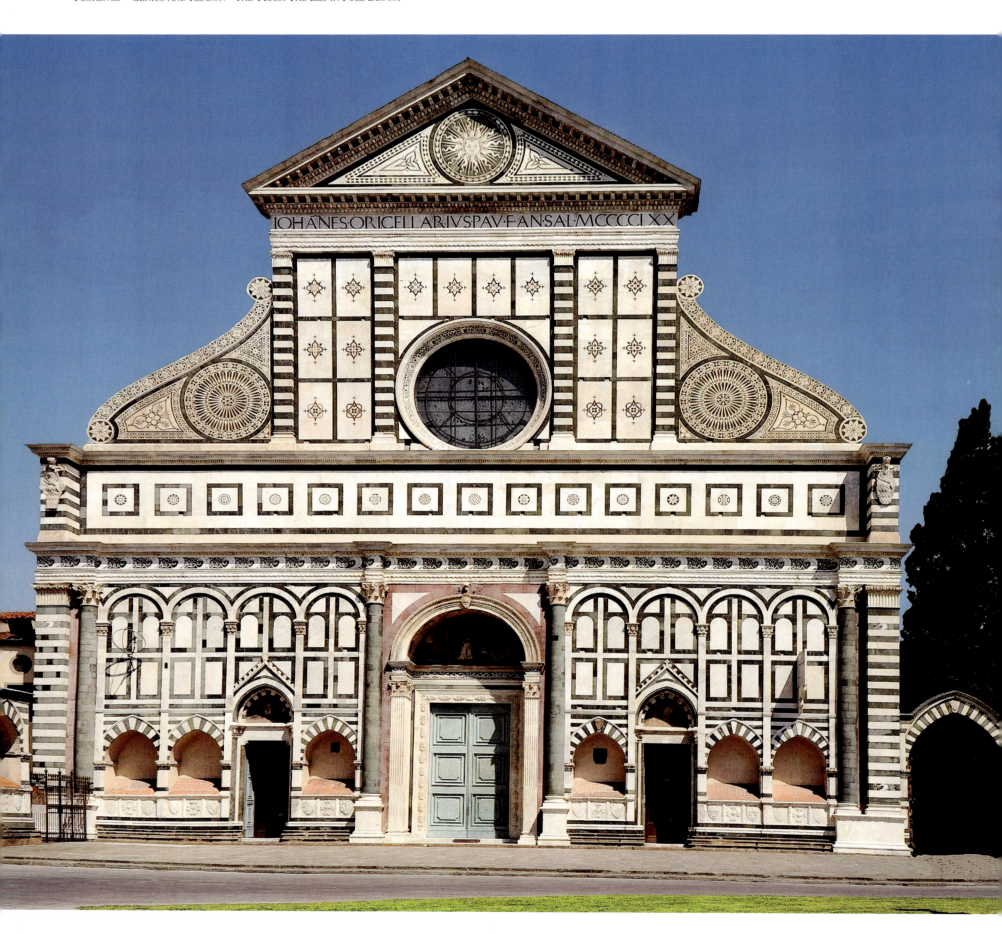

SOPRA E A FIANCO: La facciata della basilica do-
menicana di Santa Maria Novella è stata iniziata
nel 1300 (parte inferiore) e completata da Leon
Battista Alberti.
ABOVE AND OPPOSITE: The facade of the Dominican Santa Maria Novella basilica was started in
1300 (the lower portion) and completed by Leon
Battista Alberti.

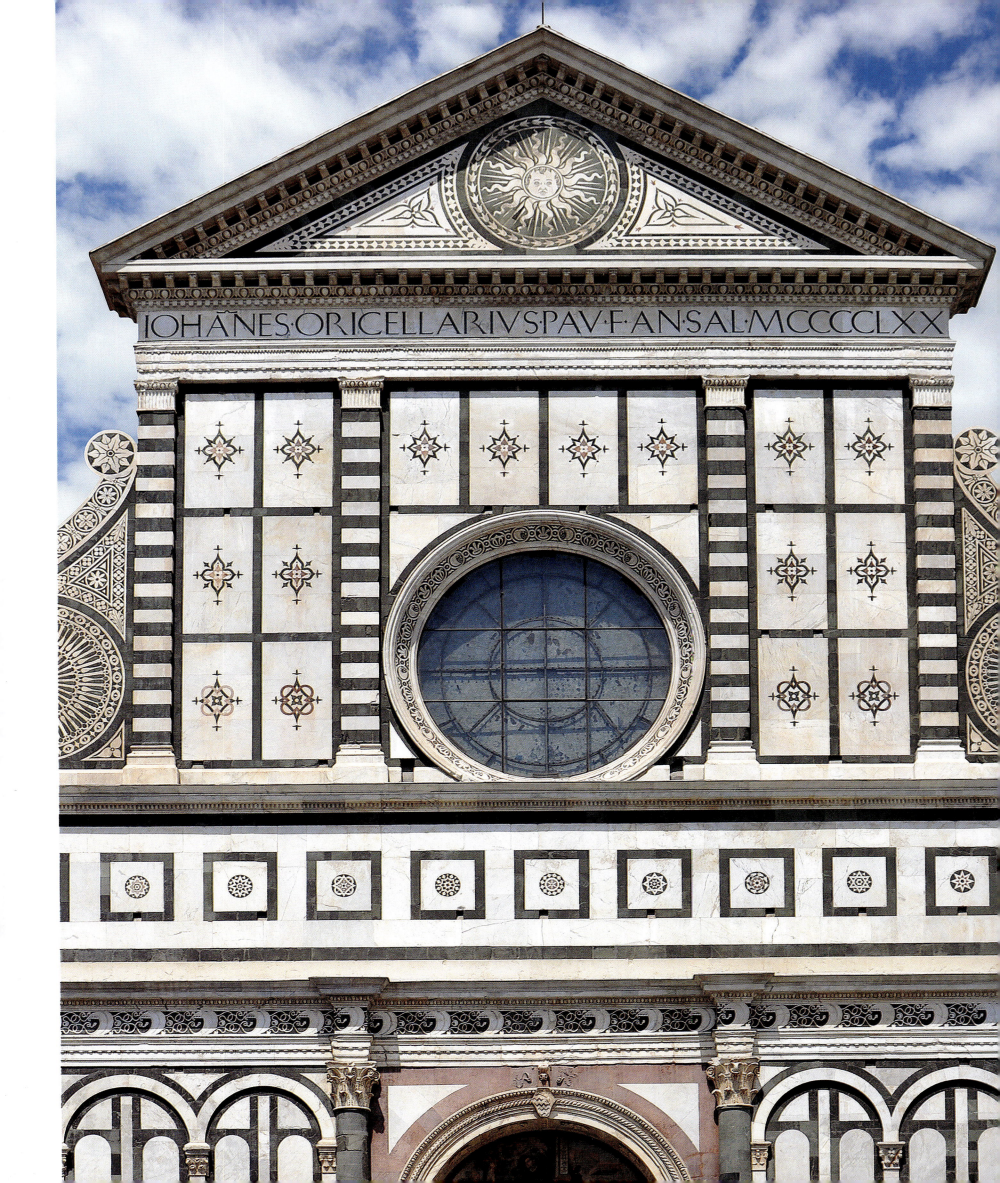

IOHĀNES·ORICELLARIVS·PAV·F·AN·SAL·MCCCCLXX

A FIANCO : DETTAGLI ORNAMENTALI
DELLA FACCIATA DI SANTA MARIA NO-
VELLA, CON GLI STUPENDI INTARSI
MARMOREI DISEGNATI DA LEON BATTI-
STA ALBERTI NEL 1470.
P. 84-85, 86-87, 88 E 89: INTORNO
AL 1485 DOMENICO GHIRLANDAIO HA
DECORATO LA CAPPELLA SASSETTI IN
SANTA TRINITA, CON UNO DEI PIÙ
AMABILI CICLI PITTORICI DELL'EPOCA DI
LORENZO IL MAGNIFICO. AGLI AFFRE-
SCHI SULLE PARETI, RICCHI DI DETTAGLI
REALISTICI, SI AGGIUNGE LA TAVOLA
DELLA *NATIVITÀ*, DI CUI RIPRODU-
CIAMO I DETTAGLI DEL VOLTO DELLA
VERGINE E DI UNO DEI PASTORI.

OPPOSITE: ORNAMENTAL DETAILS ON
THE FACADE OF SANTA MARIA NO-
VELLA, WITH MARVELOUS MARBLE IN-
TARSIA DESIGNED BY LEON BATTISTA
ALBERTI IN 1470.
PAGES 84-85, 86-87, 88 AND 89:
IN APPROXIMATELY 1485, DOMENICO
GHIRLANDAIO DECORATED THE SAS-
SETTI CHAPEL IN SANTA TRINITA WITH
ONE OF THE MOST BELOVED CYCLES OF
THE LORENZO THE MAGNIFICENT ERA.
THE FRESCOES ON THE WALLS, BRIM-
MING WITH REALISTIC DETAILS, ARE
ACCOMPANIED BY A PANEL DEPICTING
THE NATIVITY. THE CLOSE-UPS HERE
SHOW THE FACE OF THE VIRGIN MARY
AND THAT OF ONE OF THE SHEPHERDS
FROM THAT PANEL

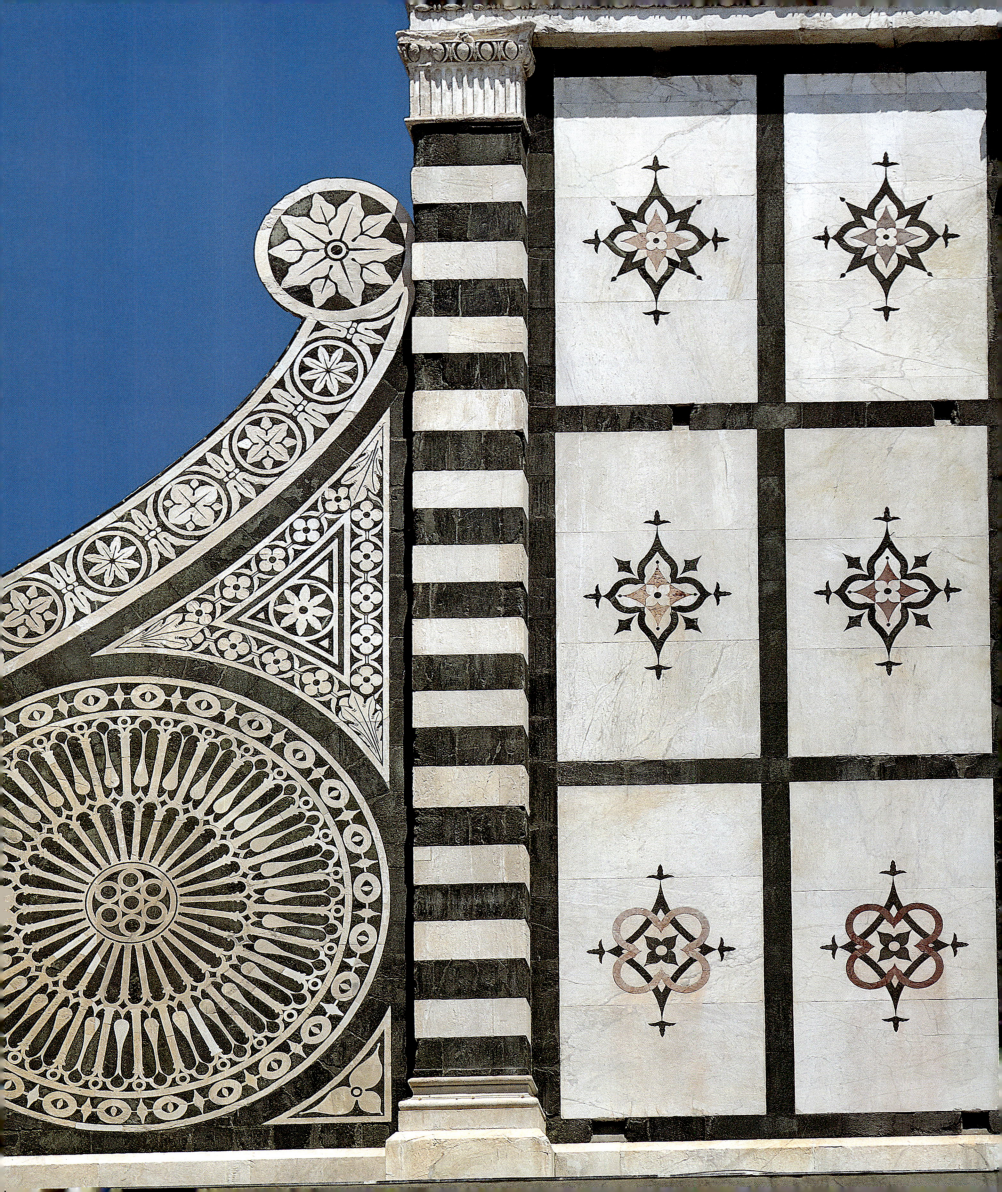

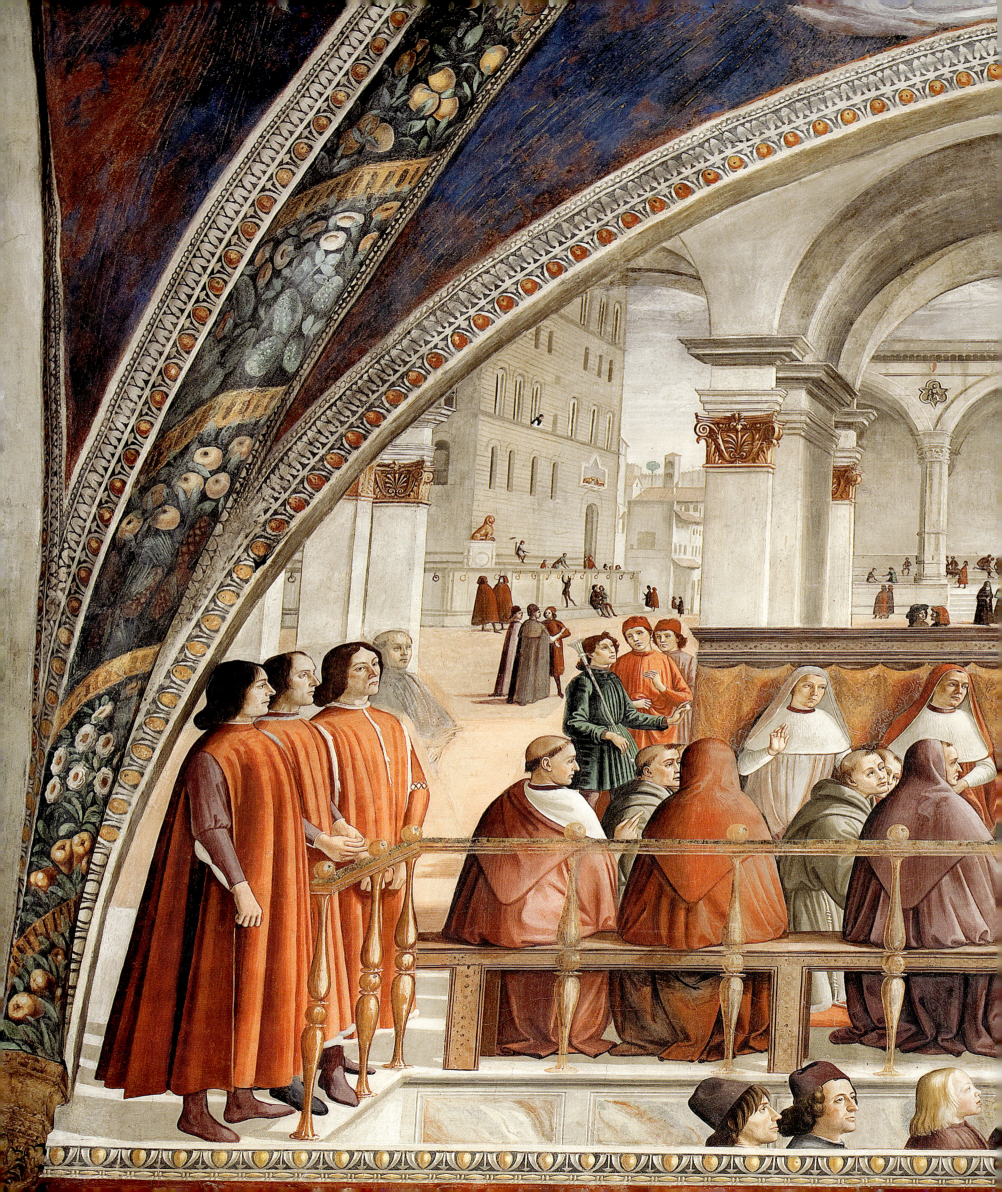

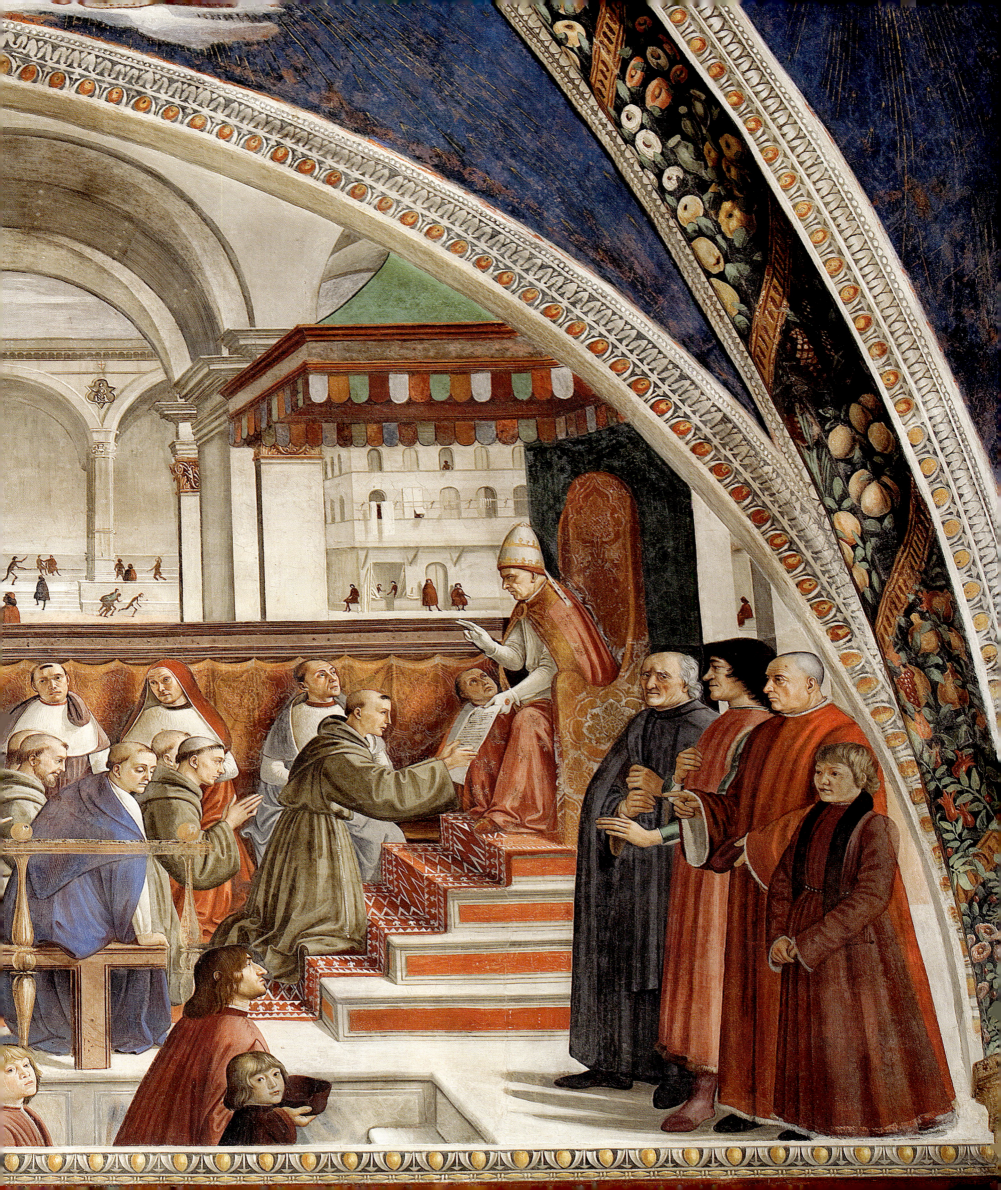

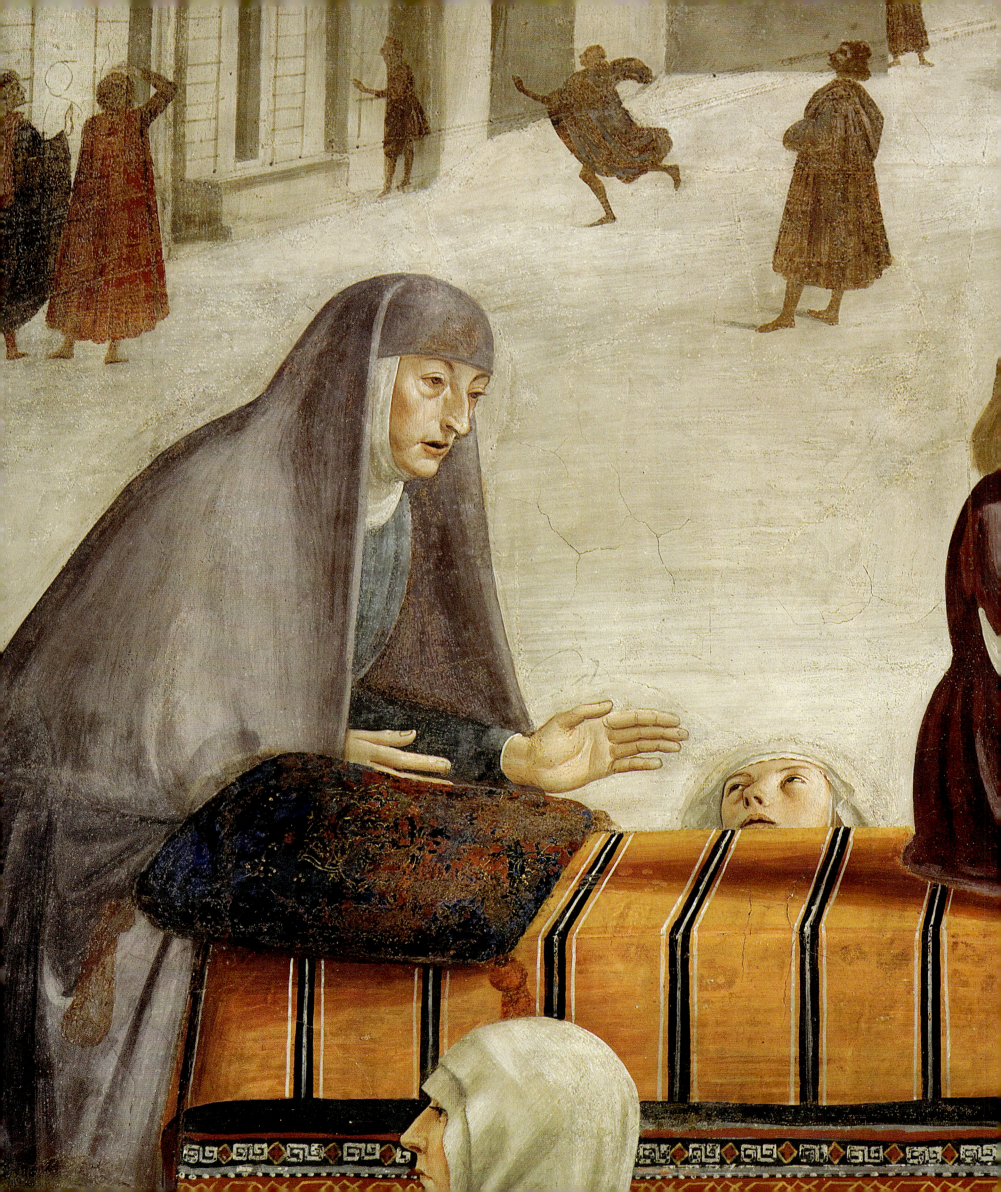

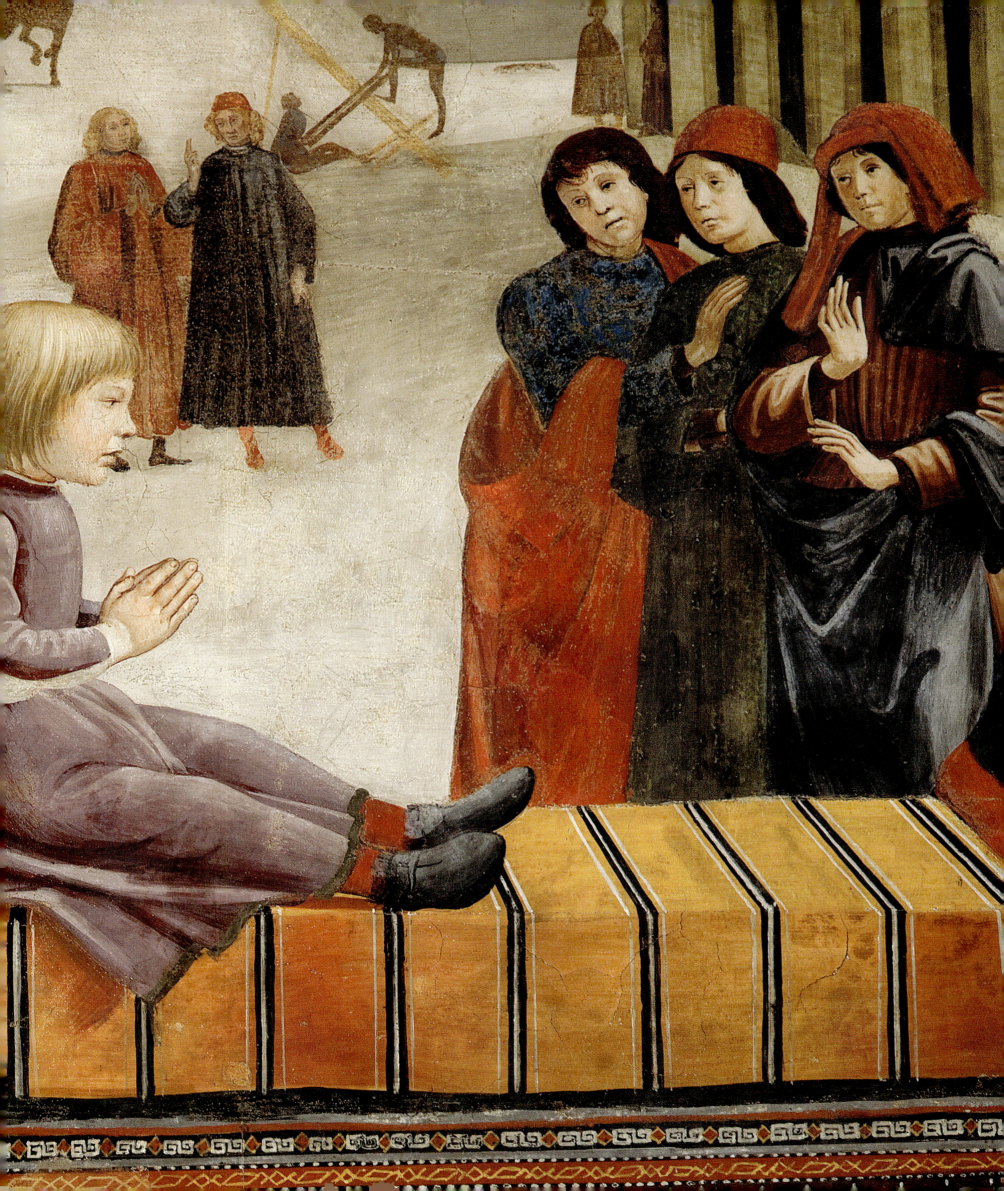

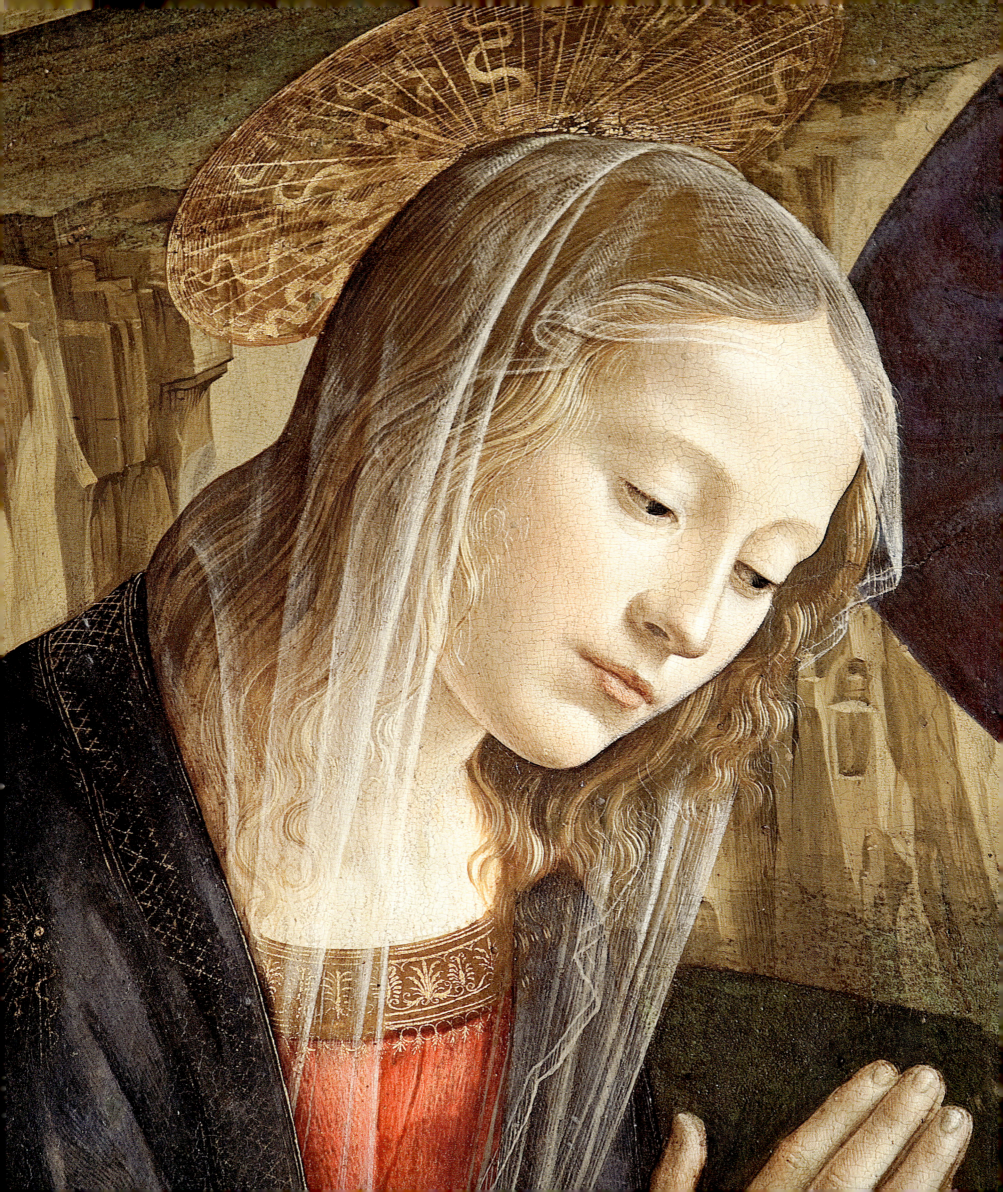

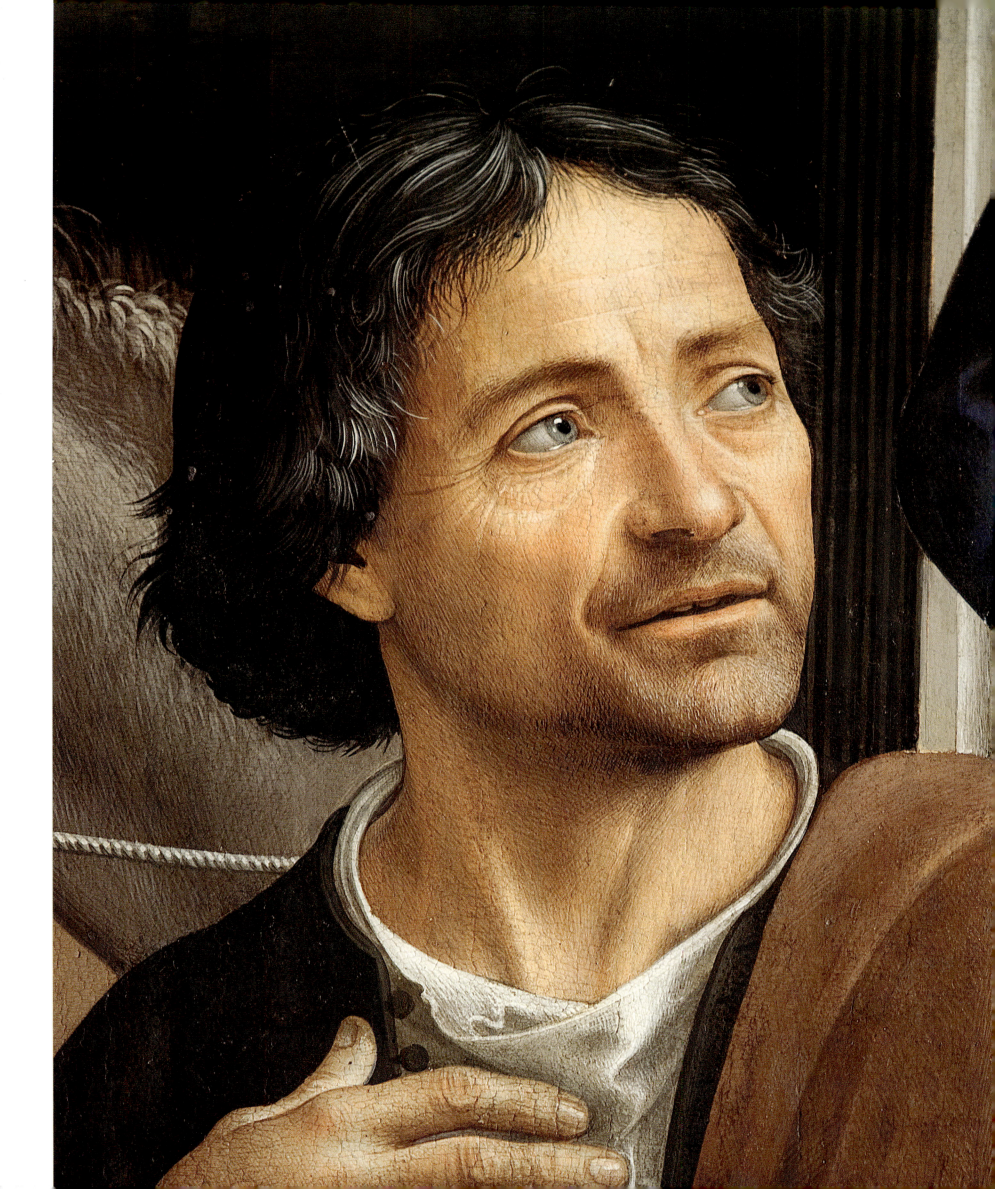

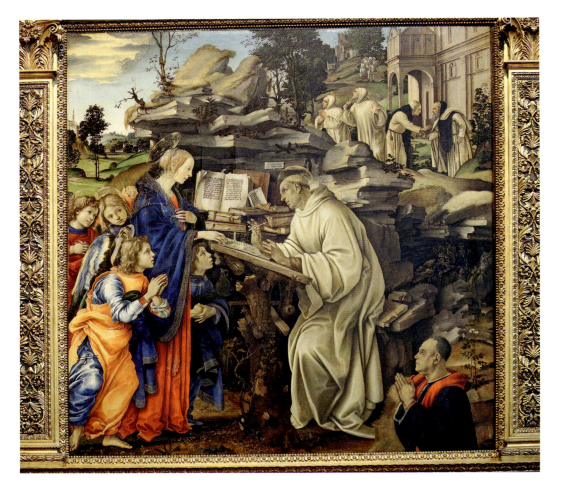

SOPRA, A FIANCO E ALLE PAGINE SUCCESSIVE: NELLA CHIESA DELLA BADIA FIORENTINA SI AMMIRA UN RAFFINATO CAPOLAVORO DI FILIPPINO LIPPI, *L'APPARIZIONE DELLA MADONNA A SAN BERNARDO DI CLAIRVAUX* (1485 CIRCA).
P. 94 E 95: LE STRAORDINARIE ALLEGORIE PROFANE DI SANDRO BOTTICELLI (QUI I DETTAGLI DELLA *NASCITA DI VENERE* E DELLA *PRIMAVERA*) SONO IL CUORE DELLA GALLERIA DEGLI UFFIZI.
P. 96-97: L'ELEGANTE LUNETTA IN TERRACOTTA ROBBIANA (FINE DEL XV SECOLO) SULLA FACCIATA DELLA CHIESA DI OGNISSANTI.

ABOVE, OPPOSITE, PAGES 92 AND 93: THE BADIA FIORENTINA CHURCH CONTAINS FILIPPINO LIPPI'S MASTERFUL *APPARITION OF THE VIRGIN TO SAINT BERNARD*, CIRCA 1485.
PAGES 94 AND 95: SANDRO BOTTICELLI'S EXTRAORDINARY ALLEGORICAL PAINTINGS (SEEN HERE ARE DETAILS FROM *NASCITA DI VENERE (THE BIRTH OF VENUS)* AND *PRIMAVERA (ALLEGORY OF SPRING)* ARE THE HEART OF THE UFFIZI GALLERY.
PAGES 96-97: THE LOVELY TERRACOTTA LUNETTE IN THE MANNER OF DELLA ROBBIA FROM THE LATE 14TH CENTURY ON THE FACADE OF THE OGNISSANTI CHURCH.

painted by Botticelli, including *Primavera (Allegory of Spring)* and *Nascita di Venere (The Birth of Venus)* are the most famous images from that sophisticated period, which drew upon classical culture, supported by writers and thinkers such as Poliziano and Marsilio Ficino. Lorenzo the Magnificent chose a French motto to represent this general trend: "*le temps revient,*" or "the age returns." During this period the Medici clan also began to assemble historic art collections that would go on to serve as the basis for Florentine museums. Once the dangerously unstable moment surrounding the Pazzi conspiracy in 1478 had passed and the ensuing war against Naples had ended, a new alliance was struck with Pope Sixtus IV, and the top Florentine painters were sent to Rome to paint the frescoes in the Sistine Chapel, a major recognition of Florence's cultural primacy. The only local artist of any fame who did not work on the chapel was Leonardo da Vinci, who soon would explore a wholly new approach to the laws of nature and expressions.

The early death of Lorenzo the Magnificent in 1492 brought a brusque turn of events: His successor, Piero de' Medici, was expelled in 1494. The new Florentine Republic was declared, while at the Convent of San Marco, Dominican friar Girolamo Savonarola was preaching fiercely and endorsing wide-ranging moral and religious reform that would go so far as to institute a true theocracy.

The friar and reformer was condemned as a heretic and executed in 1498, but by then the era was already ending—the classical serenity of Humanism had fallen by the wayside. A new spiritual uneasiness had taken the place of the intellectual triumph of the 1400s: Florence was poised to reflect that new trend through its art once more.

Botticelli, come la *Primavera* e la *Nascita di Venere* sono le immagini più note nella sofisticata stagione del recupero della cultura classica, sostenuto da letterati e pensatori come Poliziano e Marsilio Ficino: in questa chiave, Lorenzo il Magnifico sceglie un motto in francese, «le temps revient», il tempo ritorna. Prende corpo anche il nucleo del collezionismo mediceo, origine delle eccezionali raccolte museali fiorentine. Superata la pericolosa crisi della congiura dei Pazzi (1478) e della successiva guerra contro Napoli, la ritrovata alleanza con il papa Sisto IV viene sancita dal trasferimento a Roma dei massimi pittori fiorentini per affrescare le pareti della Cappella Sistina, solenne conferma del primato culturale di Firenze. Resta escluso solo Leonardo da Vinci, che ben presto mostra un'attitudine del tutto diversa nello studio delle leggi della natura e delle espressioni.

La precoce morte di Lorenzo il Magnifico (1492) segna una brusca svolta: il successore, Piero de' Medici, viene cacciato nel 1494, e viene proclamata la nuova Repubblica fiorentina, mentre dal convento di San Marco il domenicano fra Girolamo Savonarola predica con vigore una profonda riforma morale e religiosa, al punto da istituire una vera e propria teocrazia.

Il frate riformatore viene condannato come eretico e giustiziato nel 1498, ma con lui si chiude un'epoca, la serenità classica dell'Umanesimo si è incrinata. Alle conquiste intellettuali del Quattrocento subentrano nuove inquietudini spirituali: ancora una volta, sarà Firenze a darne la più pronta riprova nelle arti.

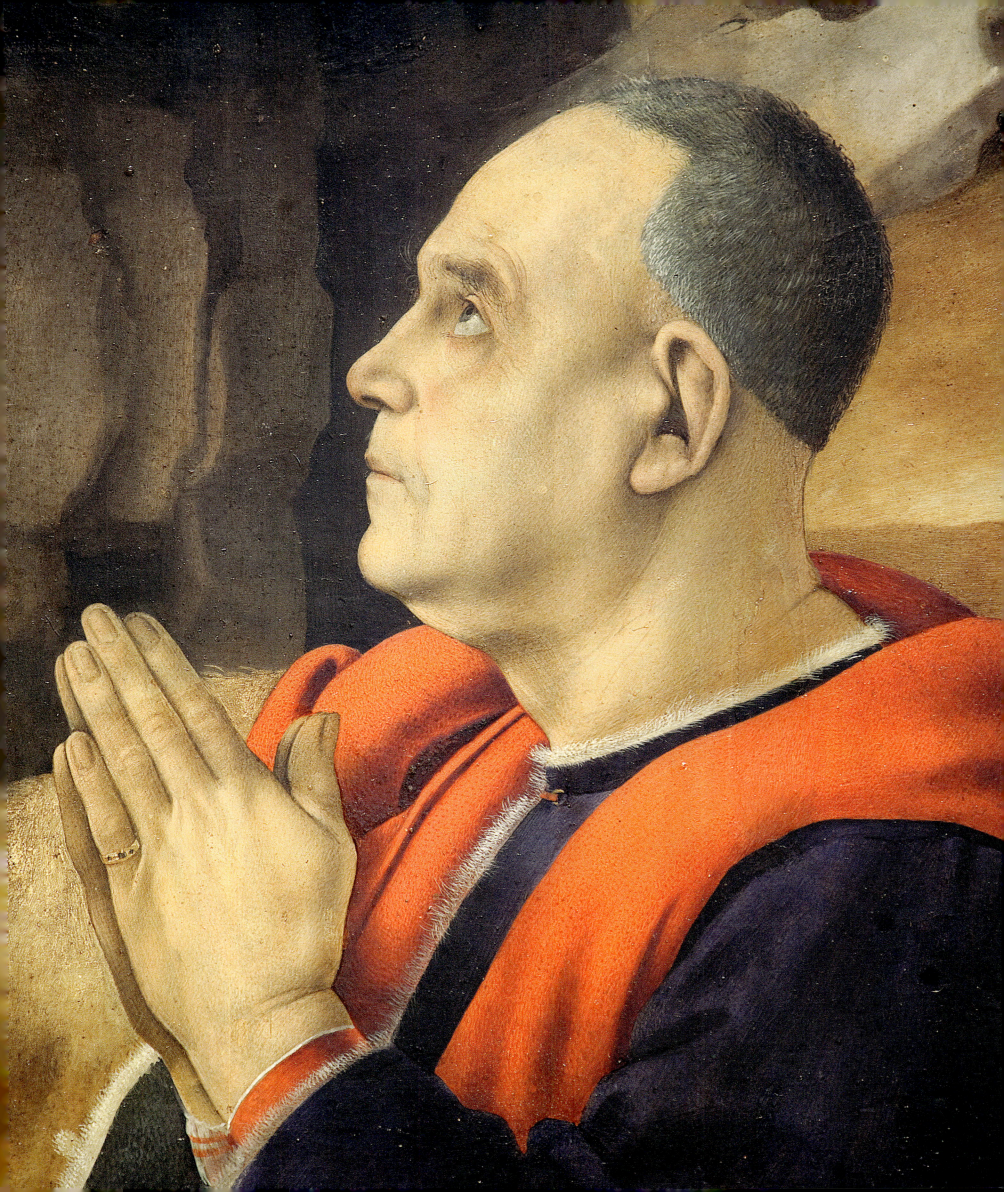

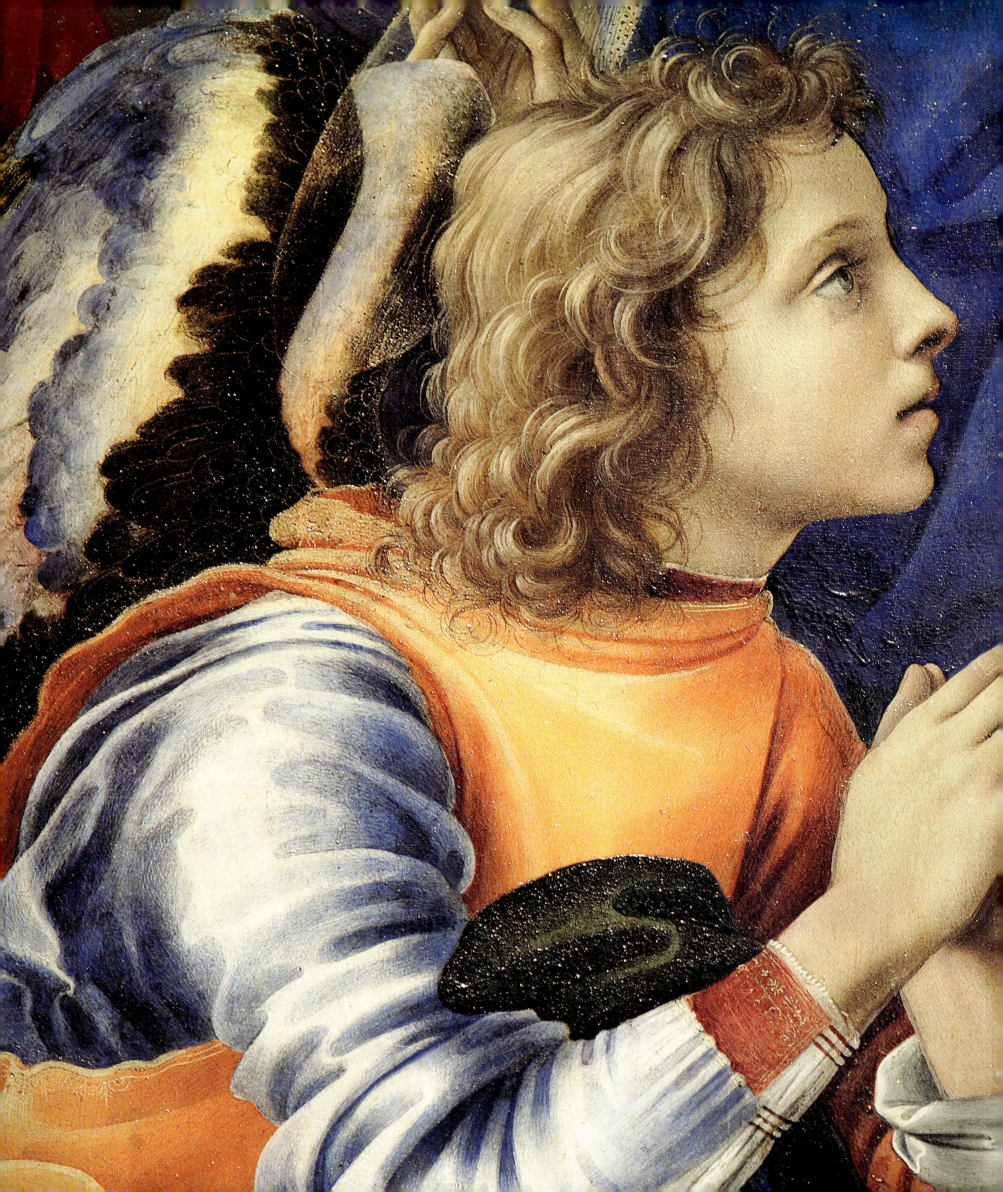

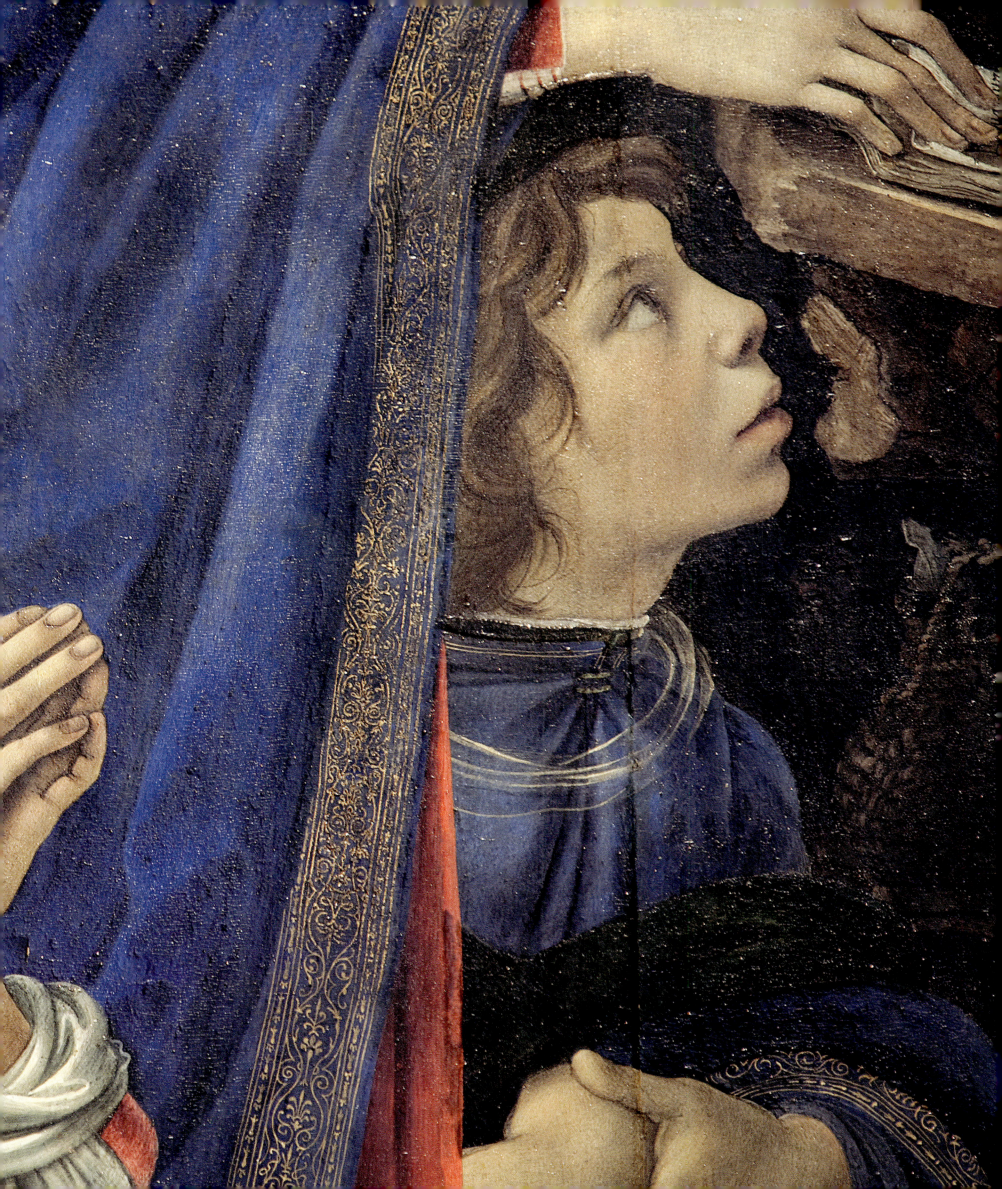

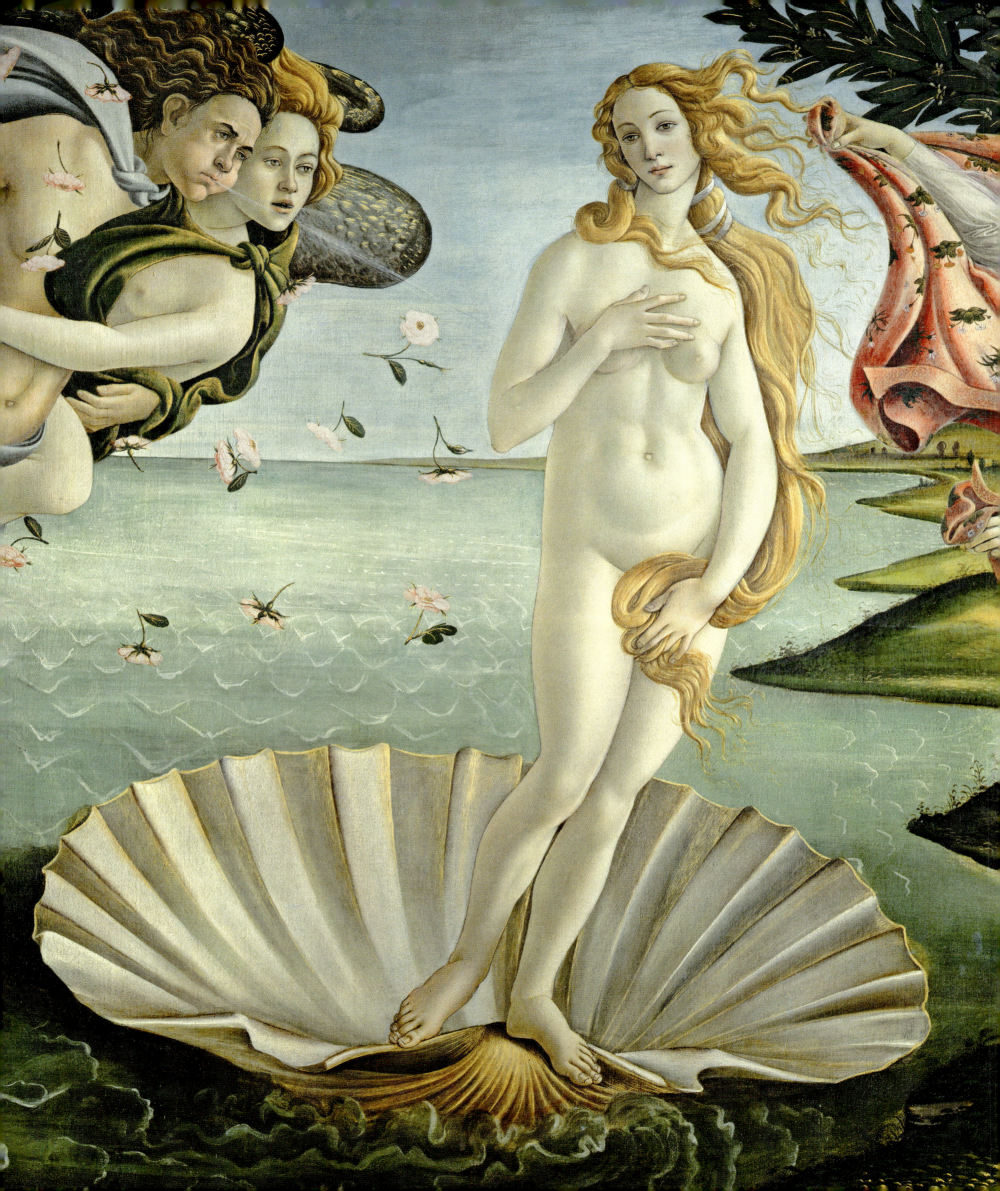

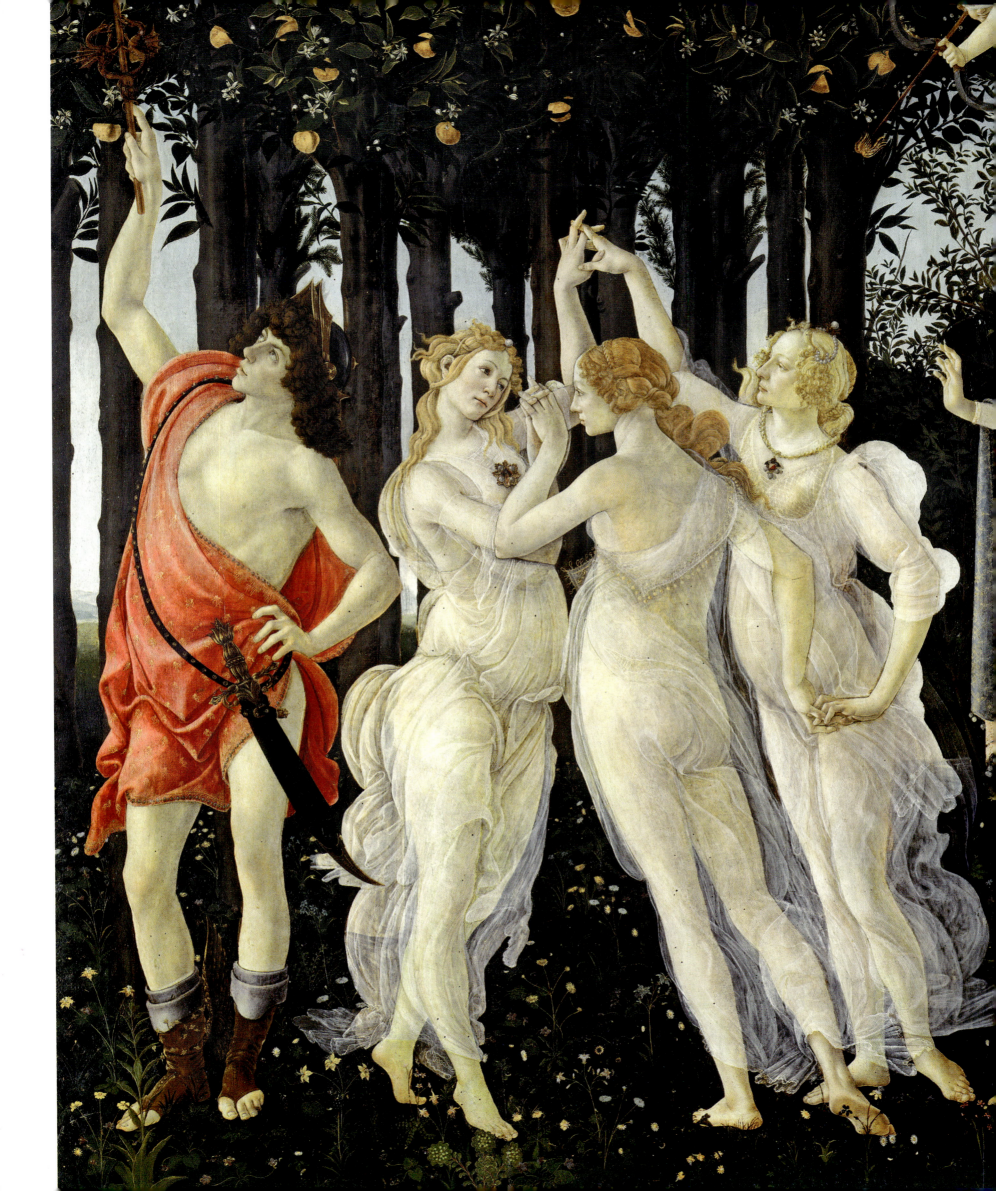

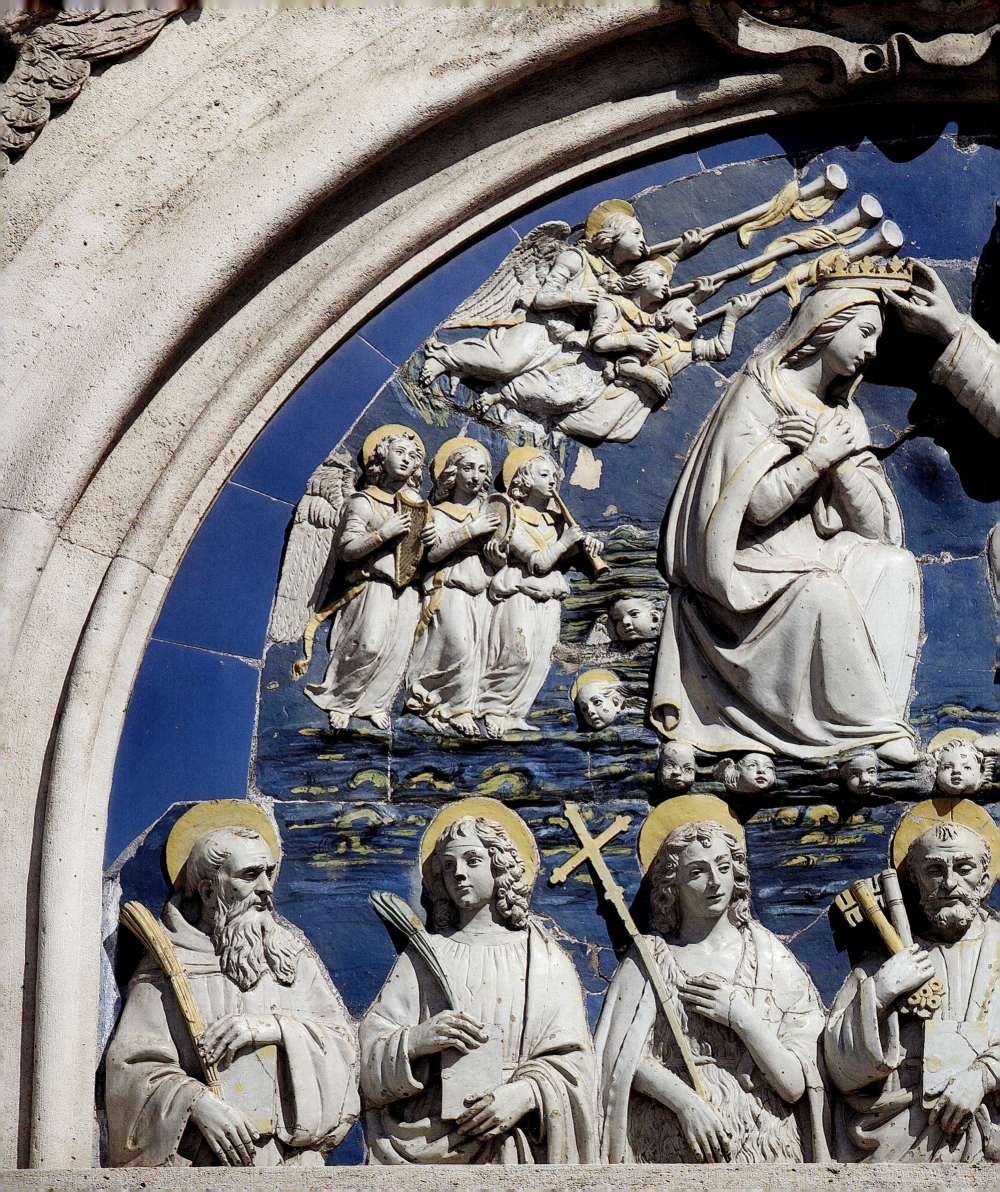

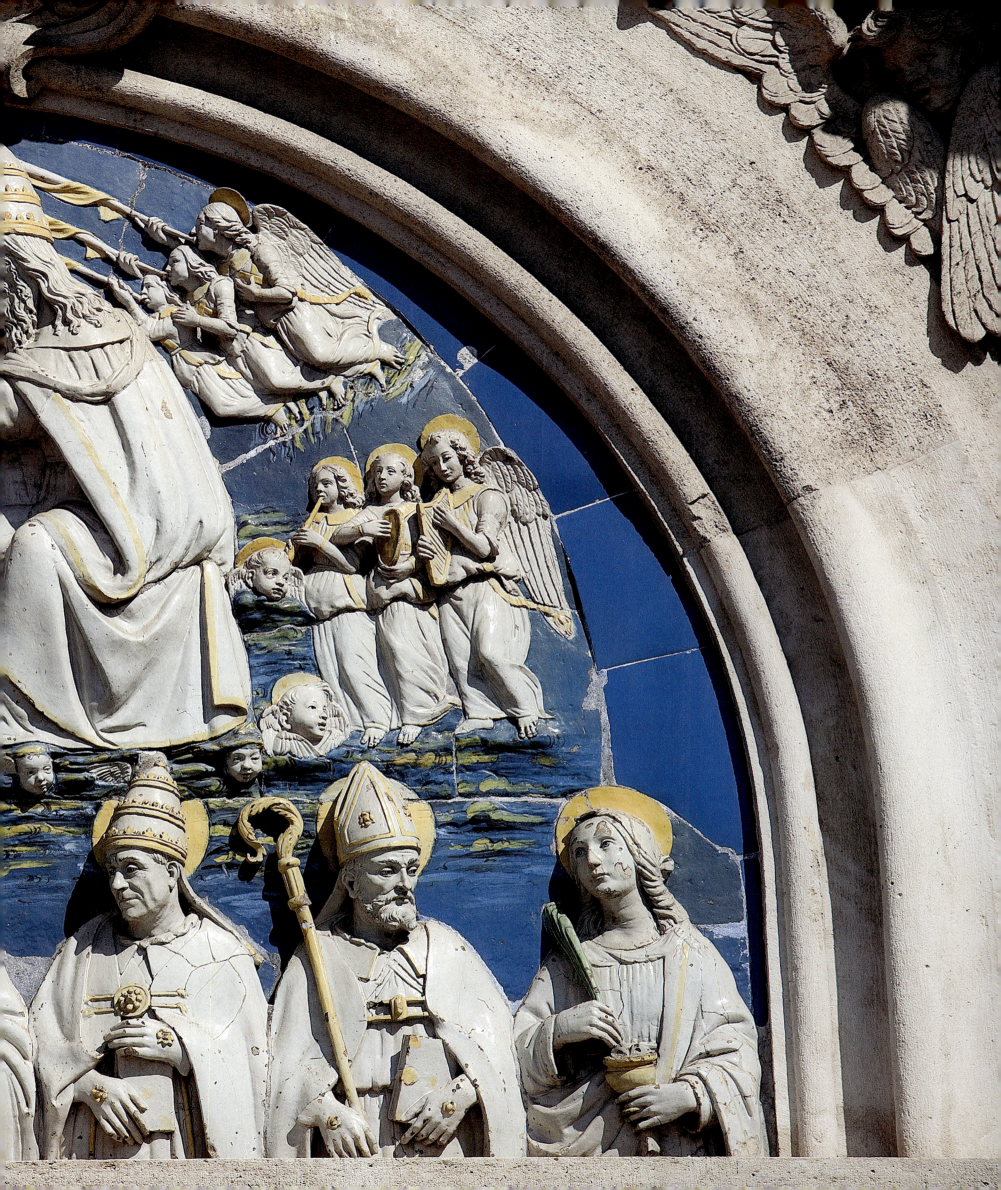

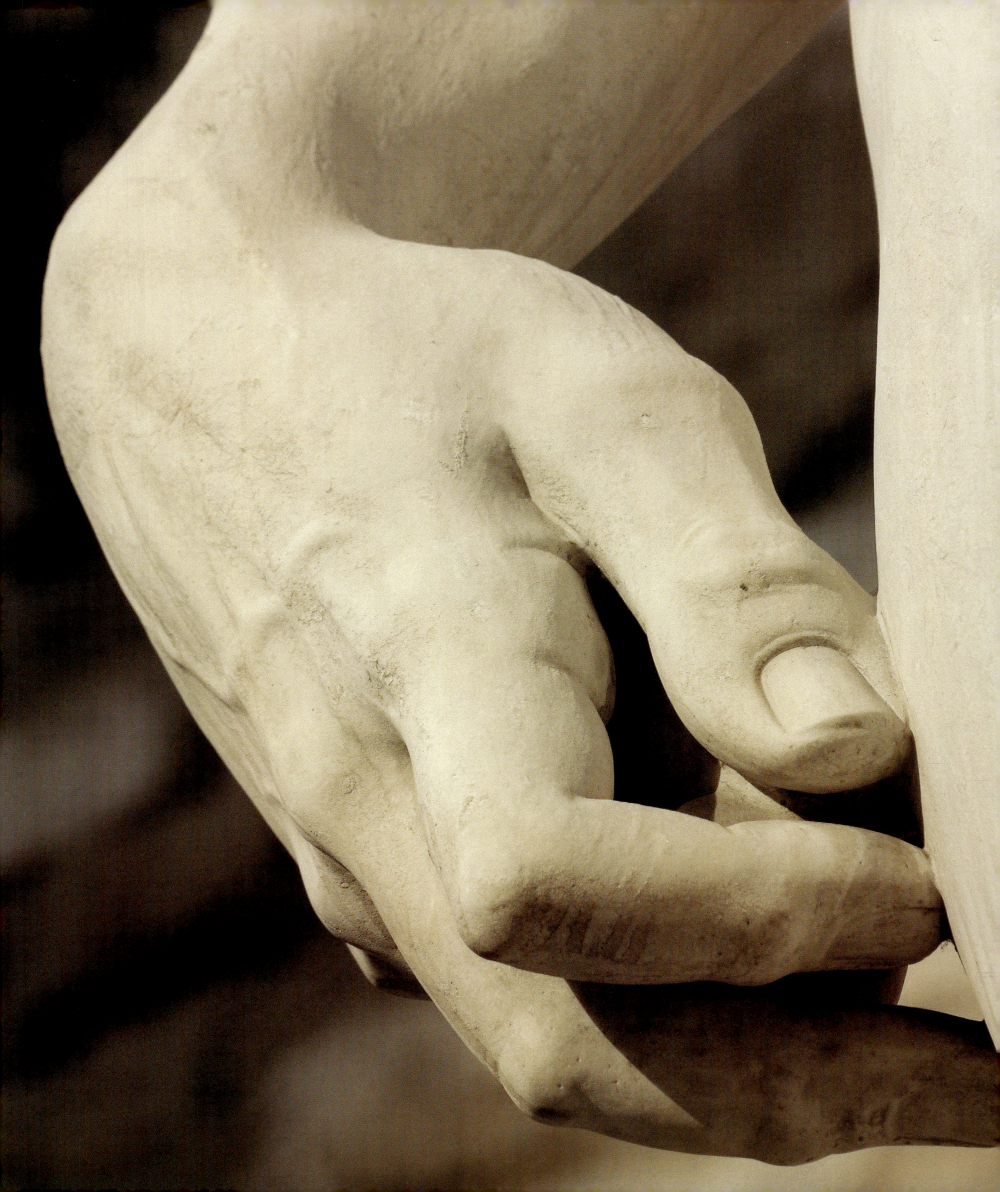

La scuola del mondo: un lungo Rinascimento

"The School of the World": A Long Renaissance

Il XVI secolo si apre a Firenze con l'orgogliosa, ma militarmente debole, Repubblica fiorentina, guidata dal gonfaloniere Pier Soderini con il cancelliere Niccolò Machiavelli, costantemente minacciata da nemici aggressivi e dalla presenza in Italia degli eserciti spagnoli e francesi, ma sempre di più, centro fondamentale dell'arte. La compresenza di Leonardo, Michelangelo e del giovane Raffaello fa davvero di Firenze la "scuola del mondo", per usare una definizione di Giorgio Vasari.

La serie dei capolavori, a partire dal *David* marmoreo di Michelangelo, è impressionante, ma si tratta di una stagione breve: intorno al 1508, infatti, tutti e tre i protagonisti lasciano Firenze. Nel 1512 il re di Francia Luigi XII riporta i Medici al governo della città, e nel 1514 il figlio di Lorenzo il Magnifico viene eletto papa con il nome di Leone X; tuttavia, la situazione politica rimane tesa. Ne è un riflesso preciso lo sviluppo della pittura, con una fase di travaglio e di ricerca. Presso il convento della Santissima Annunziata, Andrea del Sarto forma un gruppo di giovani artisti, fra i quali emergono Jacopo Pontormo e Rosso Fiorentino. Rientrato da Roma, Michelangelo comincia ad occuparsi del vasto cantiere della basilica di San Lorenzo. In posizione e dimensioni simmetriche rispetto alla Sagrestia Vecchia di Brunelleschi, progetta il nuovo sepolcreto mediceo, straordinario complesso di scultura e architettura. Seguiranno la realizzazione della Biblioteca Medicea Laurenziana e il progetto per la facciata, rimasto inattuato.

Nel 1523 viene eletto di nuovo un papa della famiglia Medici, Clemente VII (figlio di Giuliano), ma il suo pontificato è reso drammatico dal Sacco di Roma del 1527: tra le conseguenze, oltre alla diaspora degli artisti che diffondono in Italia e in Europa le caratteristiche dell'arte tosco-romana, c'è anche la nuova cacciata dei Medici da Firenze. Nel 1529-1530 la città cerca di resistere all'assedio da parte delle truppe imperiali: lo stesso Michelangelo disegna bastioni e opere di difesa, ma alla fine la Repubblica fiorentina deve capitolare, tornano i Medici con l'appoggio dell'imperatore Carlo V e ora anche con un titolo nobiliare: prima duchi e poi granduchi. Il ramo principale della famiglia si estingue con Alessandro, assassinato nel 1537. Gli subentra Cosimo I, insignito del titolo di granduca nel 1539. Cosimo I riesce a trovare non facili equilibri tra Francia e Spagna, e allarga finalmente il potere di Firenze sull'intera Toscana grazie alla vittoria su Siena, l'antica e nobile avversaria, assediata e conquistata nel 1555. Insieme alla moglie Eleonora da Toledo, il granduca Cosimo è il protagonista di una nuova fase delle arti fiorentine. All'inquietudine espressiva della prima generazione dei pittori manieristi subentra una nobile, raffinatissima stilizzazione che celebra il potere. Ne sono un'efficace testimonianza i ritratti di Agnolo

The 16th century opened in Florence with a Florentine republic that was still proud, but was militarily weak. The republic was led by gonfaloniere Pier Soderini with chancellor Niccolò Machiavelli, and it was constantly under threat from aggressive enemies and the presence in Italy of Spanish and French armies. But always and above all, there was art in Florence. The simultaneous presence of Leonardo da Vinci, Michelangelo and a young Raphael made Florence a true "school of the world," to use a phrase coined by Giorgio Vasari.

The list of artworks these artists created, beginning with Michelangelo's marble statue of *David,* is impressive on its own, but it's even more impressive in light of the fact that this all took place during a relatively brief period: In about 1508, in fact, all three great artists left Florence. In 1512, King Louis XII of France returned control over the city to the Medici family, and in 1514 the son of Lorenzo the Magnificent became Pope Leo X; still, the political situation remained tense. The developments in painting reflected that accurately, and this was a phase of hard work and research. At the Santissima Annunziata religious complex, Andrea del Sarto gathered a group of young artists, including emerging artists, such as Jacopo Pontormo and Rosso Fiorentino. When Michelangelo returned from Rome, he began to oversee the enormous workshop at the San Lorenzo basilica. He designed the new Medici burial ground to be symmetrical to Brunelleschi's Old Sacristy in terms of both position and size, and it was an extraordinary feat of sculpture and architecture. Next came the design for the Laurentian Library and the design for the facade, which was never completed.

In 1523, another Medici pope was elected, Pope Clement VII (son of Giuliano), but his papacy was impacted heavily by the Sack of Rome in 1527. Among the consequences of these events were the exile of the Medici from Florence yet again, as well as an artists' diaspora. Artists spread throughout Italy and Europe, bringing the Tuscan-Roman style with them. From 1529 to 1530, the city tried to resist sieges from the emperor's troops. Michelangelo designed ramparts and other means of defense, but ultimately the Florentine republic was forced to surrender. The Medici family returned with the support of Emperor Charles V and acquired new titles: first dukes and then grand dukes. The main branch of the family came to an end with Alessandro, who was assassinated in 1537. He was replaced by Cosimo I, who was given the title of grand duke in 1539. Cosimo I managed the difficult task of waging equilibrium between France and Spain and ultimately expanded Florence's power over all of Tuscany with a victory over Siena, the city's old noble adversary, which it attacked and conquered in 1555. Together with his wife, Eleanor of Toledo, Grand

A FIANCO: LA MANO DESTRA DEL *DAVID* DI MICHELANGELO, IL "COLOSSO" CON CUI SI APRE IL CINQUECENTO FIORENTINO.
P. 100 E 101: DUE GENI A CONFRONTO NELLA GALLERIA DEGLI UFFIZI; UN DETTAGLIO DELLA GIOVANILE *ANNUNCIAZIONE* DI LEONARDO DA VINCI E IL CELEBRE *AUTORITRATTO* DI RAFFAELLO.

OPPOSITE: THE RIGHT HAND OF MICHELANGELO'S *DAVID,* THE "COLOSSUS" THAT USHERED IN THE FLORENTINE 1500S.
PAGES 100 AND 101: THE WORK OF TWO GENIUSES IN THE UFFIZI GALLERY: THE *ANNUNCIATION* PAINTED BY A YOUNG LEONARDO DA VINCI AND RAPHAEL'S FAMOUS *SELF-PORTRAIT.*

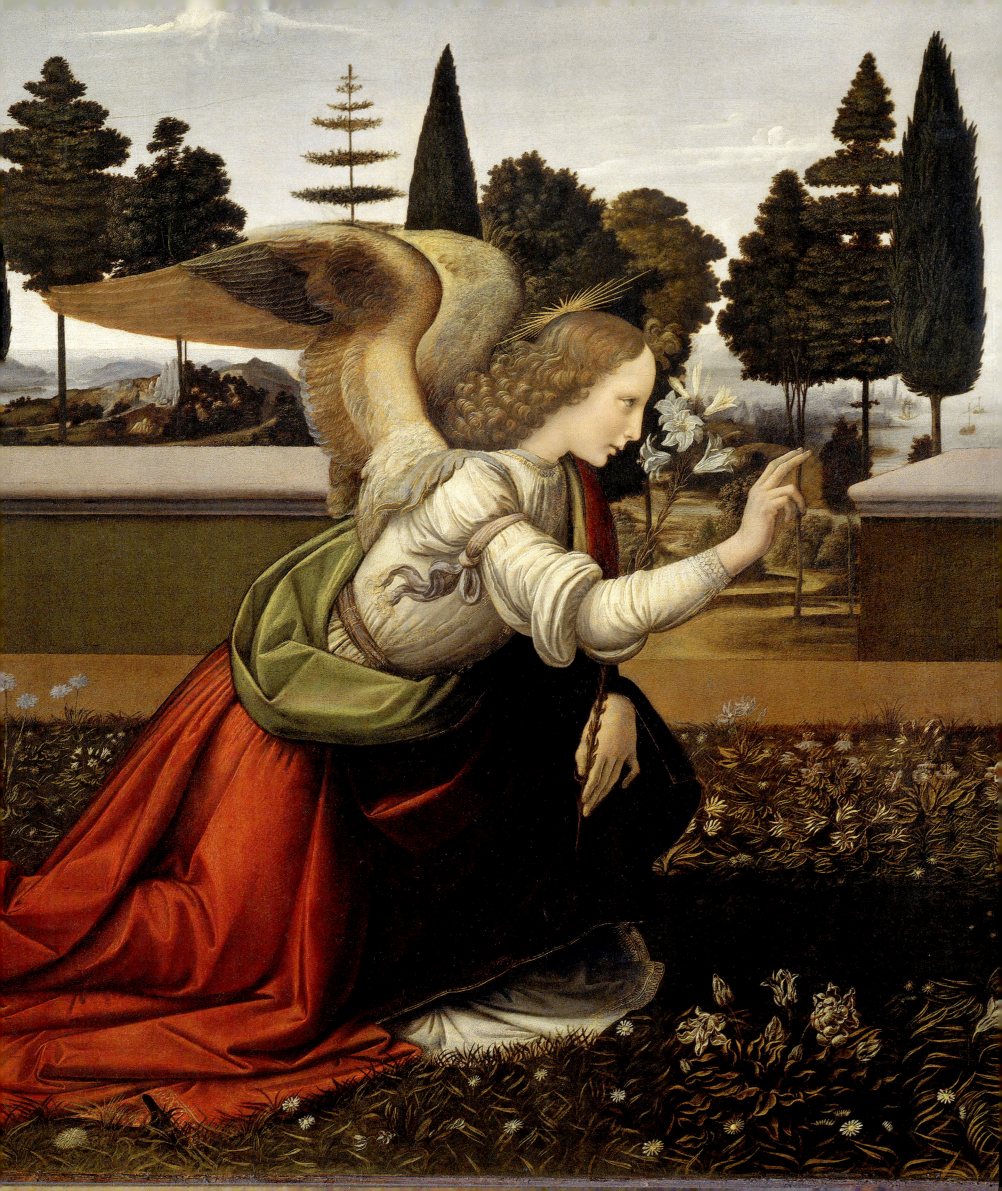

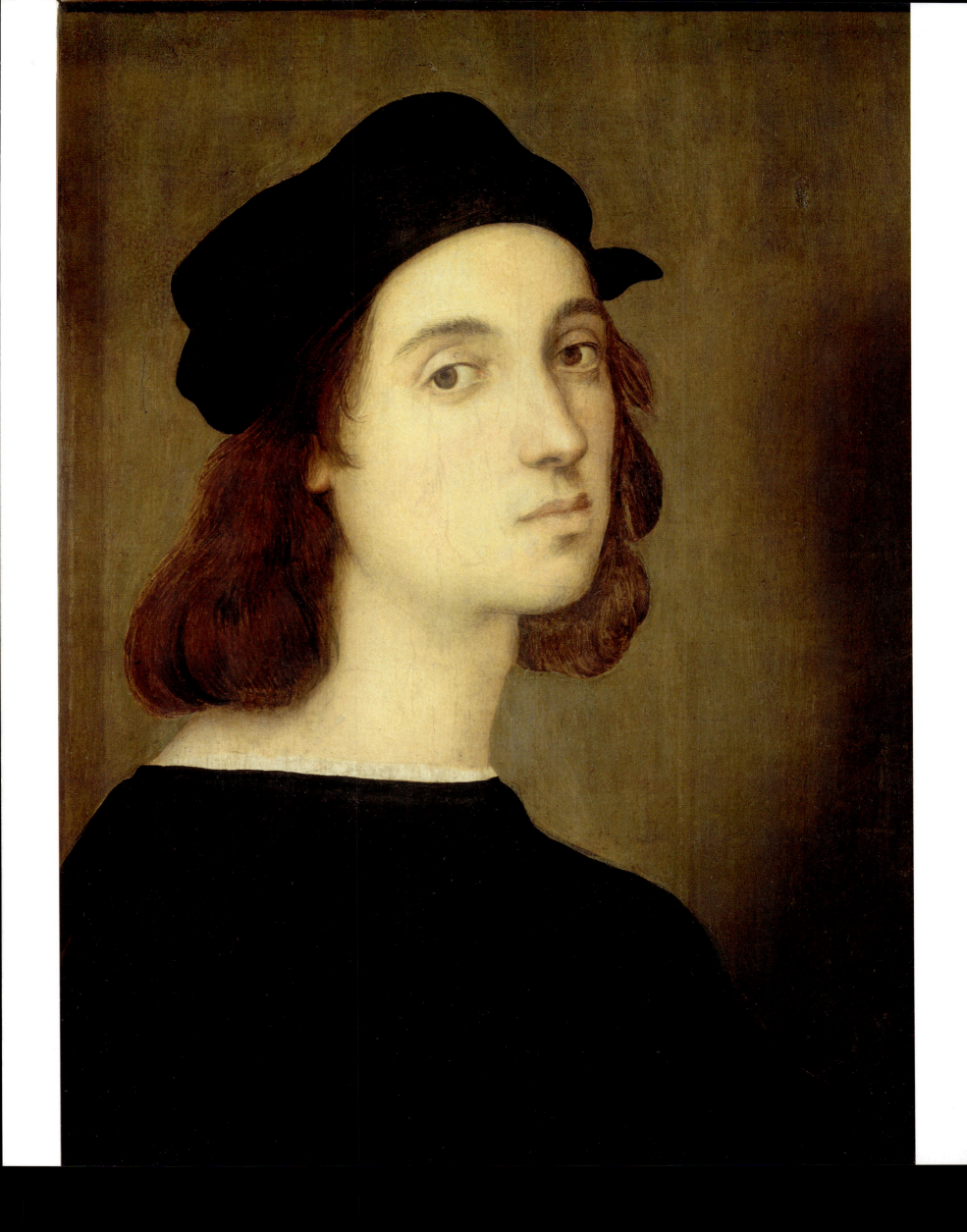

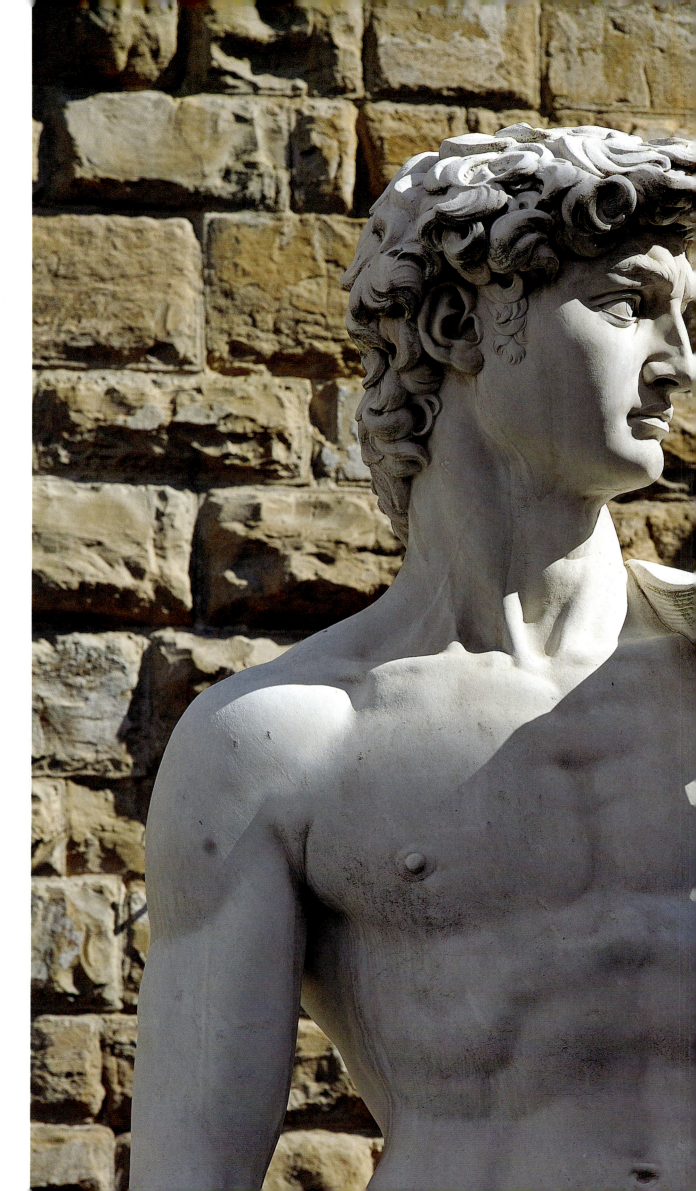

A FIANCO: UNA SUGGESTIVA
IMMAGINE ASSOCIA LO SGUARDO
FIERO DEL *DAVID* IN PIAZZA DELLA
SIGNORIA CON I LEONI SIMBOLICI
SULL'INGRESSO DI PALAZZO VECCHIO.
P. 104: IL COMPLESSO DELLA BASILICA
DI SAN LORENZO, CON IL CORPO
DELLA CHIESA PROGETTATO DA BRU-
NELLESCHI, LA GRANDE CAPPELLA DEI
PRINCIPI DIETRO L'ABSIDE E, SULLA SI-
NISTRA, LA CUPOLINA DELLA SAGRE-
STIA NUOVA DI MICHELANGELO.
P. 105: LA SAGRESTIA NUOVA DI SAN
LORENZO, PROGETTATA NEL 1520 DA
MICHELANGELO COME DRAMMATICO
SEPOLCRETO DELLA FAMIGLI MEDICI.

OPPOSITE: AN EVOCATIVE IMAGE IN-
CLUDES THE PROUD GAZE OF *DAVID* IN
THE PIAZZA DELLA SIGNORIA WITH
THE SYMBOLIC LINES AT THE ENTRANCE
TO THE PALAZZO VECCHIO.
PAGE 104: THE SAN LORENZO COM-
PLEX: THE BODY OF THE CHURCH DESI-
GNED BY BRUNELLESCHI, THE LARGE
CHAPEL OF THE PRINCES BEHIND THE
APSE AND, AT LEFT, MICHELANGELO'S
SMALL DOME ATOP THE NEW SACRI-
STY.
PAGE 105: THE NEW SACRISTY IN
SAN LORENZO WAS DESIGNED BY MI-
CHELANGELO IN 1520 TO SERVE AS AN
IMPRESSIVE RESTING PLACE FOR THE
MEMBERS OF THE MEDICI FAMILY.

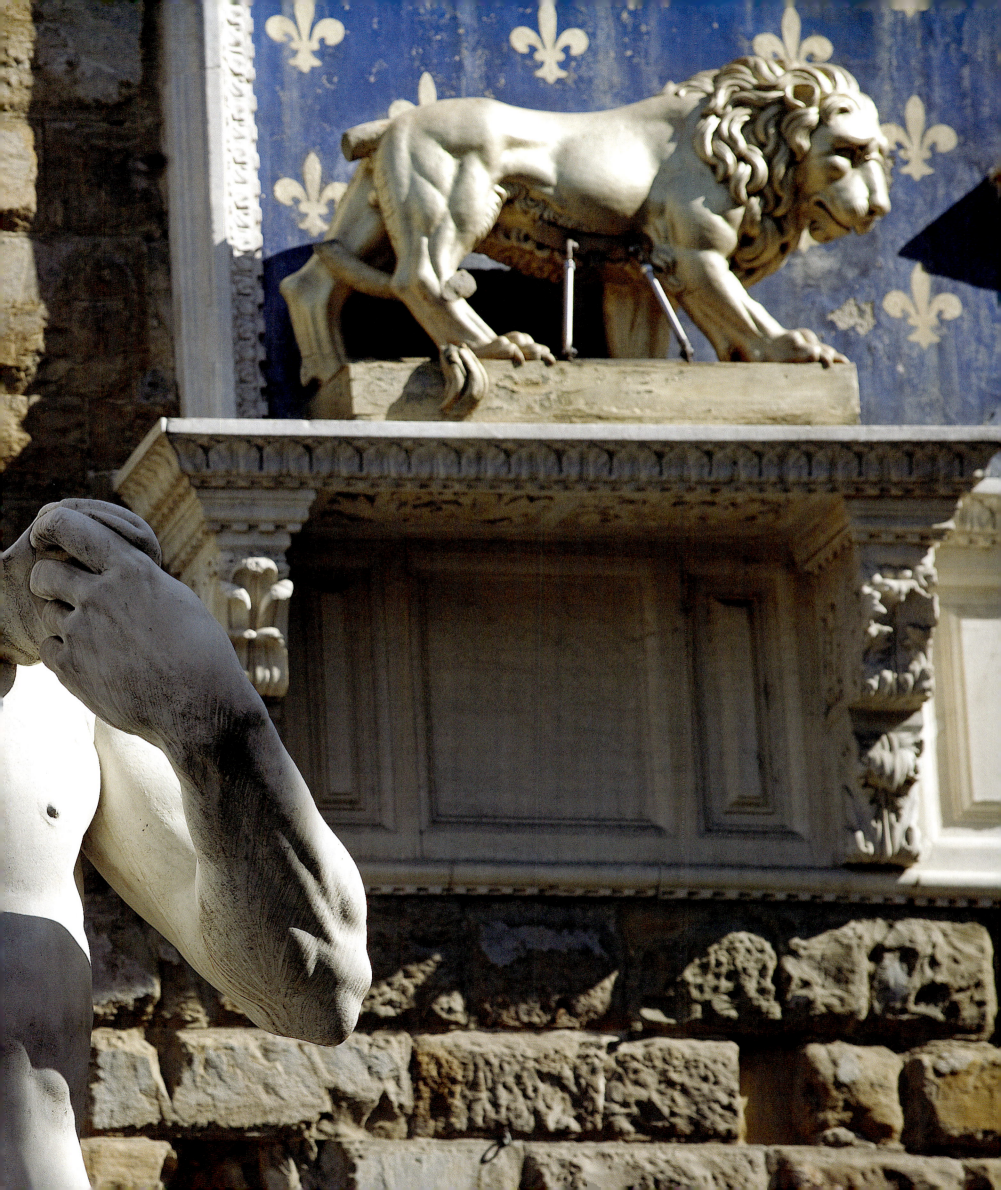

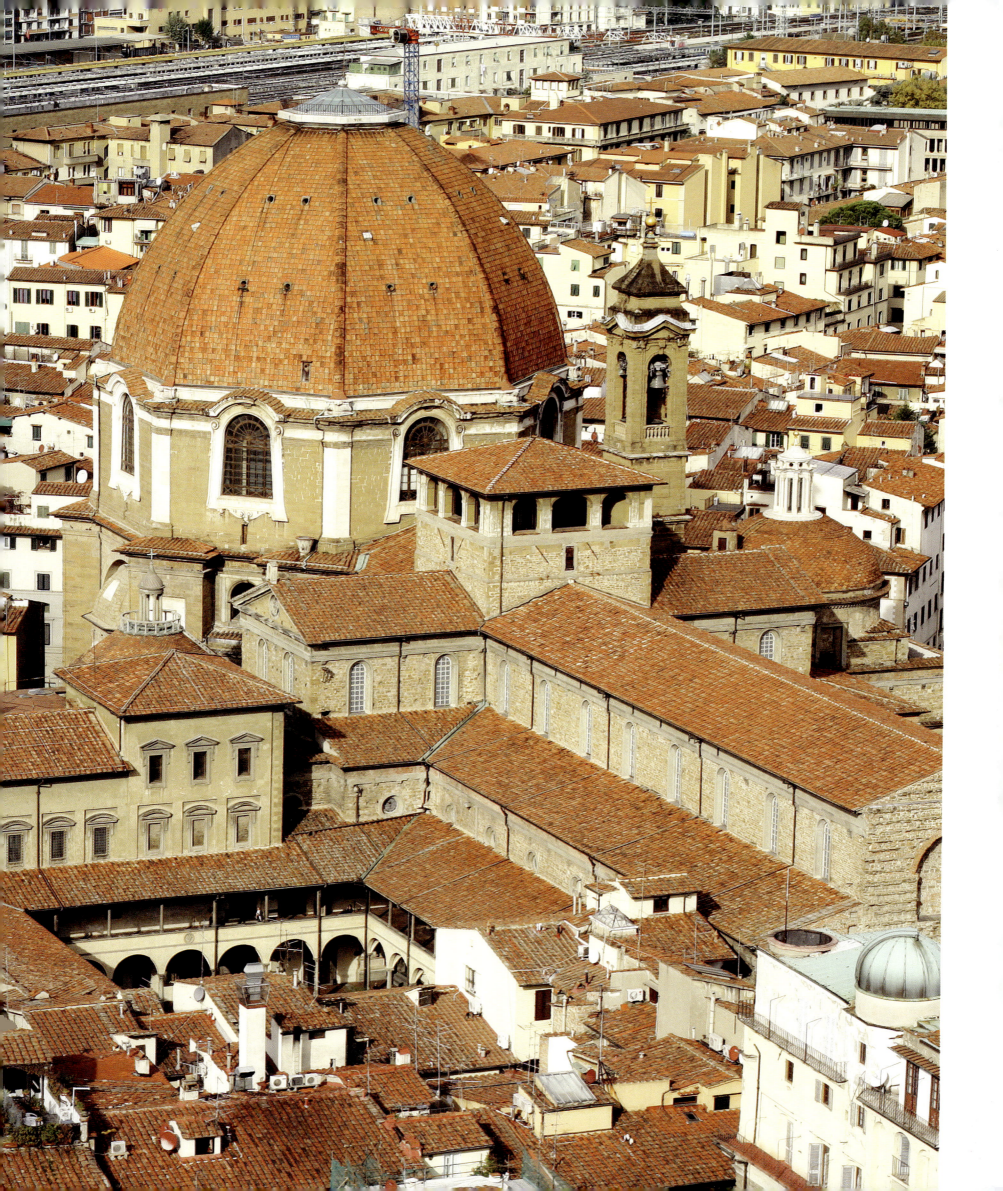

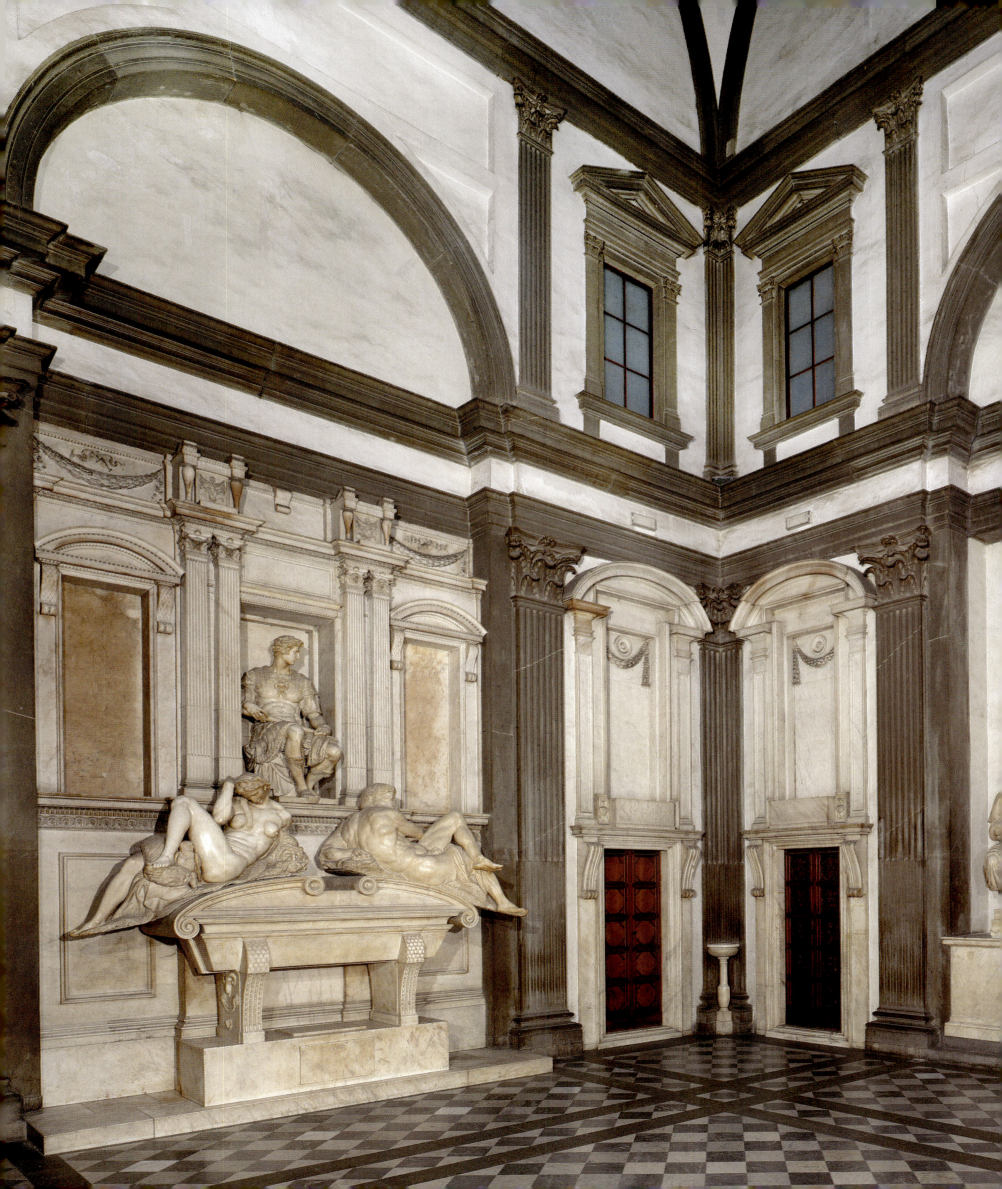

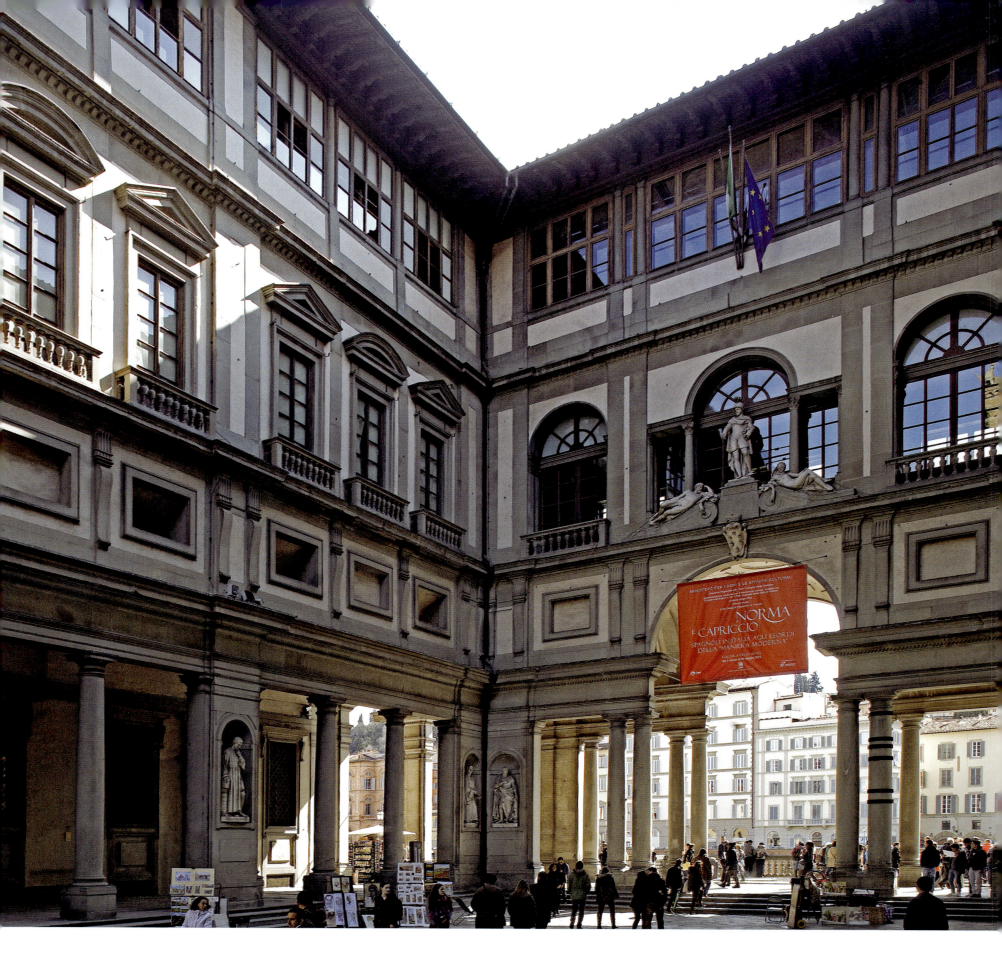

SOPRA E A FIANCO: IL PALAZZO DEGLI
UFFIZI, PROGETTATO GENIALMENTE DA
GIORGIO VASARI NEL 1560 A COLLE-
GARE PALAZZO VECCHIO CON L'ARNO.
ABOVE AND OPPOSITE: THE UFFIZI
BUILDING, CLEVERLY DESIGNED BY
GIORGIO VASARI IN 1560 TO CONNECT
THE PALAZZO VECCHIO WITH THE
ARNO.

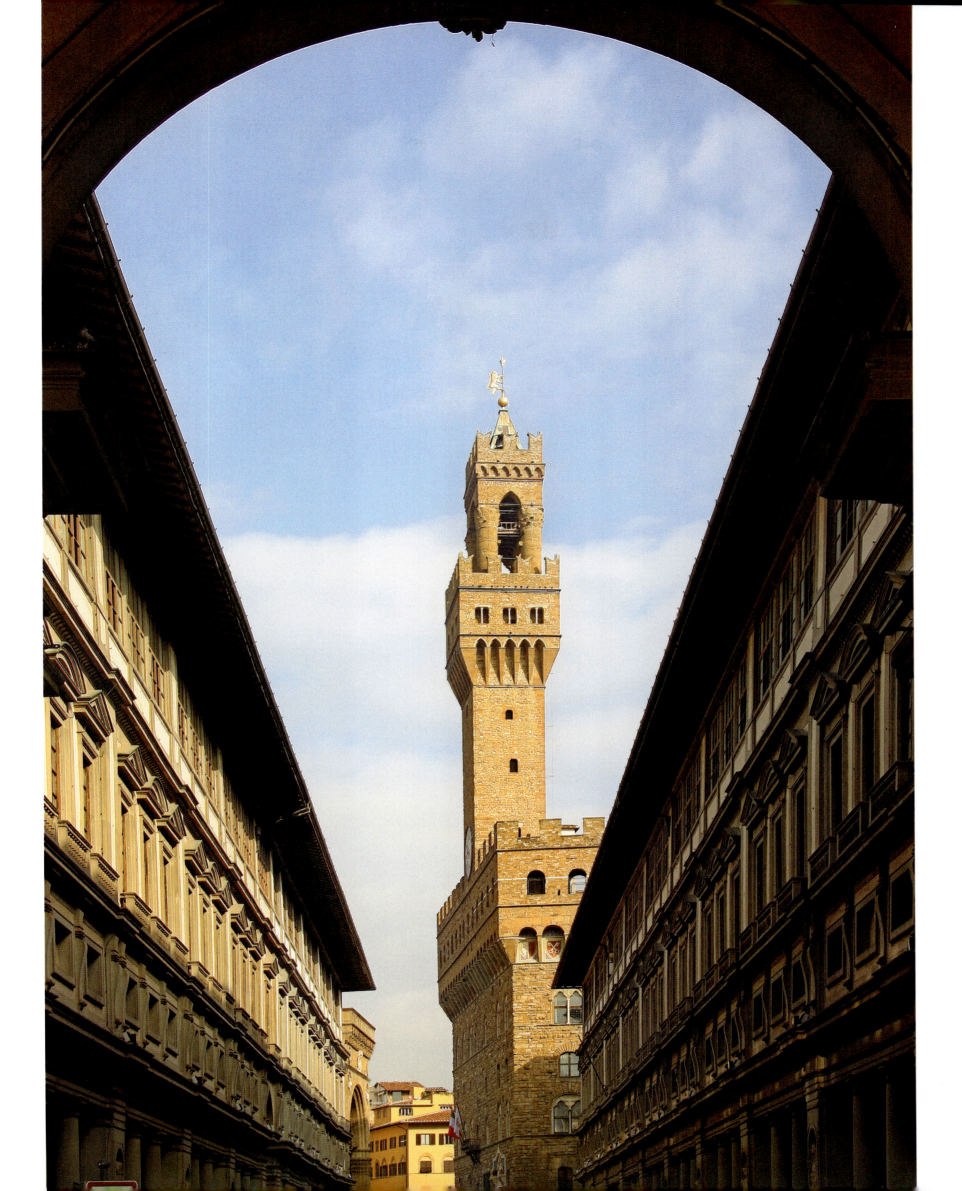

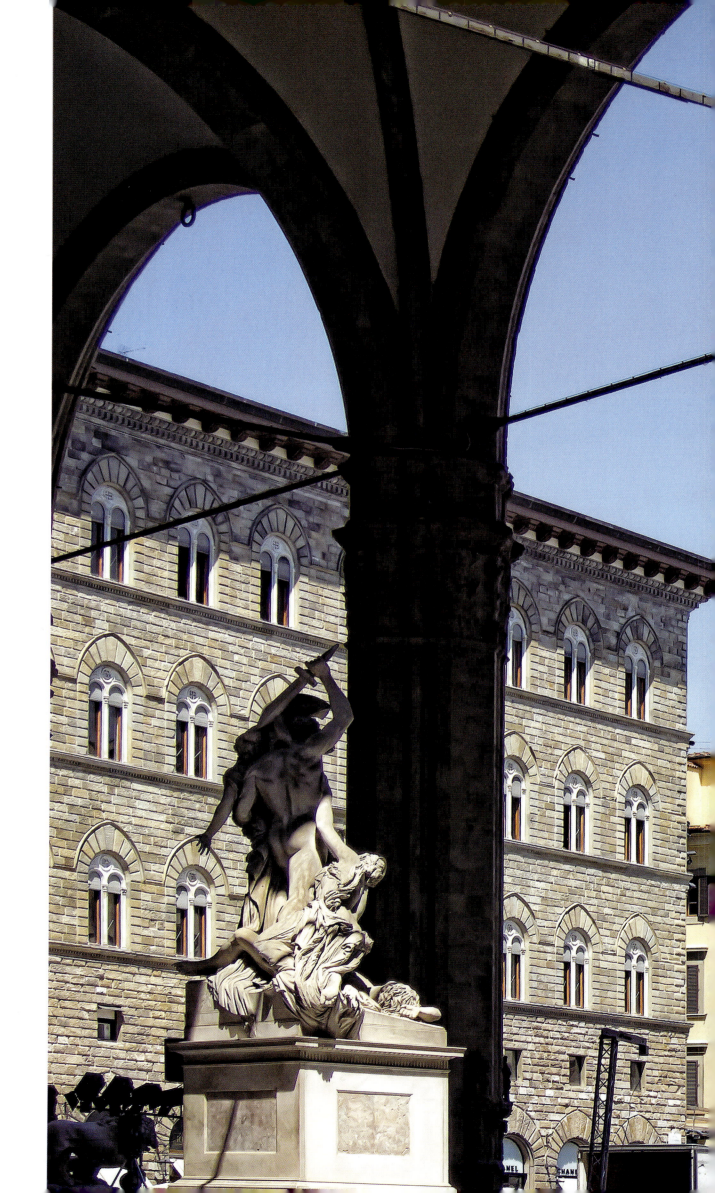

A FIANCO: PIAZZA DELLA SIGNORIA, SCENARIO STORICO DELLA VITA CIVILE FIORENTINA. SOTTO LE ARCATE DELLA TRECENTESCA LOGGIA DEI LANZI E SULLA PIAZZA SI ALLINEANO NUMEROSE STATUE SIMBOLICHE.

OPPOSITE: PIAZZA DELLA SIGNORIA WAS THE HISTORIC BACKDROP FOR FLORENTINE CIVIC LIFE. UNDER THE ARCHES OF THE 14TH-CENTURY LOGGIA DEI LANZI AND IN THE SQUARE STAND NUMEROUS SYMBOLIC STATUES.

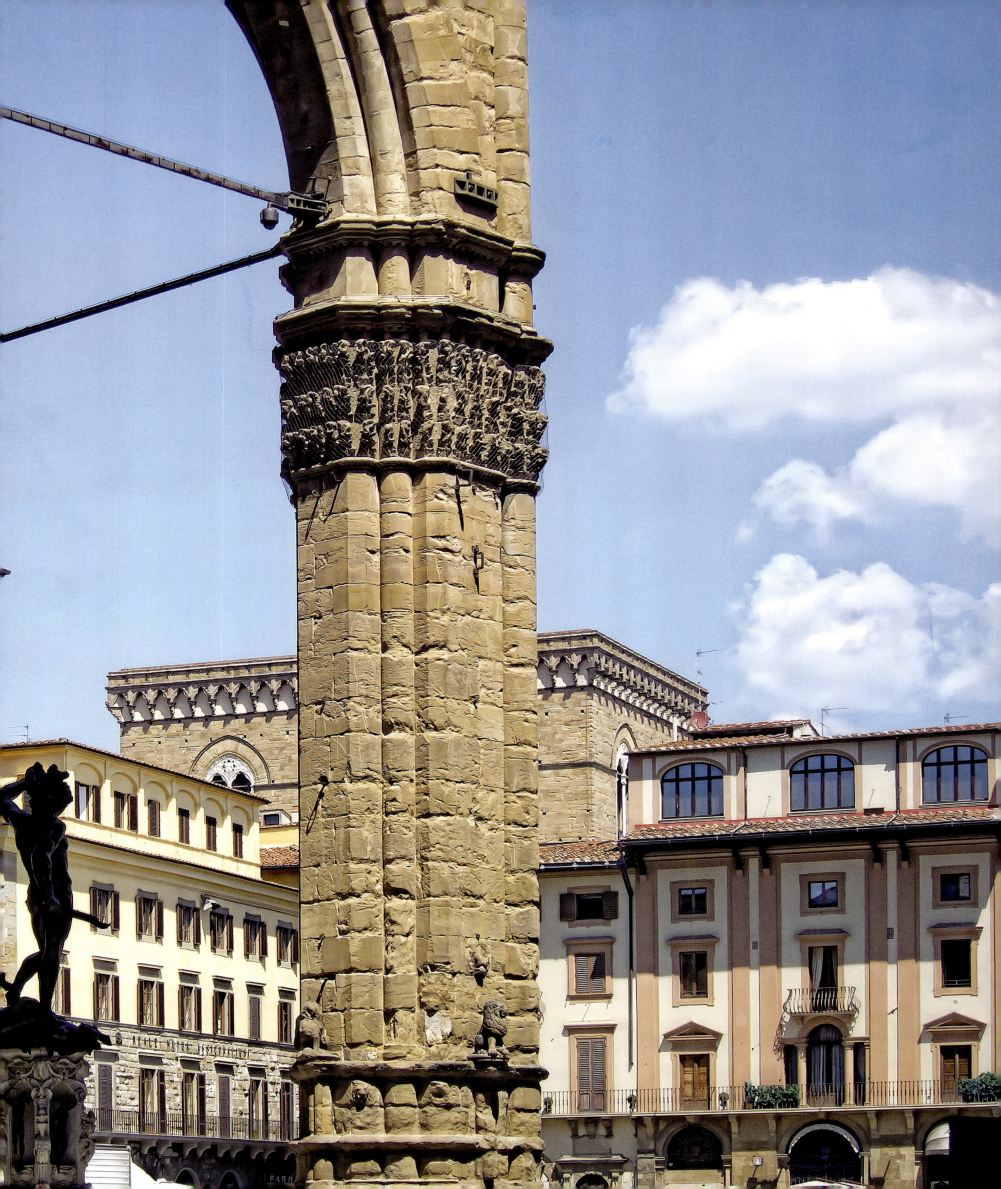

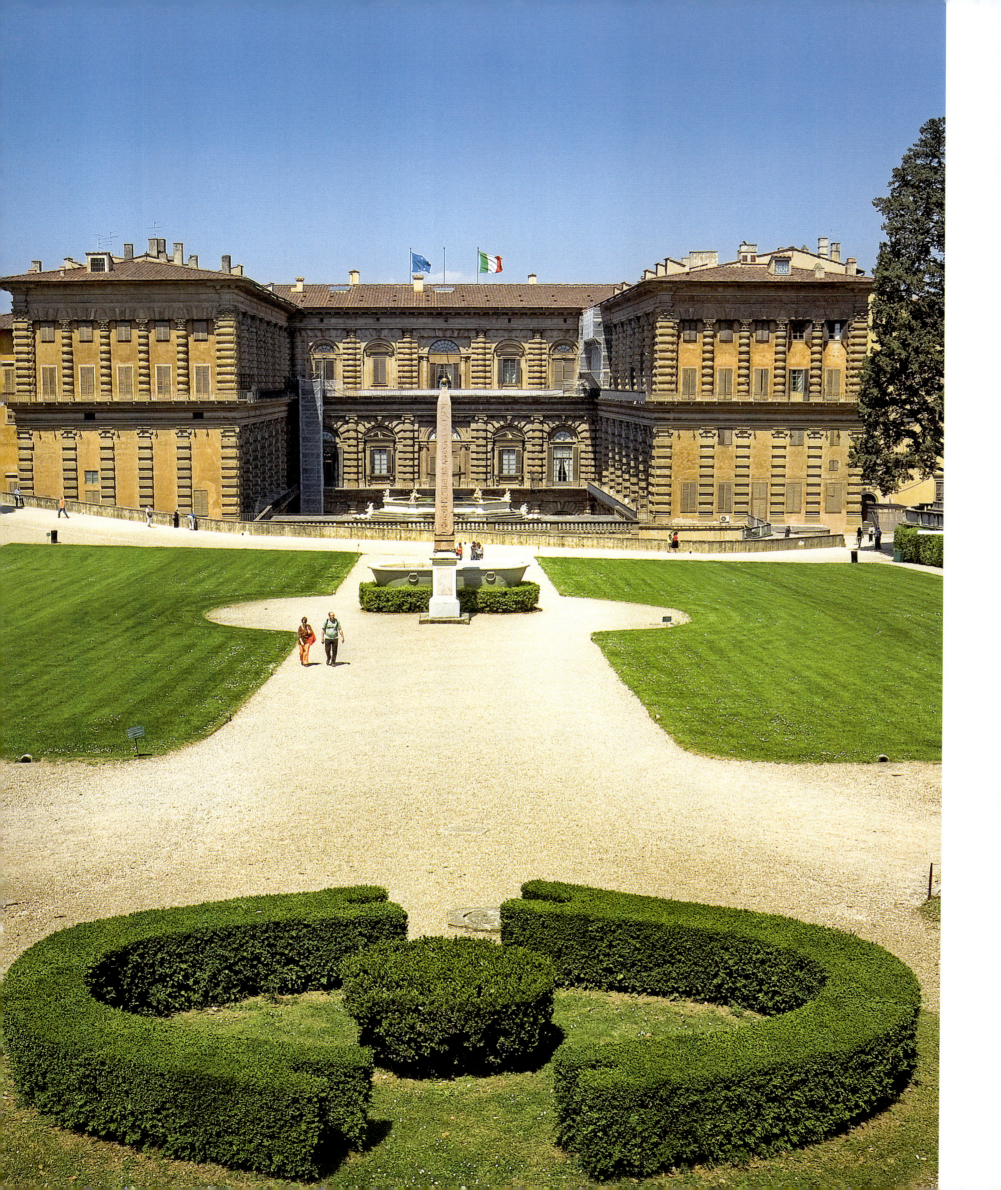

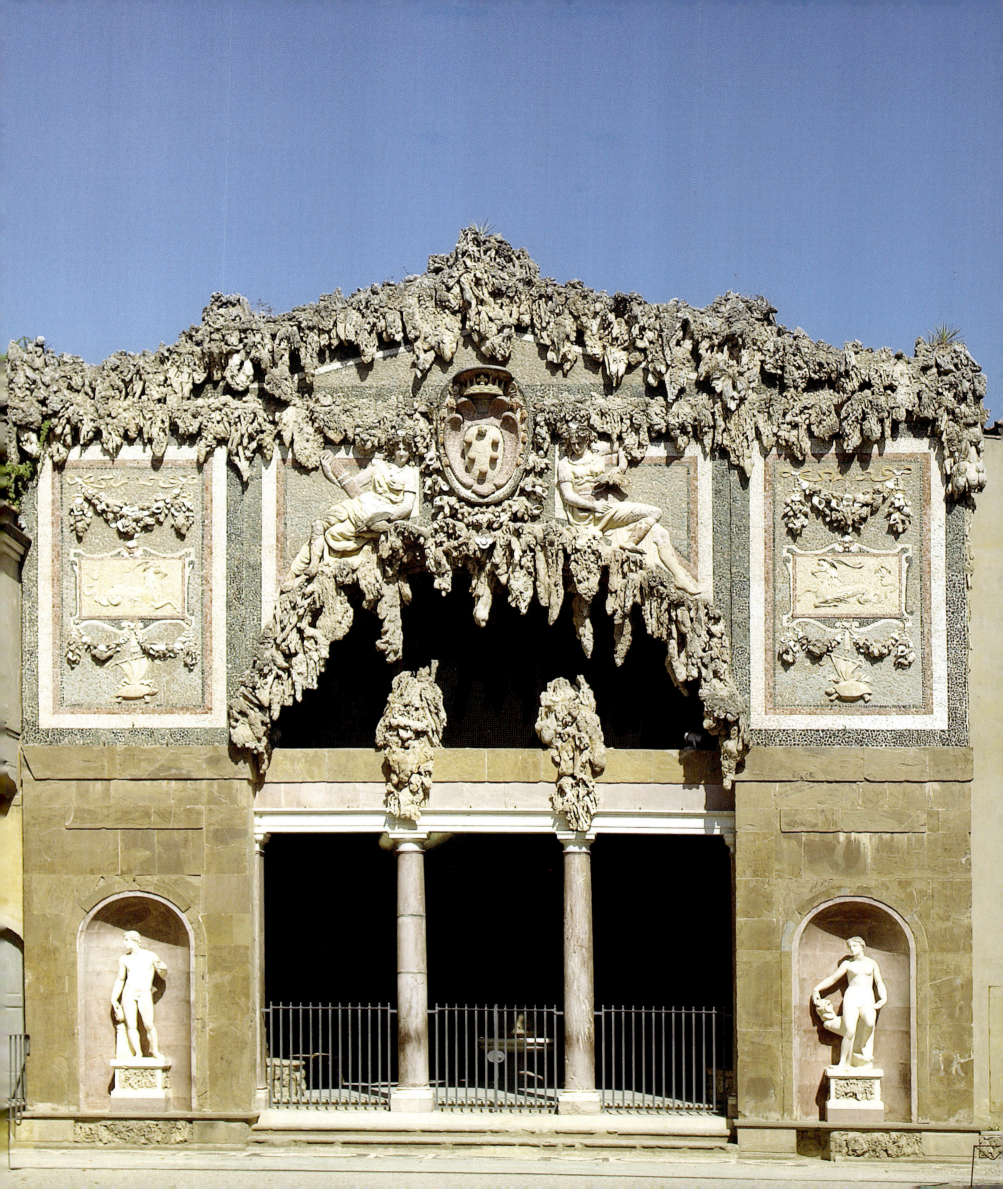

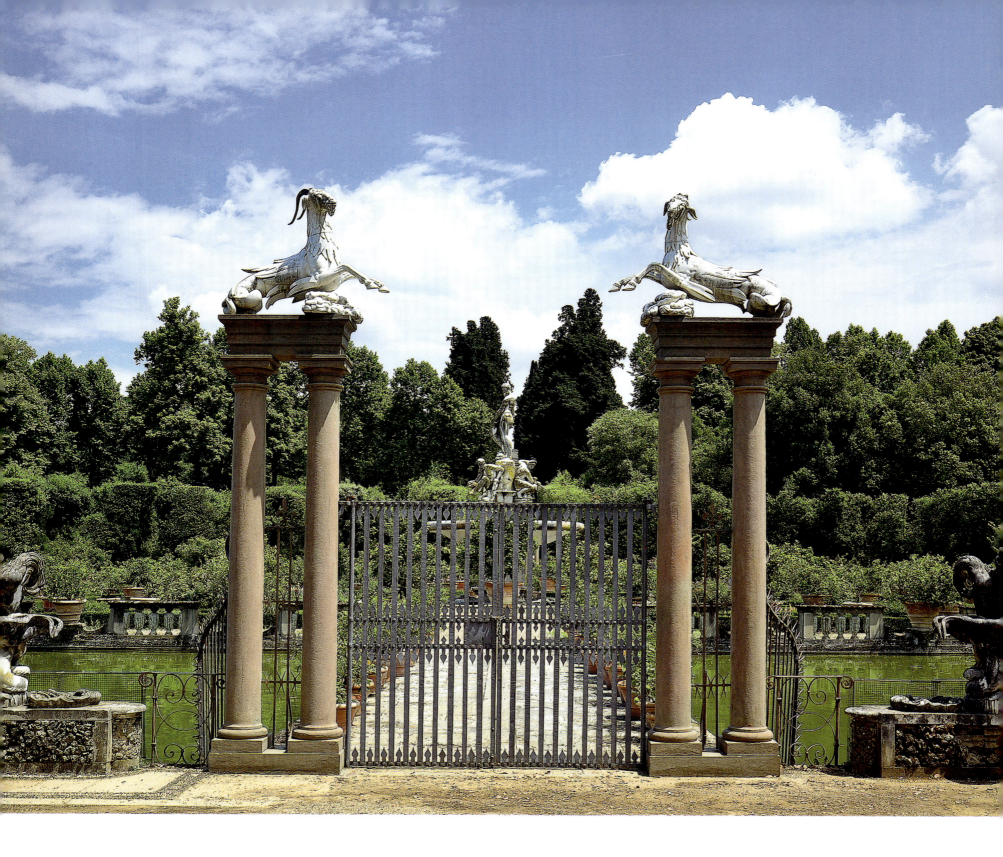

Sopra, a fianco e alle pagine
precedenti: La fronte posteriore
di Palazzo Pitti, realizzata a partire dal 1558, su progetto di Bartolomeo Ammannati, si apre sullo
straordinario Giardino di Boboli,
esempio insuperabile di parco rinascimentale all'italiana, con sculture, fontane e finte grotte.

Above, opposite and on the pre-
ceeding pages: The rear of the
Pitti Palace, begun in 1558 and
based on a design by Bartolomeo
Ammannati, opens up to the ama-
zing Boboli Gardens—a prime
example of an Italian Renaissance
park with sculptures, fountains
and manmade grottos.

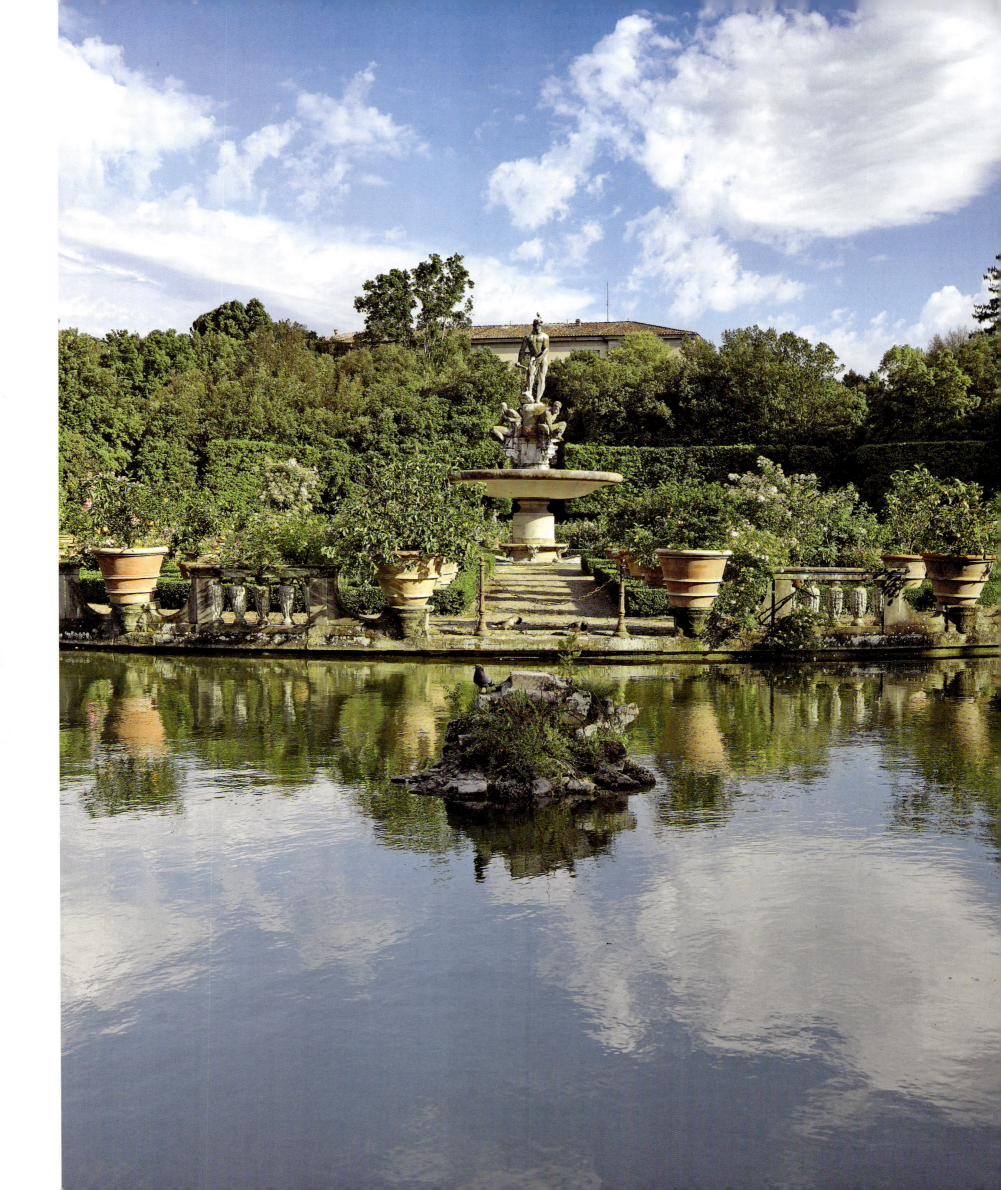

Bronzino, in cui la perfezione stilistica si associa all'impressione di una profonda distanza tra l'immagine e la realtà.

Carico di significati simbolici e di radicali conseguenze urbanistiche è lo spostamento della corte. Cosimo I lascia lo storico palazzo di famiglia in via Larga (oggi via Cavour) e si trasferisce a Palazzo Vecchio, i cui interni vengono profondamente modificati, e poi, definitivamente, a palazzo Pitti, adeguatamente ampliato. Per collegare Palazzo Vecchio a palazzo Pitti, oltre l'Arno, viene progettato da Vasari un lungo collegamento: prima il bellissimo palazzo degli Uffizi, poi il Corridoio Vasariano, il camminamento che scorre lungo la riva del fiume e corre sopra il Ponte Vecchio. I granduchi e i cortigiani possono in pratica attraversare tutta Firenze senza mai scendere in strada. Nel 1550 Giorgio Vasari dà alle stampe la prima edizione delle *Vite*, la raccolta delle biografie dei grandi architetti, pittori e scultori, da Cimabue a Michelangelo: è un'impressionante raccolta di notizie sulle arti dal Duecento al pieno Cinquecento, ma anche la celebrazione del primato culturale di Firenze, e l'apoteosi di Michelangelo come vertice insuperabile della creatività umana. Insieme all'orgoglio per la tradizione fiorentina si avverte una vena di malinconia per il tramonto della stagione rinascimentale.

L'opera di consolidamento del potere statale, rispecchiata sul prestigio personale dei suoi governanti, prosegue efficacemente anche con i due figli e successori di Cosimo: Francesco I e, dopo la sua morte nel 1587, Ferdinando I, che per la corona granducale lascia l'abito cardinalizio. Oltre a riordinare con eleganti padiglioni il sistema dei mercati in varie piazze della città, gli architetti della seconda metà del Cinquecento (Vasari, Buontalenti, Ammannati) trasformano luoghi ed edifici riservati quasi esclusivamente per i granduchi e per la corte in scenari di fortissimo impatto spettacolare, con un evidente gusto scenico. Al cortile di palazzo Pitti fa seguito il Giardino di Boboli, insuperabile modello di parco all'italiana, esteso fino ai bastioni del nuovo Forte di Belvedere. All'interno del palazzo degli Uffizi cominciano ad essere sistemate le raccolte di scultura antica e di pittura, secondo un piano di allestimento dal sapore teatrale. E piazza della Signoria viene trasformata in un vasto palcoscenico, dove le statue di Cellini, Ammannati e Giambologna vengono installate in dialogo con il *David* di Michelangelo e con la *Giuditta* di Donatello.

Duke Cosimo I ushered in a new phase in Florentine art. The expressive uneasiness of the first generation of mannerist painters was replaced by a noble, refined style that venerated power. Excellent examples include Agnolo Bronzino's portraits, which combine stylistic perfection with the impression of a wide gap between the images and reality.

In a move that was heavily symbolic and also had deep impact in tangible ways, Cosimo I left his family's longtime palace on Via Larga (today known as Via Cavour) and transferred the court to the Palazzo Vecchio, whose interiors underwent major changes, and then definitively to the Pitti Palace, which had been expanded for that purpose. To connect the Palazzo Vecchio to the Pitti Palace, on the other side of the Arno, Vasari designed a long structure, comprising first the beautiful Uffizi building, then the Vasari Corridor, a walkway that runs along the riverbank and above the Ponte Vecchio. Once it was completed, grand dukes and courtiers could cross almost all of Florence without their feet touching the streets. In 1550, Giorgio Vasari published the first edition of his *Lives of the Artists,* a collection of biographies of great architects, painters and sculptors, from Cimabue to Michelangelo. This work about the arts from the 1200s all the way through the 1500s is still impressive today for the information it offers, but it also stands as a celebration of Florence's cultural dominance and Michelangelo's position as the apotheosis of human creativity. Pride in the Florentine tradition remained robust, but by this point it was tinged with a touch of melancholy, too, as the Renaissance drew to a close.

The state continued to consolidate its power. This was reflected in the personal prestige of its governing figures, two children of and successors to Cosimo: Francesco I and, after his death in 1587, Fernando I, who gave up his position as a cardinal in order to serve as grand duke. In addition to reorganizing the markets in the various squares around the city and housing them in elegant pavilions, the architects working in the second half of the 16th century (Vasari, Bernardo Buontalenti, Bartolomeo Ammannati) employed very dramatic taste to transform the spaces and buildings reserved almost exclusively for the grand dukes and their courts so that they wielded strong visual impact. The Boboli Gardens were created past the courtyard of the Pitti Palace. This landmark Italian park extends all the way to the Forte di Belvedere, which was constructed later. During this period, ancient sculptures and paintings began to be arranged inside the Uffizi in a highly theatrical style of decor. And the Piazza della Signoria became a sort of large outdoor stage, where statues by Cellini, Ammannati and Giambologna were installed along with Michelangelo's *David* and Donatello's *Judith and Holofernes.*

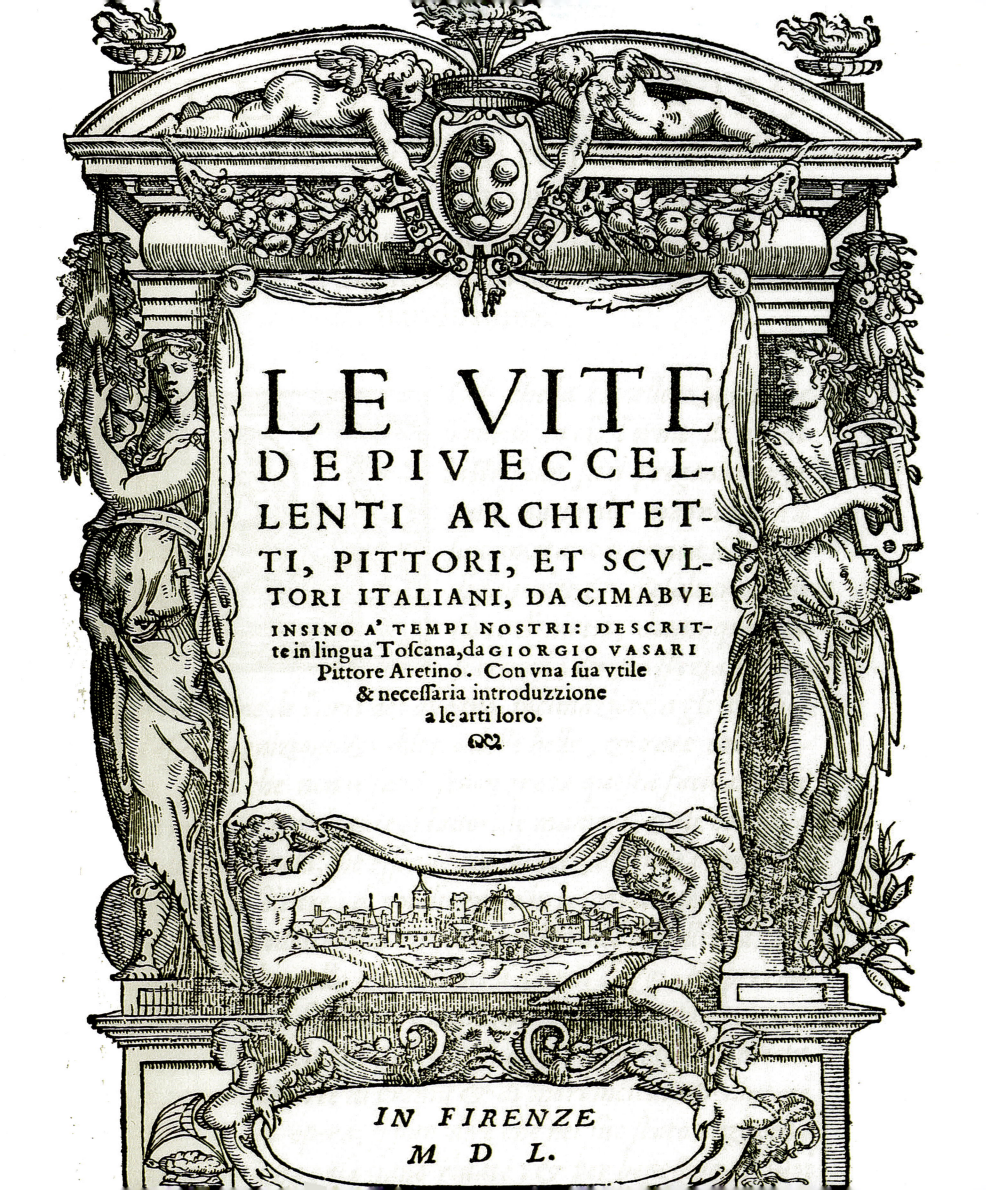

LE VITE
DE PIV ECCEL-
LENTI ARCHITET-
TI, PITTORI, ET SCVL-
TORI ITALIANI, DA CIMABVE

INSINO A' TEMPI NOSTRI: DESCRIT-
te in lingua Toscana, da GIORGIO VASARI
Pittore Aretino. Con vna sua vtile
& necessaria introduzzione
a le arti loro.

IN FIRENZE
MDL.

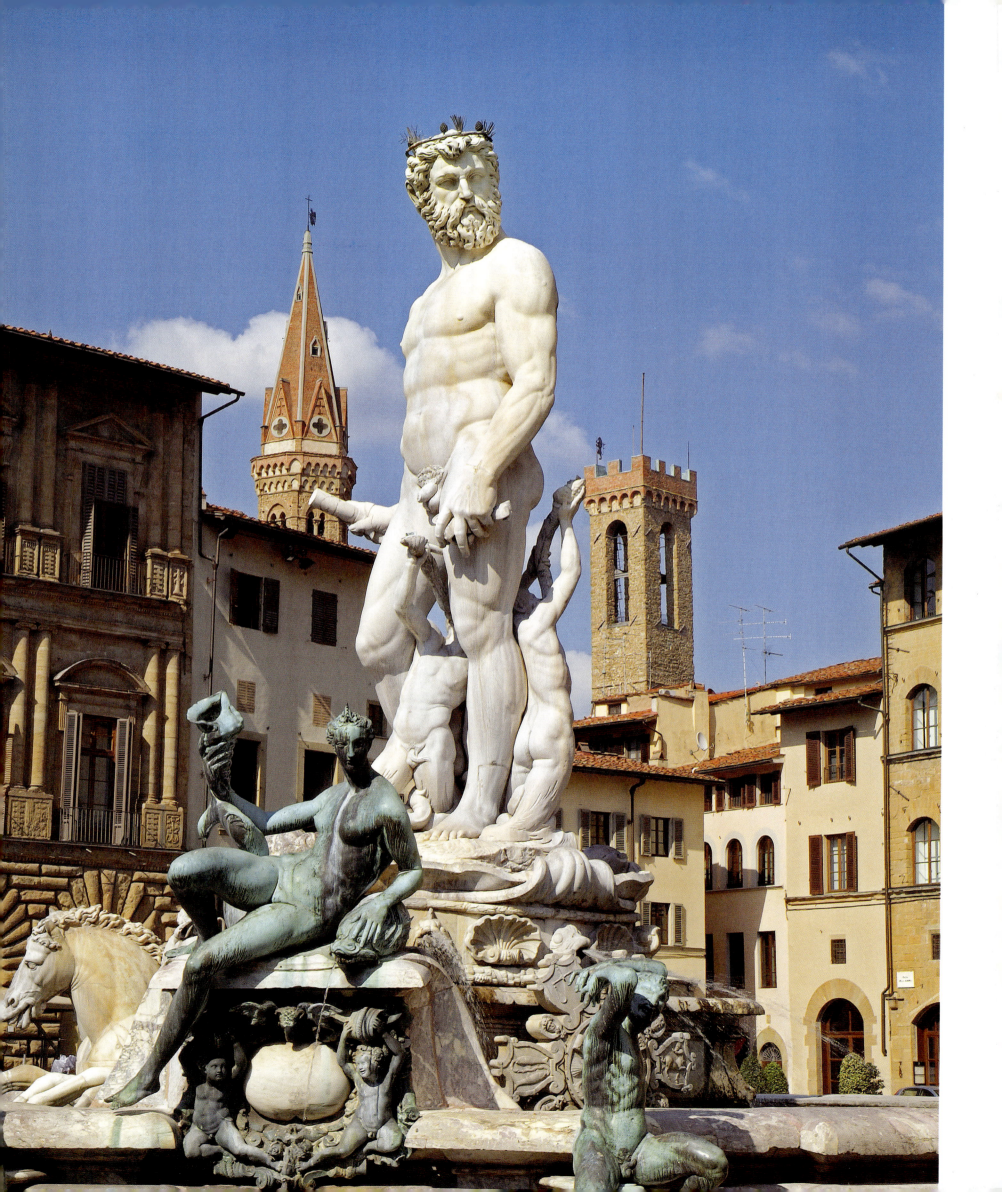

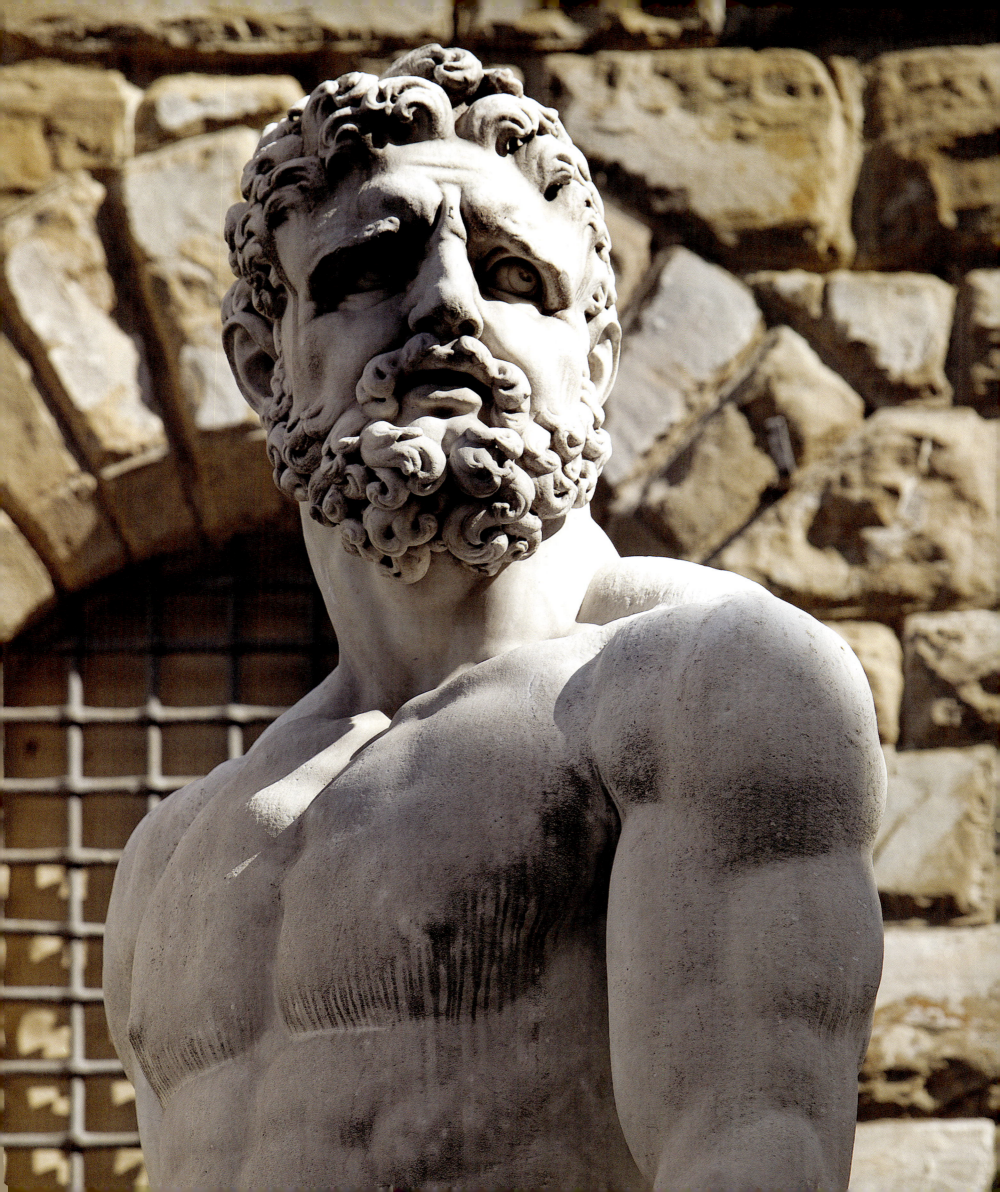

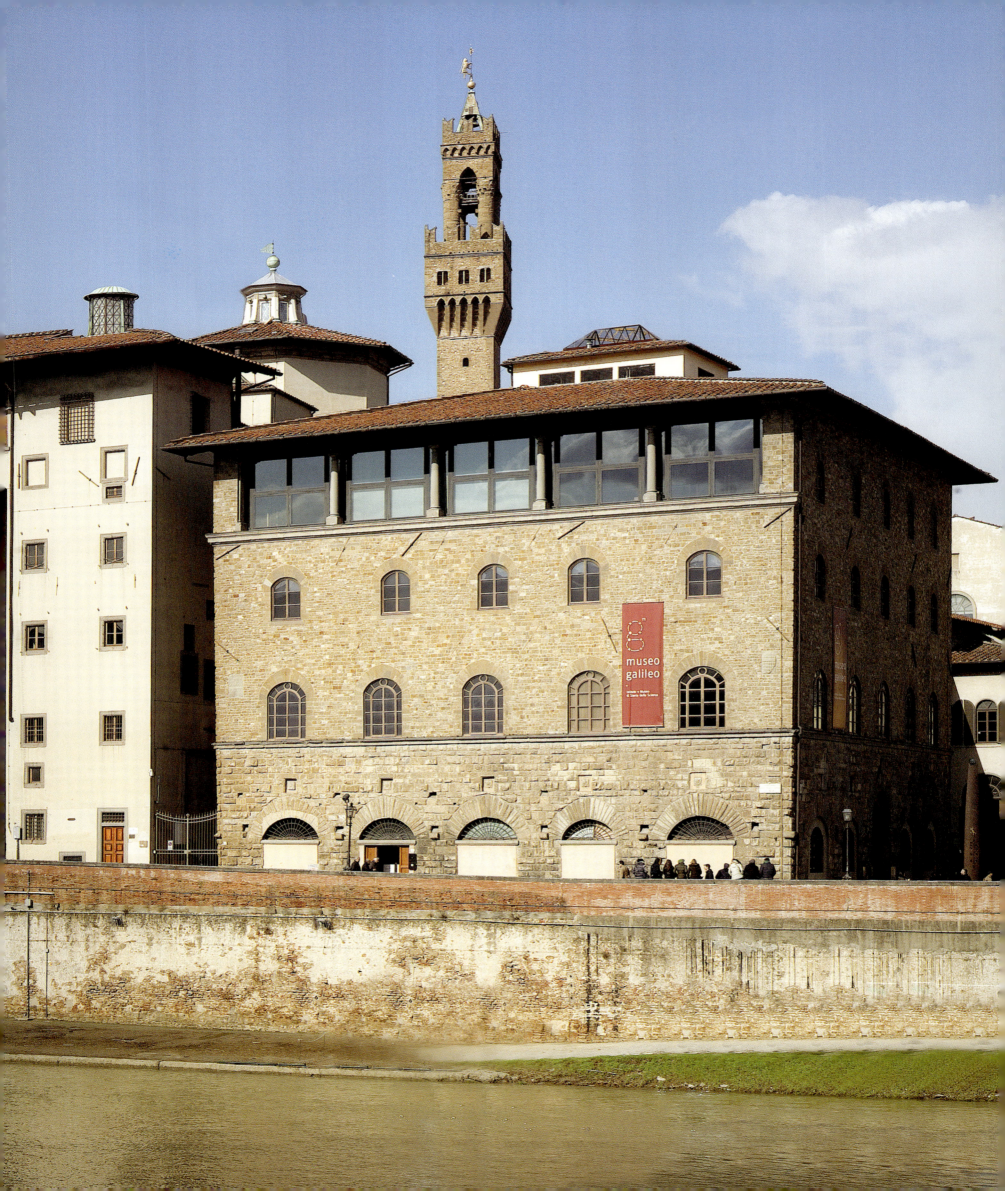

Dall'età barocca al Risorgimento: gli ultimi Medici e i Lorena
From the Baroque Era to the Risorgimento: The Last of the Medici and the House of Lorraine

È difficile pensare a Firenze come a un grande centro di arte barocca, ma uno sguardo un po' originale nei confronti della città può permettere di cogliere anche questa, inconsueta, dimensione. In effetti, dopo l'ininterrotta gloria di tre secoli veramente incomparabili e fra loro diversissimi come il XIV, il XV e il XVI, Firenze lascia il primato artistico a Roma. L'attrazione dei monumenti e dei capolavori compresi sostanzialmente nel grande arco tracciato da Vasari "da Cimabue a Michelangelo" lascia di solito poco spazio ad altro: ma per chi visita Firenze con attenzione, l'arte barocca può rivelarsi sorprendente.

La dinastia medicea assicura una solida continuità di potere, rafforzata dall'alleanza matrimoniale con la Francia: due Medici (Caterina e Maria, mogli di Enrico II e di Enrico IV) diventano regine a Parigi. La popolazione fiorentina è in costante crescita, l'attività edilizia non si arresta, frequenti feste sono documentate in modo suggestivo dalle incisioni di Stefano della Bella, nascono istituti di alti studi in diversi settori, come la celebre Accademia della Crusca per l'affinamento della lingua italiana, derivata dal volgare fiorentino e costantemente aggiornata. La figura di Galileo Galilei dà lustro alle scienze: il Museo di Storia della Scienza, dove sono conservati gli strumenti ottici originali di Galileo, e la Specola ne offrono suggestive testimonianze. Si avverte tra gli intellettuali il bisogno di ricordare e celebrare i grandi personaggi del recente passato: mentre si articolano e si riorganizzano le raccolte museali, in Casa Buonarroti viene realizzata tra il 1612 e il 1628 una sontuosa galleria che celebra la gloria di Michelangelo e, nello stesso tempo, è forse il più interessante ambiente del primo barocco fiorentino, non solo per i dipinti di vari pittori ma anche per gli arredi, il pavimento in piastrelle di Montelupo, le carpenterie.

L'architettura barocca non dimentica nelle linee strutturali il rigore lineare della tradizione brunelleschiana e albertiana, ma lo riveste di soluzioni spettacolari, con ricchi apparati ornamentali. La decorazione interna del santuario della Santissima Annunziata e le nuove chiese di San Gaetano e di San Firenze (complesso formato dalla chiesa, dall'oratorio e dal palazzo che li collega) ne sono le principali espressioni. Fra gli edifici privati palazzo Corsini spicca per dimensioni e per la spettacolare posizione in riva all'Arno.

Nelle arti figurative prevalgono il gusto e il collezionismo dei granduchi, aperti anche a nuovi ambiti e soggetti, come la pittura fiammingo-olandese e la natura morta. La scuola pittorica fiorentina del Seicento conta molti interessanti artisti, legati in generale a uno stile elegante e raffinato, ma le imprese pittoriche barocche più significative non sono frutto di pittori locali: è il caso della decorazione dei saloni principali di

One doesn't often think of Florence as an important center of Baroque art, but a closer look at the city reveals that, indeed, it was, though that side of its personality is often overshadowed. Basically, after the uninterrupted glory of three truly incomparable centuries that were very varied—meaning the 14th, 15th and 16th centuries—Florence stepped out of the spotlight, and Rome became the artistic capital. And during that incredible era—a period of time that Vasari defined as lasting "from Cimabue to Michelan-

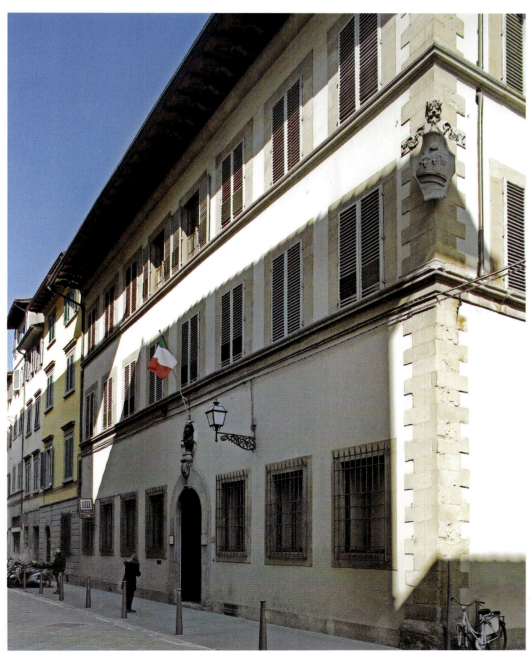

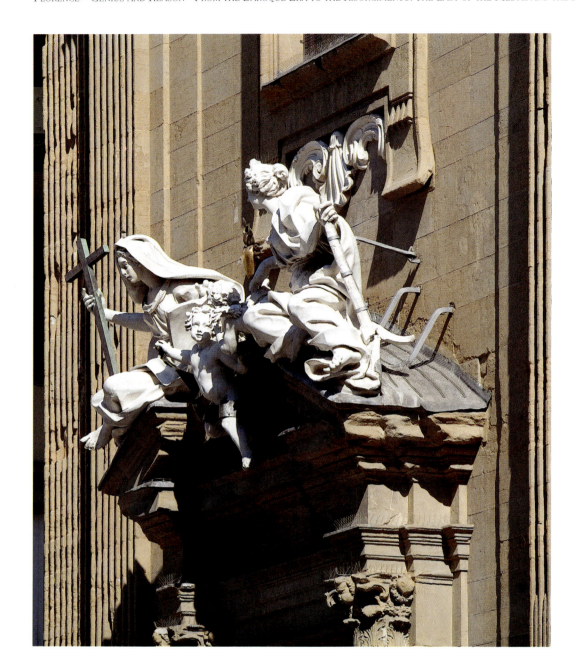

gelo"—such an astonishing legacy of buildings and works of art was created that it's difficult for the Baroque period to compete. But the discerning visitor will find that Florence does indeed have a surprising number of interesting Baroque works.

The Medici dynasty kept a firm grip on the reins of power and was strengthened through alliances with France formed through marriage: Two women from the Medici dynasty (Catherine and Maria, wives of Henry II and Henry IV, respectively) became queens in Paris. Florence's population continued to grow, and construction showed no signs of slowing. The frequent festivities during that time are depicted in etchings by Stefano della Bella. Many institutions of higher learning were founded during this period, including the Accademia della Crusca for the refinement of the Italian language, which derived from Florentine vernacular and was constantly being updated at the time. Galileo Galilei was a presence in the sciences: The Museum of the History of Science (today known as the Museo Galileo), which still exhibits Galileo's original optical instruments, and the Museum of Zoology and Natural History, known as La Specola, are full of evidence from the period. Intellectuals seemed to feel a need to commemorate and celebrate the personalities of the then-recent past: The collections in the Casa Buonarroti museum evolve, but the sumptuous gallery celebrating the glory of Michelangelo was created between 1612 and 1628 and is perhaps the most interesting interior dating back to the era of the Florentine Baroque, not just because of the paintings by various artists that it displays, but also due to the furnishings, the Montelupo tile floors and the woodwork.

Baroque architecture maintained the structural lines of linear rigor from the tradition of Brunelleschi and Alberti, but it used those lines in spectacular compositions, rich with ornamentation. The interior of the Santissima Annunziata sanctuary and the new San Gaetano and San Firenze churches (the latter being a complex consisting of the church, the oratory and a building that links the two) are the best examples of this. Among the private buildings, Palazzo Corsini is impressive in size and sits in a beautiful location on the banks of the Arno.

The figurative arts were dominated by the taste and collections of the grand dukes, who were open to new settings and subjects, such as Dutch and Flemish painting and still lifes. In the 1600s, the Florentine school of painting included many interesting artists who employed the same general elegant and refined style, but the most significant works of Baroque painting were not created by local painters: For example, the main rooms at the Pitti Palace were decorated beginning in 1641 by Pietro da Cortona, who was a native of Tuscany but was closely tied to Rome. Another significant and symbolic event during these years was the Riccardi family's acquisition of the old Medici Palace on Via Larga in 1659: Among the changes made to the building were the frescoes painted by Neapolitan Luca Giordano in the light-filled gallery. Shortly afterward, in 1706, Sebastiano Ricci, who hailed from the Veneto region, painted frescoes in the Marucelli-Fenzi palace.

Another memorable project of the time was the creation of the Opificio delle Pietre Dure, the workshop for marble commissioned by Grand Duke Ferdinando I in 1588 for the purpose of decorating the large Cappellone dei Principi, or Chapel of the Princes, the new Medici mausoleum behind the San Lorenzo apse. Based on

P. 119: Costruita nella seconda metà del Cinquecento, Casa Buonarroti viene ampliata e decorata nel XVII secolo come celebrazione della memoria di Michelangelo.
In queste pagine e nelle successive: In piazza San Firenze sorge il vivace complesso barocco formato dalla chiesa di San Firenze, dal palazzo e dall'oratorio dei padri Filippini.

Page 119: Built in the latter half of the 16th century, Casa Buonarroti was enlarged and decorated in the 17th century to preserve the memory of Michelangelo.
This page and the following pages: The lively Baroque complex composed of the San Firenze church, palace and oratory of the fathers of Saint Philip Neri stands in Piazza San Firenze.

Palazzo Pitti è condotta a partire dal 1641 da Pietro da Cortona, toscano d'origine ma strettamente legato all'ambito romano. Di notevole significato simbolico è l'acquisto dell'antico palazzo Medici di via Larga da parte dei Riccardi, nel 1659: fra le modifiche apportate si segnala la luminosa galleria splendidamente affrescata dal napoletano Luca Giordano; poco dopo l'anno 1706 il veneto Sebastiano Ricci affresca palazzo Marucelli Fenzi.

Un ambito artistico del tutto peculiare è la produzione dell'Opificio delle Pietre Dure, il laboratorio dei marmi voluto dal granduca Ferdinando I nel 1588 con lo scopo di condurre la decorazione del Cappellone dei Principi, il nuovo sepolcreto mediceo dietro l'abside di San Lorenzo. Basato spesso su disegni e progetti di vari pittori, il commesso a mosaico di marmi policromi si diffonde sia in ambito religioso (per esempio nella decorazione parietale, nelle transenne, negli altari) sia nell'arredo principesco, specie sulle lastre di tavoli meravigliosamente intarsiati.

Con la morte senza eredi di Gian Gastone, nel 1737, la dinastia medicea si estingue. L'ultima rappresentante della famiglia è l'Elettrice Palatina Anna Maria Luisa de' Medici, che

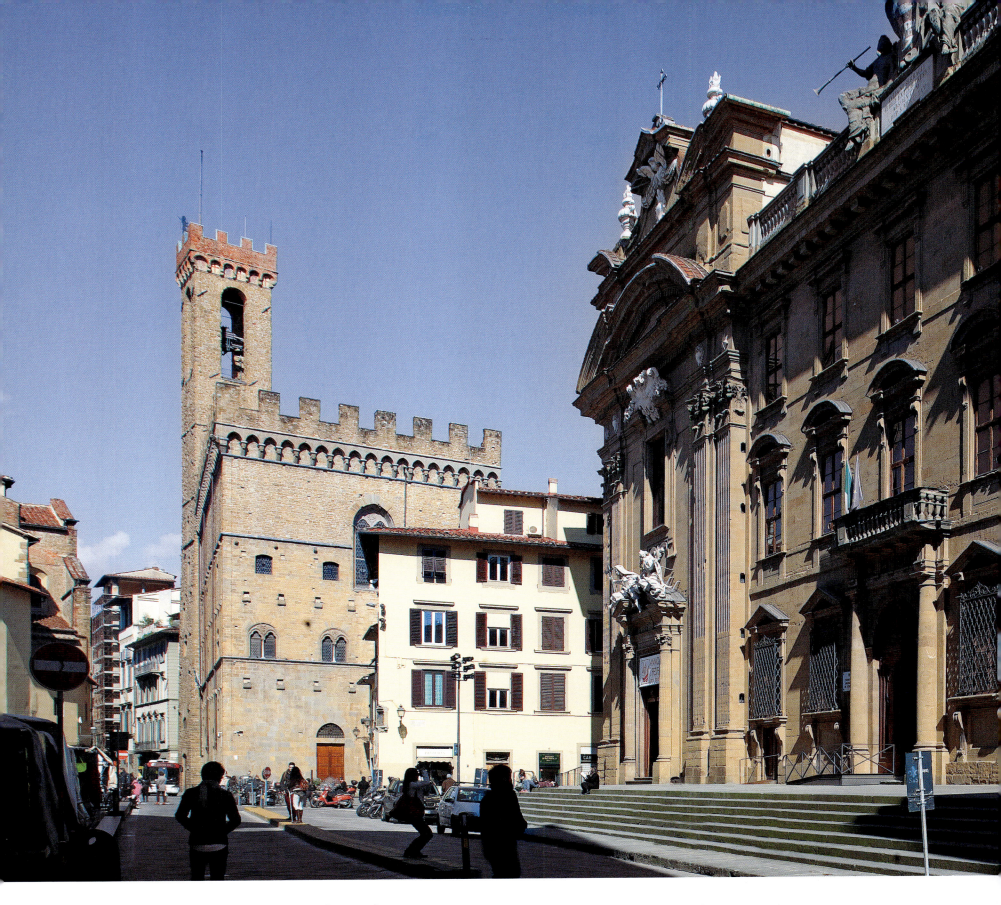

stende il "patto di famiglia", lungimirante provvedimento di tutela del patrimonio artistico: è grazie a questo documento se Firenze non ha conosciuto praticamente nessuna dispersione delle proprie opere d'arte nei decenni successivi. Nel 1739 entra solennemente in città Francesco Stefano di Lorena, avviando così la nuova signoria su Firenze e sulla Toscana. Il suo successore Pietro Leopoldo, in pieno Illuminismo, si farà promotore di un radicale riassetto dell'intero complesso dei musei fiorentini, comprese nuove istituzioni di carattere scientifico e naturalistico. Al colto abate Luigi Lanzi spetta il merito di una risistemazione degli Uffizi secondo il criterio delle scuole regionali.

designs and plans from various painters, multi-colored marble mosaics were commissioned for both the religious areas (for example, as wall decoration and in the transennae and altars) and furnishings; they were often used on wonderful inlaid slabs.

When Gian Gastone died in 1737 without leaving any heirs, the Medici dynasty came to an end. The last in the Medici line was Anna Maria Luisa de' Medici, who arranged the so-called "family pact," which provided the long-term conditions for the family's vast art collection. Due to her efforts, virtually none of the family's works of art left Florence in the following decades. In 1739, Francis Stephen of Lorraine solemnly entered the city and began his reign over Florence and Tuscany. His successor, Peter Leopold, at the

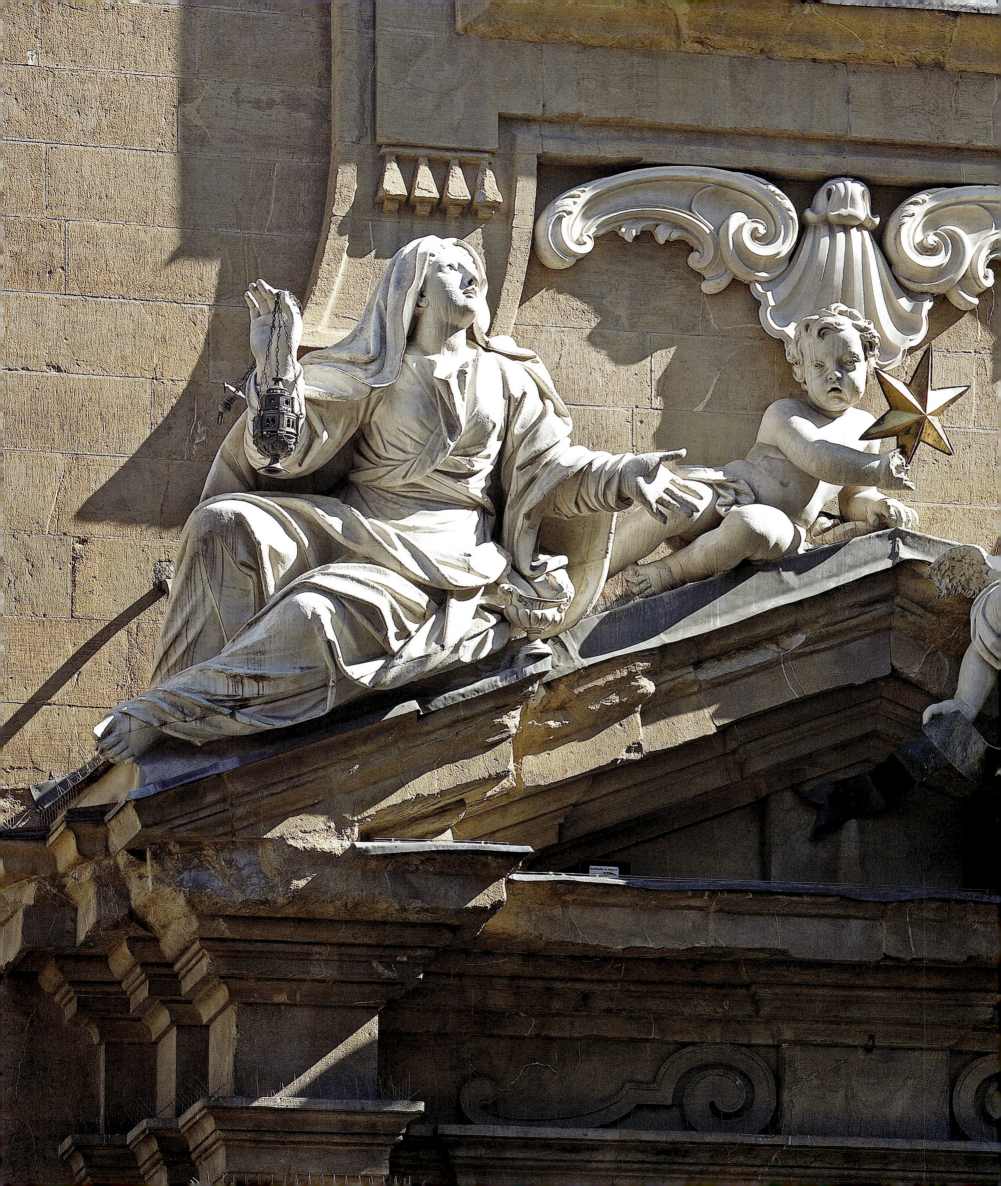

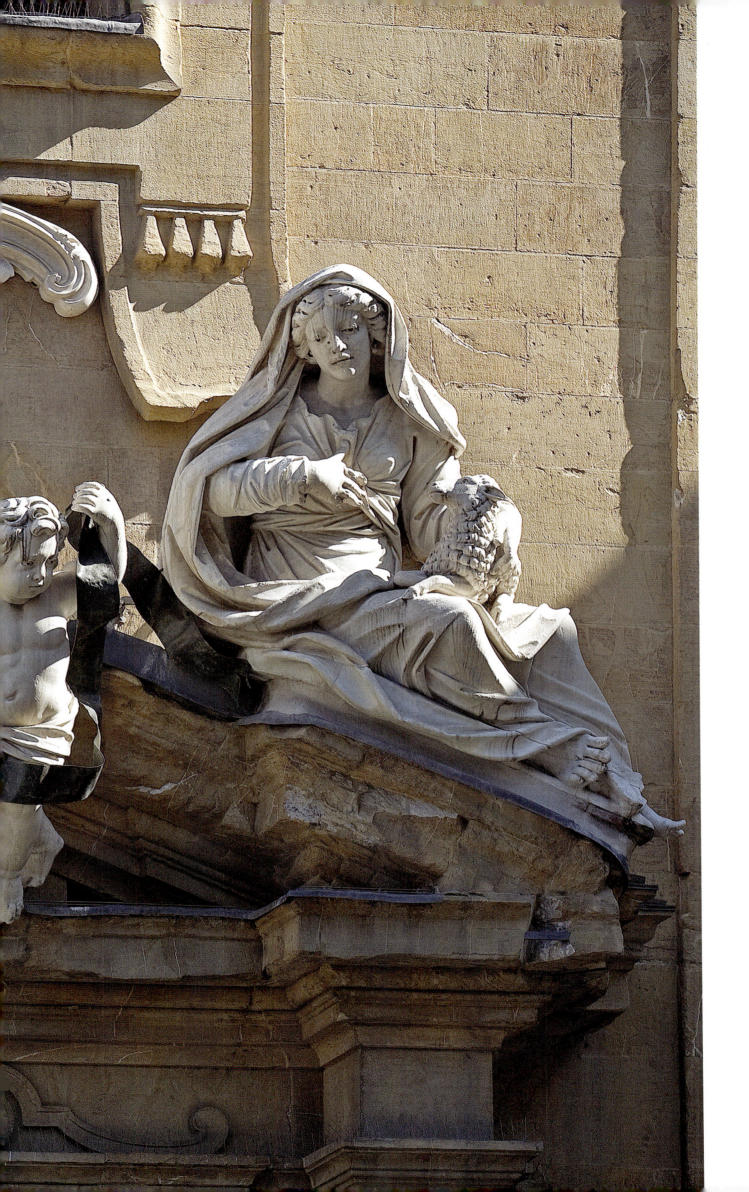

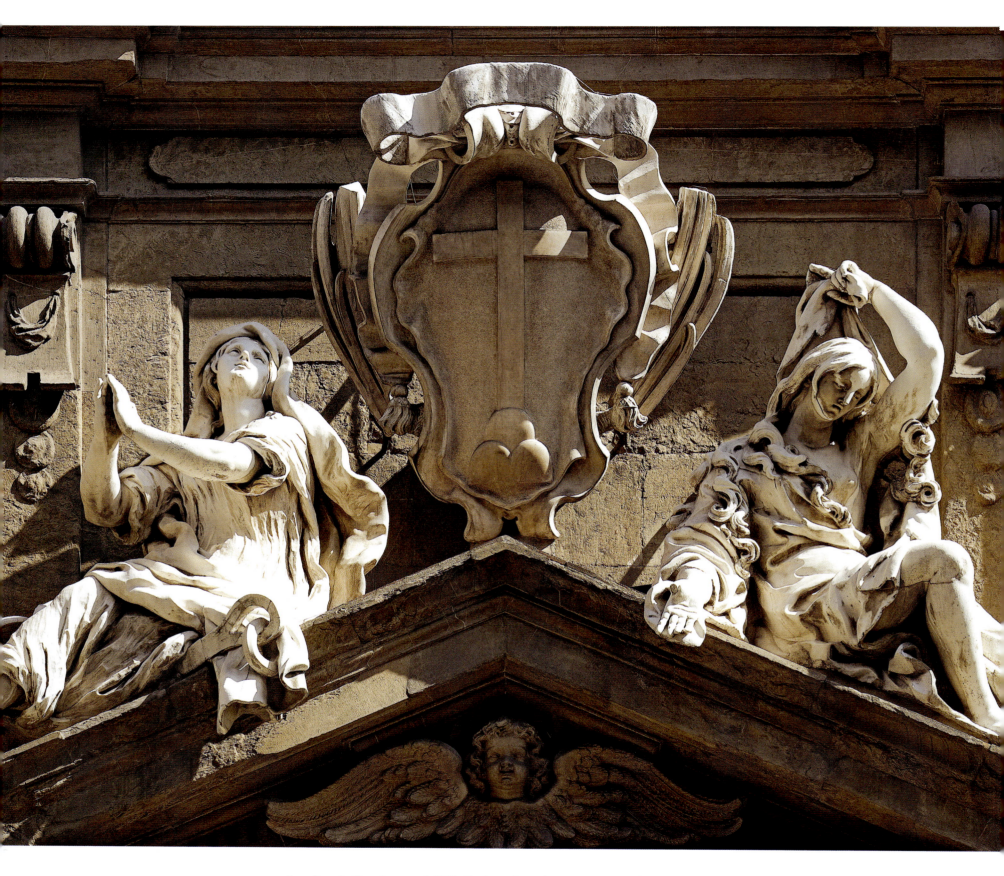

Sopra e a fianco: Ricostruita a partire dalla prima metà del XVII secolo da Gherardo Silvani, la facciata di San Gaetano è decorata da statue del tedesco Balthasar Permoser.

Above and opposite: Gherardo Silvani began reconstruction of San Gaetano in the mid-17th century. There are statues by Balthasar Permoser on the facade.

Sconfitto da Napoleone nel 1799, Ferdinando III di Lorena è costretto a riparare a Vienna; rientrerà a Firenze con la Restaurazione, nel 1814, avviando l'ultimo periodo del granducato. Durante la prima metà dell'Ottocento Firenze è una meta fondamentale per i viaggiatori internazionali, tappa imperdibile del Grand Tour. Il Rinascimento fiorentino viene individuato come l'epoca d'oro della cultura italiana, e la memoria di Dante costantemente evocata da coloro che si battono per liberare l'Italia dai domini stranieri e per l'unità nazionale

peak of the Enlightenment arranged for a radical restructuring of the Florentine museums, including new scientific and natural history museums. The learned abbot Luigi Lanzi was responsible for reorganizing the Uffizi in keeping with regional schools.

Defeated by Napoleon in 1799, Ferdinand III of Lorraine was forced to flee to Vienna; he returned to Florence in 1814, when he was restored to the position of grand duke. This would be the end of the grand duchy, however. During the early 1800s, Florence became a popular destination for international travelers, a must-see

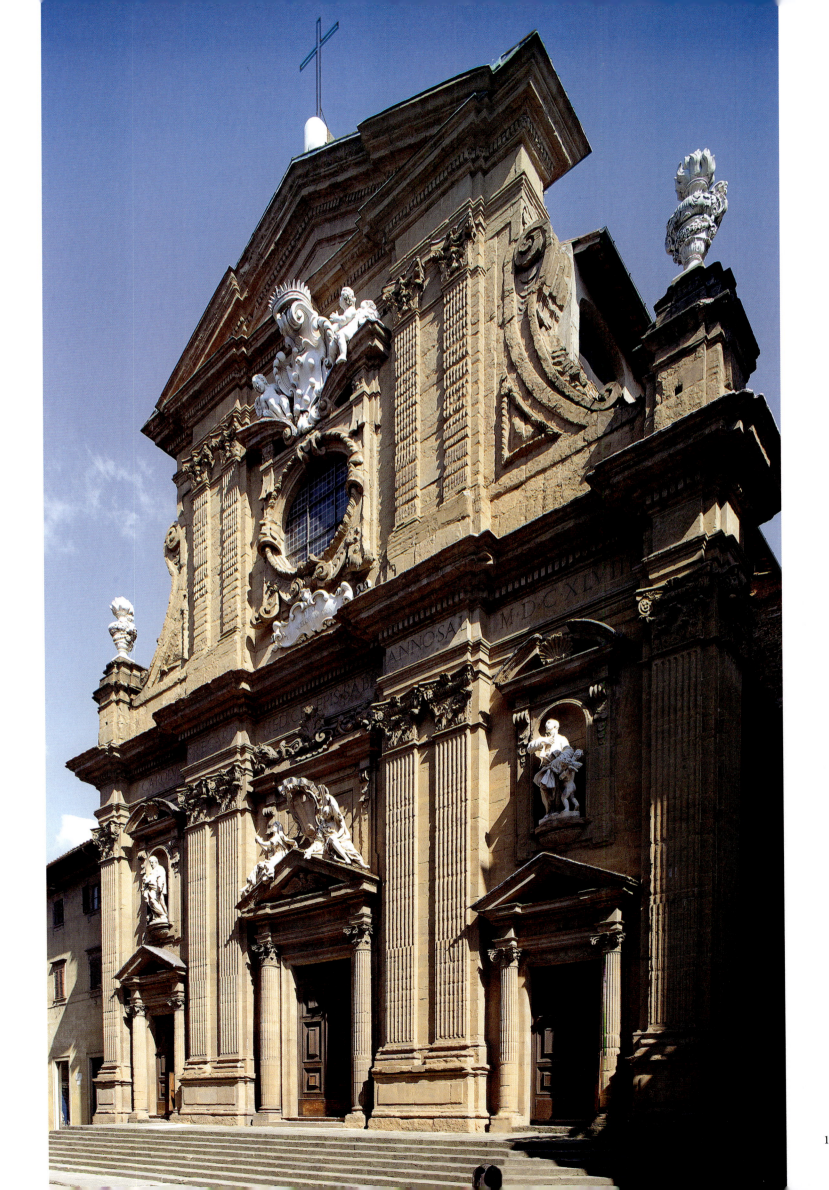

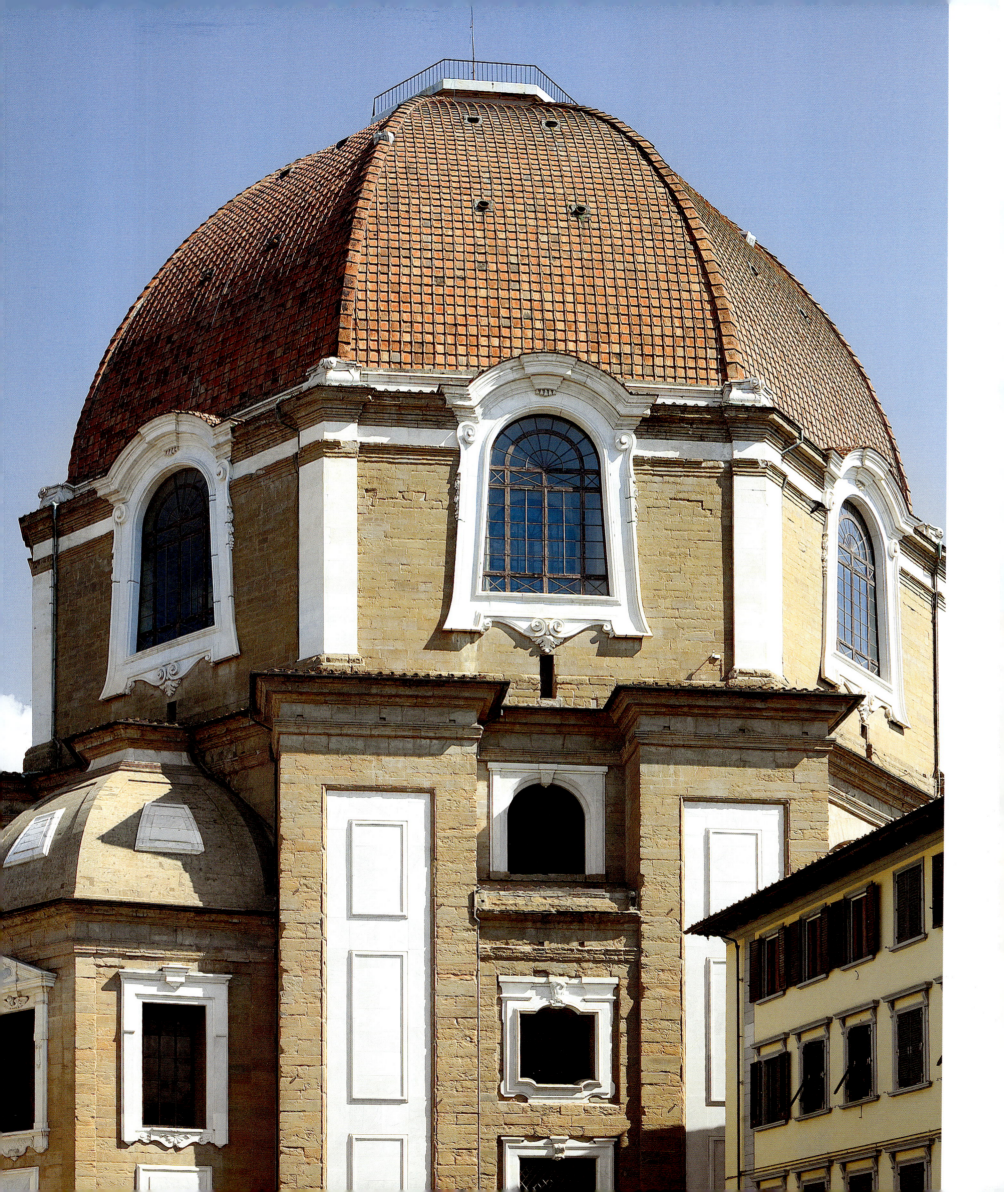

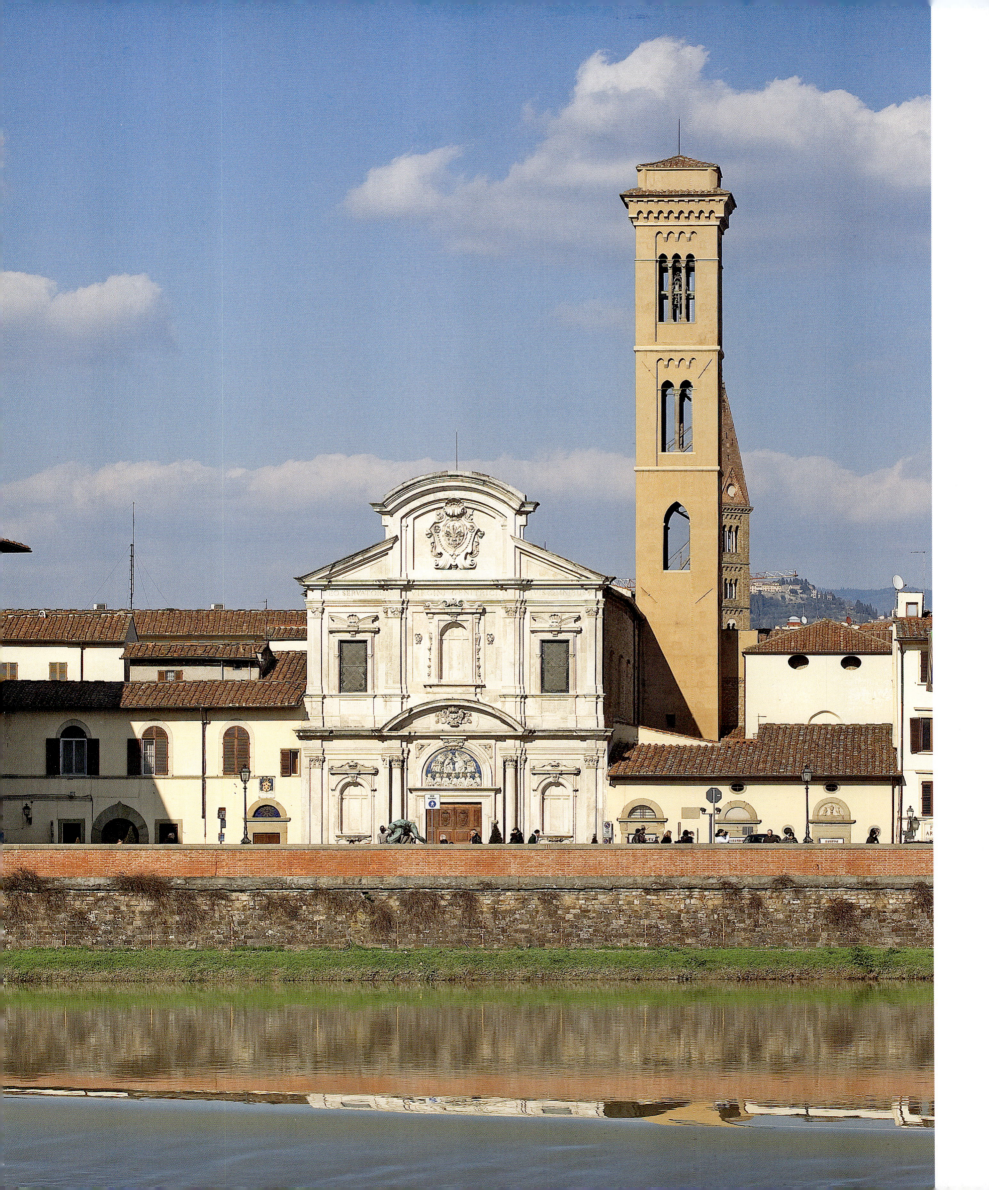

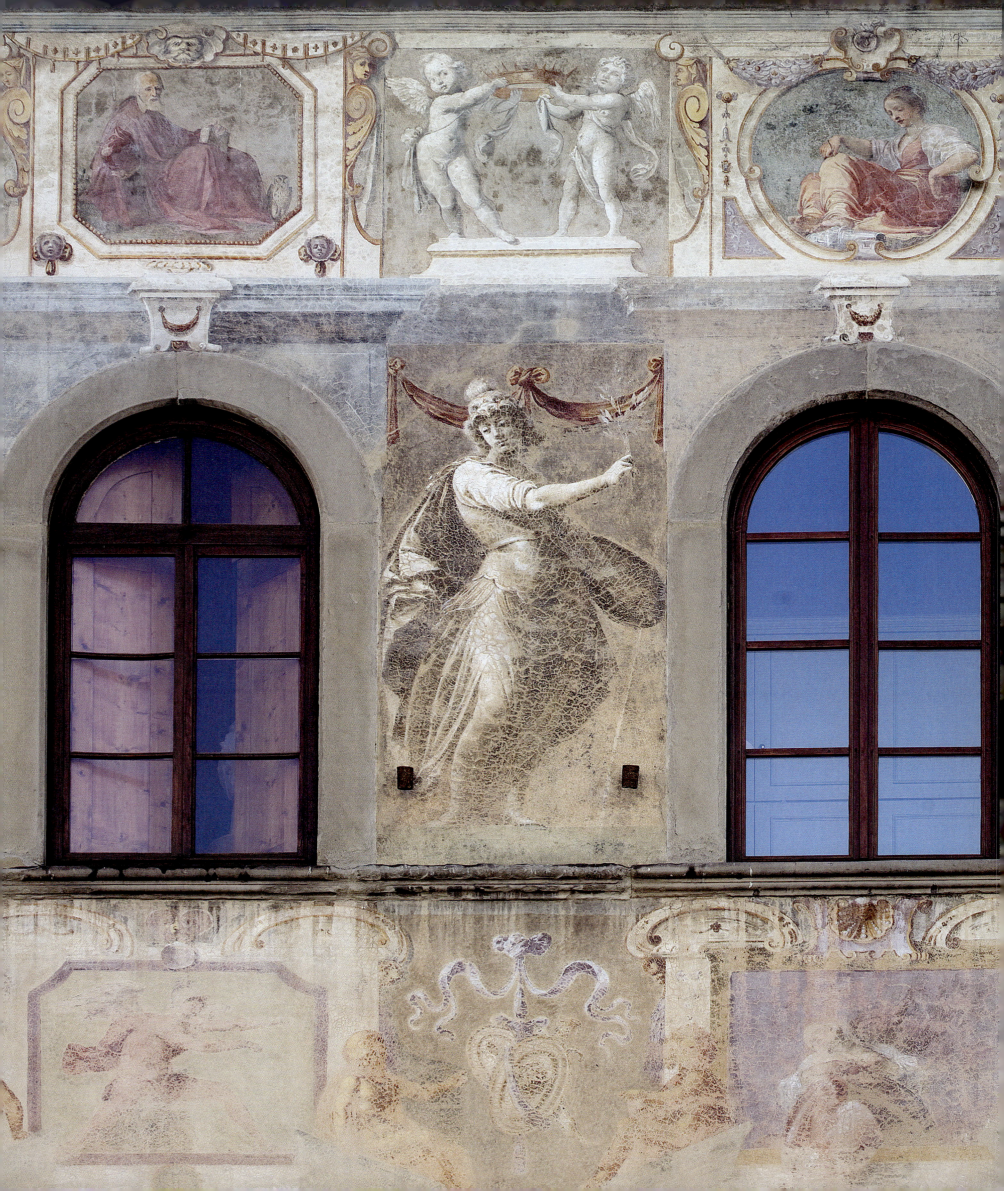

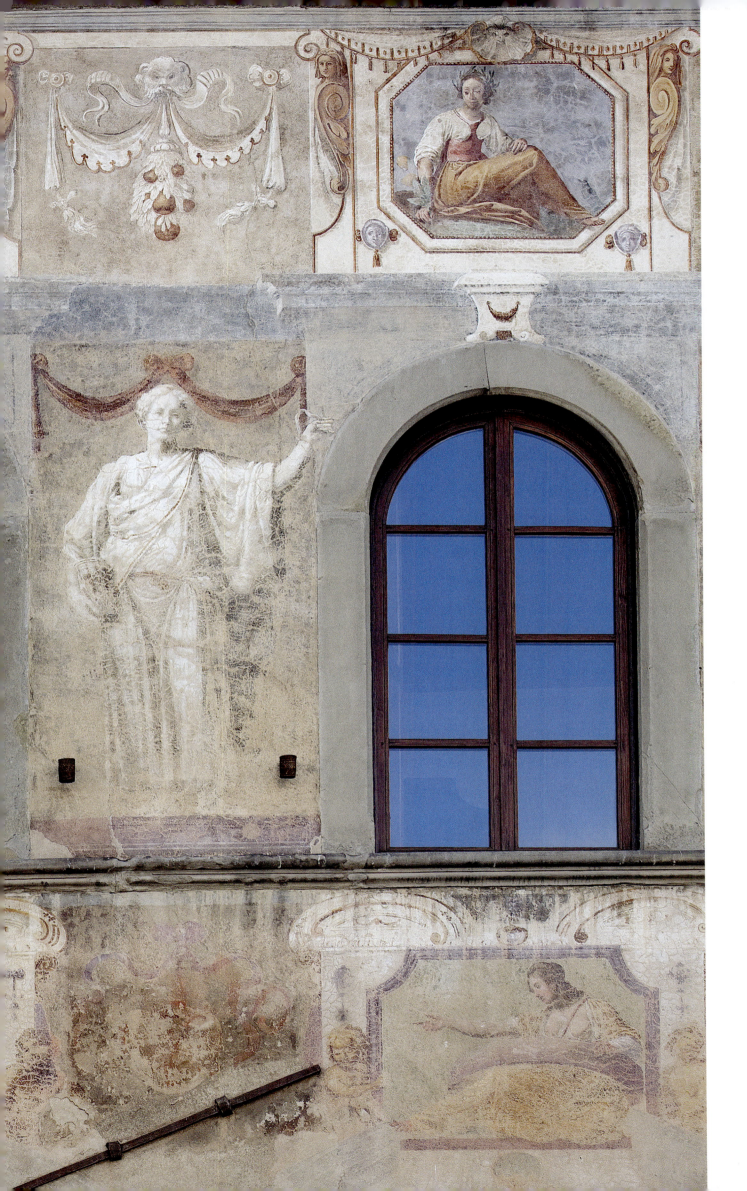

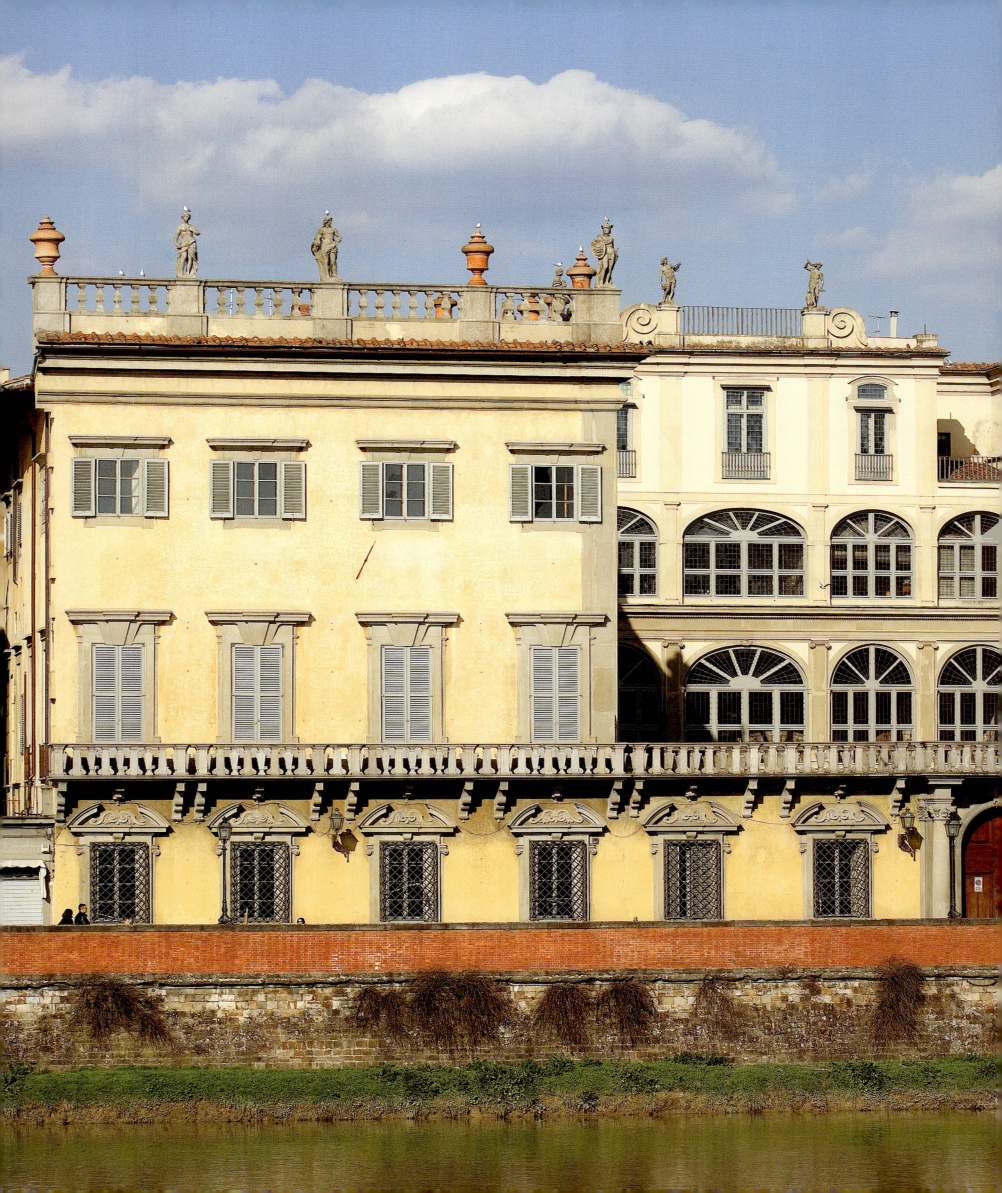

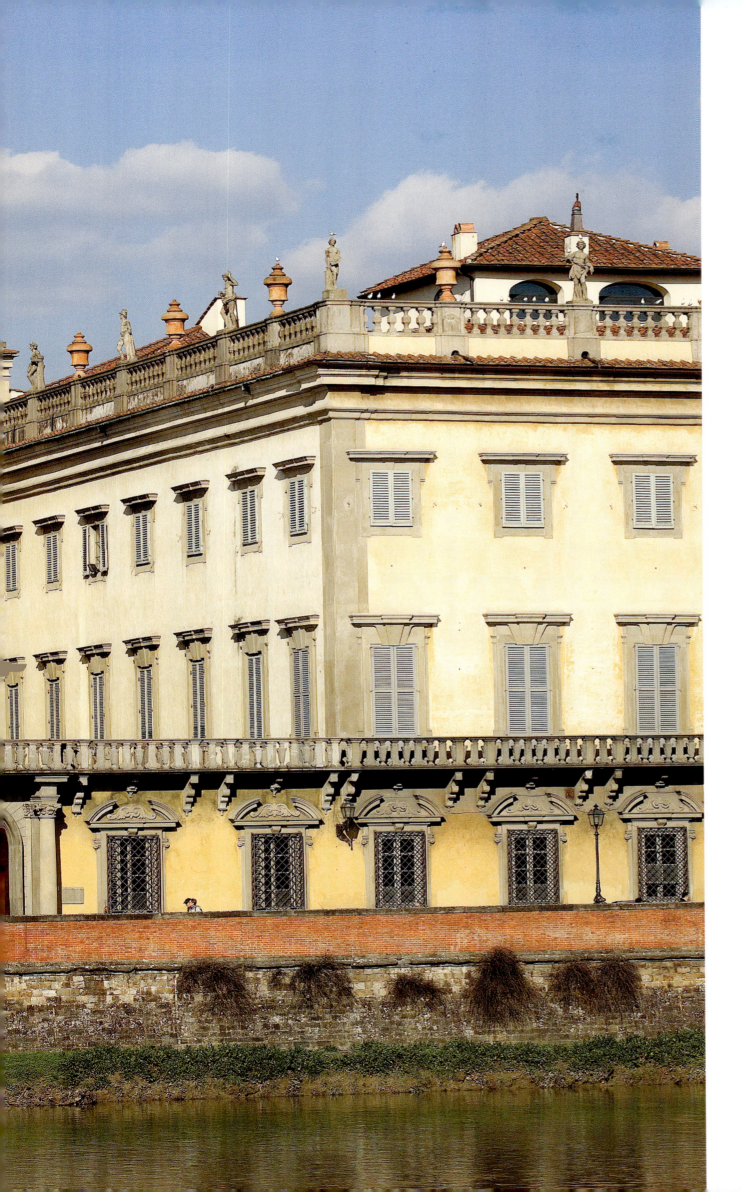

A FIANCO: L'IMPONENTE PALAZZO CORSINI, OPERA DI PIER FRANCESCO SILVANI, OSPITA OGGI VARIE MANIFESTAZIONI CULTURALI.

OPPOSITE: THE IMPRESSIVE PALAZZO CORSINI BY PIER FRANCESCO SILVANI TODAY HOSTS CULTURAL EVENTS.

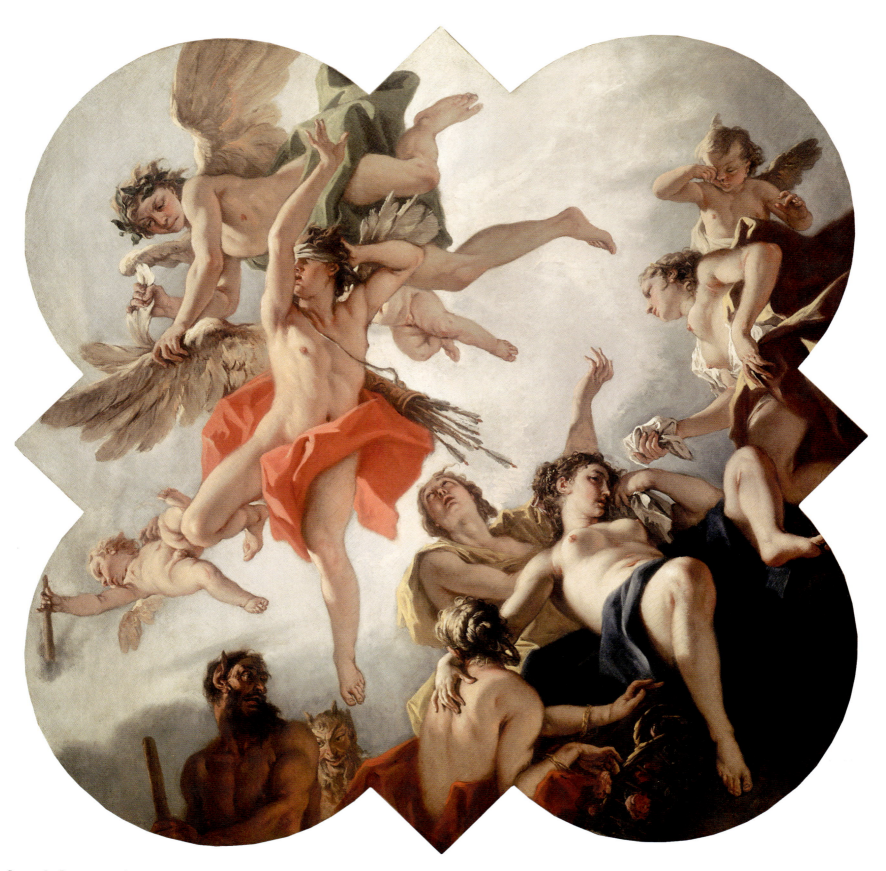

SOPRA: *LA PUNIZIONE DI AMORE*, SUL SOFFITTO DEL SALONE DI PALAZZO MARUCELLI-FENZI, È OPERA DEL VENETO SEBASTIANO RICCI (1706).
A FIANCO: *LA SALA DI GIOVE* (1642) È UNO DEGLI AMBIENTI SONTUOSAMENTE DECORATI DA PIETRO DA CORTONA IN PALAZZO PITTI.

ABOVE: VENETO NATIVE SEBASTIANO RICCI PAINTED *THE PUNISHMENT OF LOVE* ON THE CEILING OF THE MARUCELLI-FENZI PALACE IN 1706.
OPPOSITE: THE *JUPITER ROOM*, WHICH DATES TO 1642, IS JUST ONE OF THE SUMPTUOUSLY DECORATED SPACES IN THE PITTI PALACE PAINTED BY PIETRO DA CORTONA.

zionale. Persino il termine "Risorgimento" viene coniato in assonanza con il "Rinascimento". Consapevoli di questo ruolo di pionieri della "italianità", i fiorentini e i toscani sono spesso coinvolti nei moti d'insurrezione e nelle battaglie per l'indipendenza. L'ultimo Lorena, Leopoldo II lascia definitivamente la città nel 1859.

stop on the Grand Tour. The Florentine Renaissance was viewed as the golden age of Italian culture, and the memory of Dante was constantly evoked by those who were struggling to free Italy from foreign powers and to create national unity. Even "Risorgimento," literally "Resurgence," which was the term used to define the period of Italian unification, was chosen in part because it sounded so much like "Rinascimento," or "Renaissance." Florentines and Tuscans were largely aware of their position as pioneers in the movement toward Italian unity, and they were involved in several rebellions and battles for independence. The last grand duke, Leopold II, left the city for good in 1859.

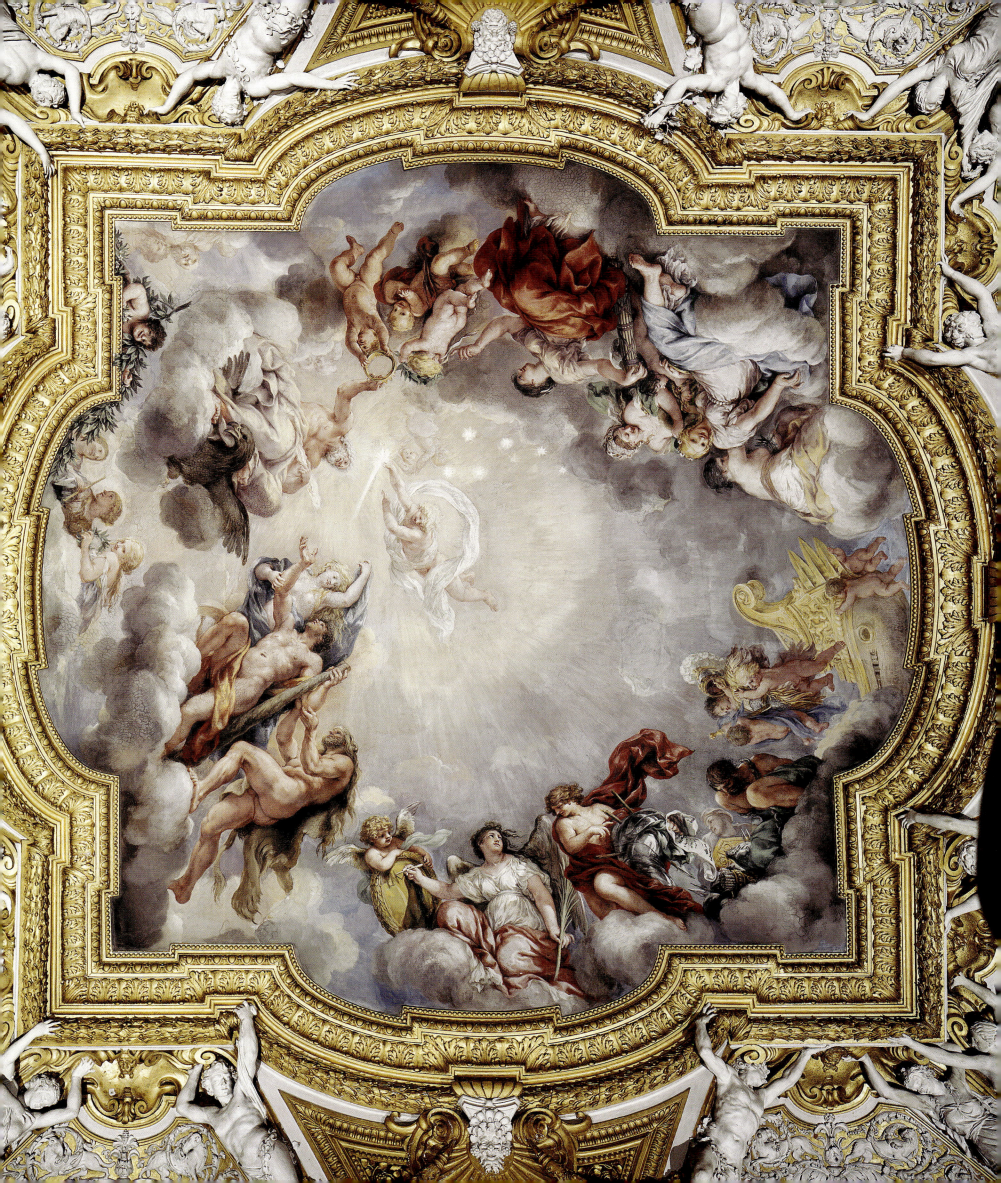

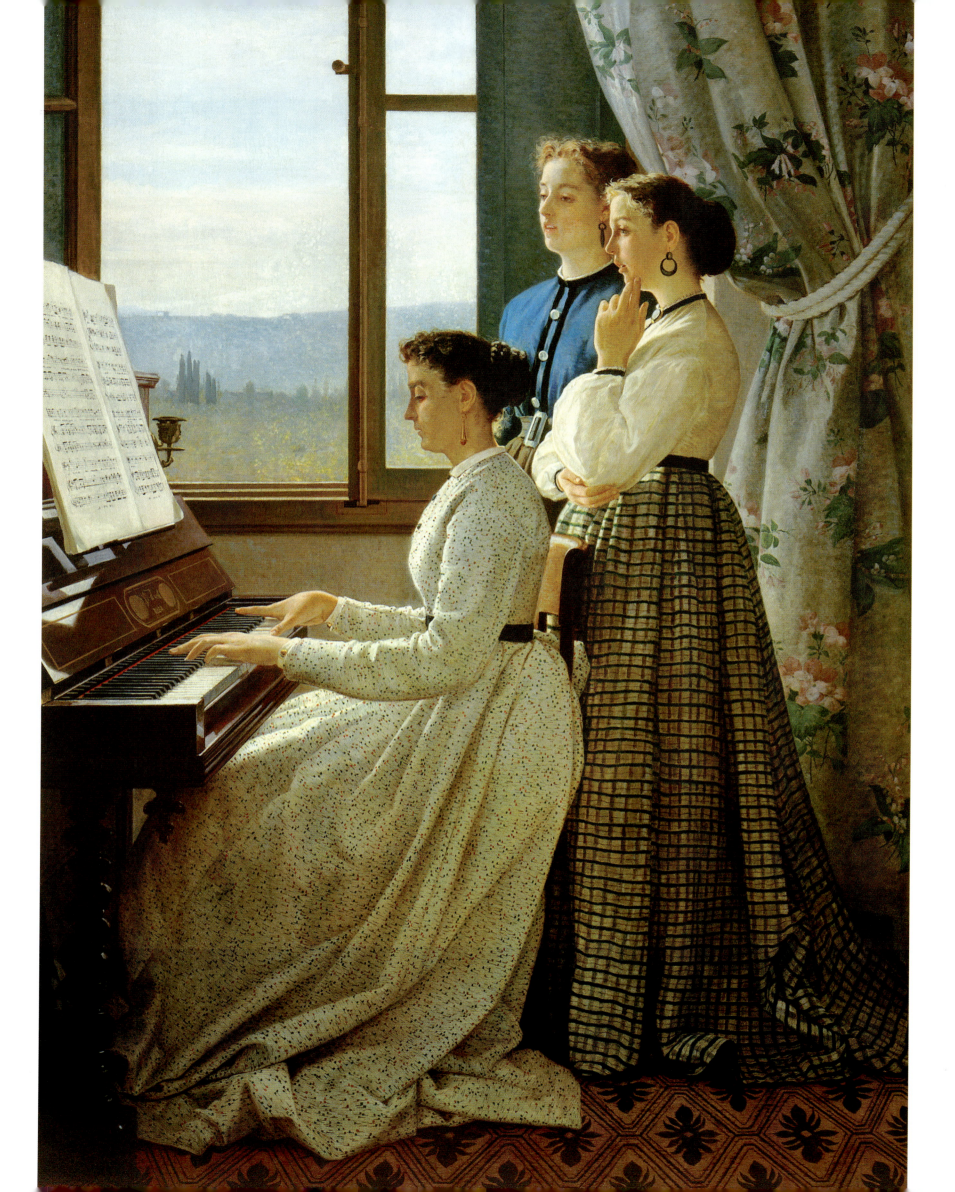

L'età moderna: progetti e drammi dalla storia all'attualità

The Modern Age: Moving from History to the Current Day

Unita al regno sabaudo, Firenze conosce un periodo storico molto particolare. Dal 1865 al 1870, in attesa della conquista di Roma, diventa la capitale d'Italia. Torino era infatti considerata troppo "decentrata", mentre Firenze aveva molti vantaggi: prima di tutto l'indiscusso primato culturale, linguistico, artistico e l'altissimo prestigio nell'affermazione di una identità nazionale a partire da Dante, considerato il modello supremo di una nobile e orgogliosa "italianità"; poi, la collocazione geografica; infine, fatto tutt'altro che secondario, la storica tradizione di partecipazione politica combinata alla recentissima presenza di una corte, e dunque la possibilità di adattare – sia pure in modo provvisorio – alloggiamenti e sistemazioni adeguati per il parlamento e per la famiglia reale. A quest'ultimo scopo viene adibita un'ala di palazzo Pitti, utilizzata dai Savoia dal 1865 fino al 1912, e rimodernata appositamente, in parte utilizzando mobili e arredi da altre residenze. D'altro canto, l'aspetto urbanistico di Firenze appariva un po' troppo ristretto per le aspirazioni della giovanissima nazione: viene varato un programma forse un po' frettoloso di sventramenti e di soluzioni scenografiche compassate, come l'abbattimento delle mura per ricavare ampi viali di scorrimento, la parziale sistemazione dei Lungarni e, soprattutto, la platea urbana dell'odierna piazza della Repubblica, concepita sul sedime dell'antico foro romano come il nuovo centro di una moderna città "metropolitana". Protagonista delle iniziative di "Firenze capitale" è l'architetto e urbanista Giuseppe Poggi, autore anche di piazzale Michelangelo, subito diventato il canonico punto panoramico della città. Senz'altro gradevole è inoltre la sistemazione e l'apertura al pubblico del Parco delle Cascine, la grande area verde di 118 ettari sull'area degli antichi allevamenti granducali dei bovini, che arriva a lambire il nucleo storico della città. Nei pressi della confluenza del Mugnone nell'Arno, il parco si arricchisce di un curioso punto di riferimento esotico, il mausoleo "dell'indiano", eretto in memoria del maraja di Kolepoor, morto nel 1870. Va infine ricordata la realizzazione delle facciate "in stile" per le grandi chiese di Santa Croce e di Santa Maria del Fiore.

Intanto, avendo come baricentro e luogo di riunione il Caffè Michelangelo, un gruppo di artisti e letterati stava dando corpo a una delle più importanti correnti culturali dell'Ottocento italiano: sono i Macchiaioli, sostenuti da Diego Martelli, figura esemplare di intelligente collezionista e di teorico in stretto dialogo con quanto stava avvenendo nella Parigi degli Impressionisti. Giovanni Fattori, Silvestro Lega, Telemaco Signorini e Adriano Cecioni (quest'ultimo attivo anche come scultore) sono i principali protagonisti di un movimento che coinvolge numerosi giovani artisti, tutti desiderosi di abbandonare i temi accademici tradizionali per affrontare i soggetti della realtà, partendo dalle innovative scene delle recenti battaglie per l'indipendenza per passare a paesaggi, ritratti, scene di gruppo, momenti poetici del quotidiano. La Galleria d'Arte Moderna di Palazzo Pitti conserva numerose importanti opere. Muovendosi tra il

Once Florence was allied with the House of Savoy, it entered a very peculiar time. Florence was the capital of Italy from 1865 to 1870, while the newly unified nation waited for Rome to be captured. At the time, Turin was considered too "decentralized," while Florence offered several advantages, chief among them its indisputable leading role in culture, language and art and its great prestige in forming a national identity reaching all the way back to Dante, considered the ultimate example of the noble and proud Italian character. The city's geographic location was another point in its favor, and, though it may not sound important, its historic tradition of political participation was no small matter. Because Florence had been politically active and until fairly recently had enjoyed the presence of a court, it had sufficient lodgings and accommodations that could be adapted—albeit in a provisional manner—for the use of Parliament and the royal family. A wing of the Pitti Palace was updated—in part using furniture and other items from other residences—for the royal family, and the Savoy used it from 1865 until 1912. On the other hand, Florence's urban fabric was a little too small to suit the aspirations of a young nation. A project was launched—perhaps a little hastily—to perform demolition and create more appropriate solutions. This included knocking down walls to dig wider roads for increased traffic, partially fixing up the Arno embankments and, most importantly, reclaiming the Piazza della Repubblica, located atop the ruins of the ancient Roman forum, and rendering it the new center of a modern and metropolitan city. The main player in the activity surrounding Florence's designation as the capital city was architect and urban planner Giuseppe Poggi, who also created the Piazzale Michelangelo—which immediately became a popular site from which to take in a panoramic view of the city. Another overwhelmingly successful project that dates to this time was the creation and opening to the public of Cascine Park, a large green area in what were once the grand dukes' cattle breeding grounds; the park consists of 118 hectares (close to 300 acres) of land and stretches almost to the city's historic center. Near the confluence of the Mugnone and the Arno, the park has one unusual nod to the exotic: the so-called "Indian mausoleum," a monument erected to the memory of the Maharajah of Kolhapur, who died in 1870. Also erected during this period were the facades for the large Santa Croce and Santa Maria del Fiore churches, in keeping with their existing styles.

Meanwhile, a group of artists and writers met regularly at Caffè Michelangelo and developed what would turn out to be one of the major cultural trends of the Italian 1800s: the Macchiaioli, supported by Diego Martelli, a standard-bearer as both a canny collector and a critic who kept a close watch on what was happening with the Impressionists in Paris. Giovanni Fattori, Silvestro Lega, Telemaco Signorini and Adriano Cecioni (who was also a sculptor) were the main players in a movement that involved many young artists, all turning away from traditional academic themes and dealing with real-life

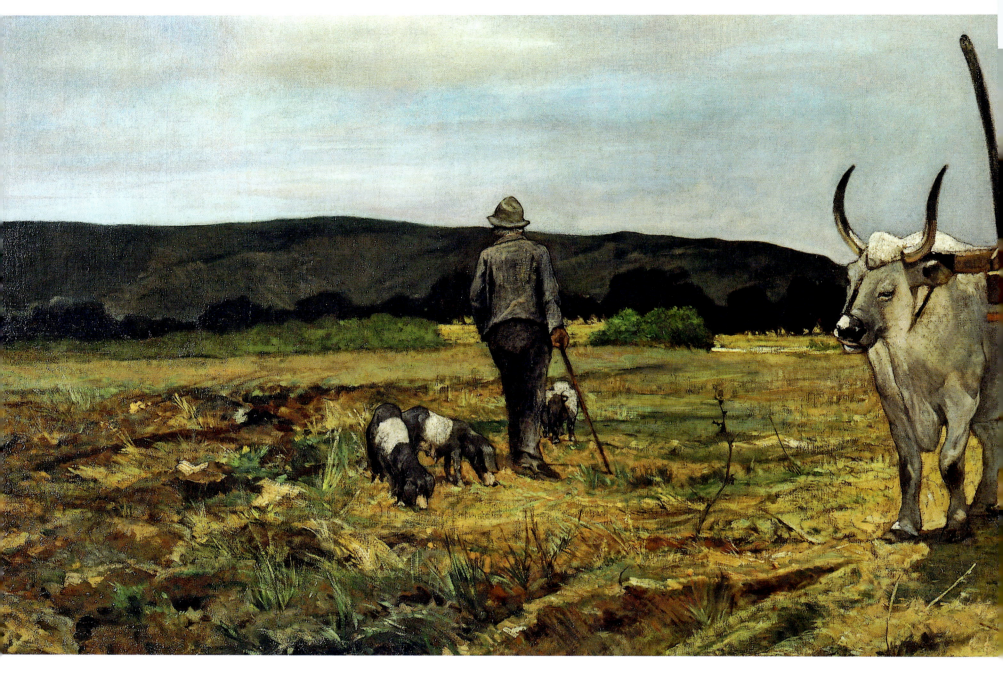

centro di Firenze, i colli circostanti e la costa della Maremma, i Macchiaioli avviano anche il confronto sociale e ambientale tra città e campagna, destinato a restare a lungo un tema molto caratteristico della cultura fiorentina.

A proposito della vita letteraria, va sottolineato che tra il XIX e l'inizio del XX secolo Firenze sancisce il proprio primato linguistico e poetico non solo per l'asserita necessità degli scrittori italiani di affinare il proprio linguaggio sulla base della perfetta lingua toscana (anche Manzoni rivede l'ultima stesura dei Promessi Sposi dopo aver "risciacquato i panni nell'Arno"), ma anche per una serie di riviste che accolgono gli scritti più propositivi: alla pionieristica "Nuova Antologia" si uniscono via via testate aperte al dibattito delle idee e alla ricerca poetica come "La Voce", "Lacerba" e "Solaria".

Trasferita la capitale del regno a Roma, senza più una corte granducale, su Firenze sembra scendere la patina del tempo: centro privilegiato del mercato artistico, prediletta dagli intellettuali internazionali, soprattutto anglosassoni, alla ricerca di una "camera con vista", magari da una residenza sui colli, la Firenze di fine Ottocento accoglie una società cosmopolita che non sempre si fonde con una antica, orgogliosa e chiusa aristocrazia locale.

subjects, beginning with innovative depictions of recent battles for independence, and going on from there to landscapes, portraits, group scenes and poetic glimpses of everyday moments. The gallery of modern art in the Pitti Palace houses many of their major works. Moving from the center of Florence to the surrounding hills and the coastline in the Maremma area, the Macchiaioli also dealt with social and environmental issues in urban versus rural areas—a subject that would go on to be much discussed in Florentine culture.

Literary life was blossoming in Florence during the years in the late 19th and early 20th centuries, as Florence took center stage in linguistics and writing. The Italian language was based on Tuscan, which meant Italian writers needed to learn Tuscan well. (Alessandro Manzoni revised the language in the final draft of his novel *The Betrothed* after having "washed his clothes in the water of the Arno," as he put it.) Also of interest in the literary sphere were a series of magazines that collected the most forward-thinking writing: The groundbreaking *Nuova Antologia* was gradually joined by other publications open to debate and to poetry, including *La Voce, Lacerba* and *Solaria*.

When Rome replaced Florence as the capital of Italy, Florence, now neither the capital nor a grand duchy, seemed to be frozen in

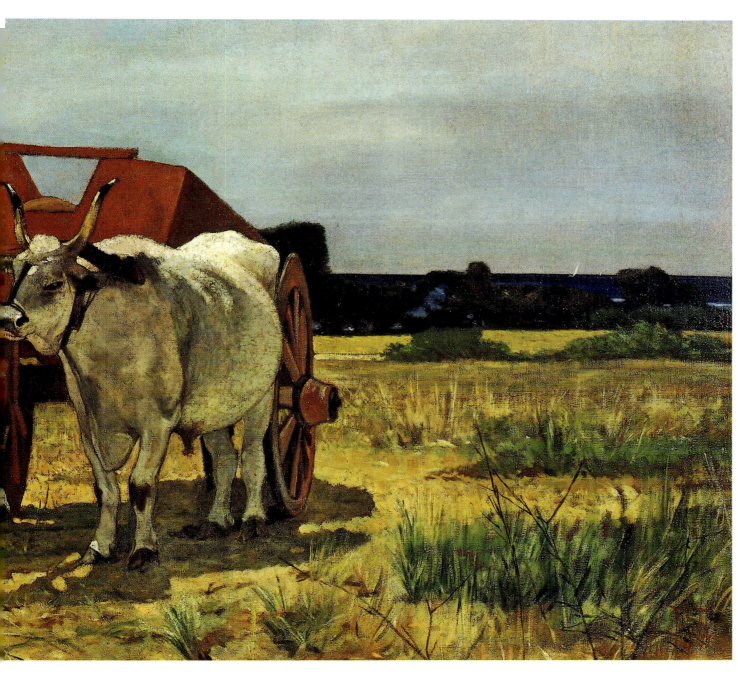

Il caustico e disincantato spirito di contraddizione, e una radicata tradizione socialista fanno sì che Firenze e la Toscana abbiano mostrato ben scarso entusiasmo verso il fascismo; anzi, durante la Seconda Guerra Mondiale numerosi sono i memorabili episodi di resistenza. Il denso e prezioso centro storico di Firenze non ha conosciuto devastanti bombardamenti, ma nel 1944, durante l'occupazione nazista, tutti i ponti sull'Arno vennero fatti saltare, con l'eccezione del Ponte Vecchio, peraltro sbarrato da brutali demolizioni nei quartieri circostanti.

L'architettura del Novecento si affaccia con grande cautela nel fitto scenario storico fiorentino: vanno però notati interventi significativi, come lo Stadio Comunale progettato già nel 1931 da Pier Luigi Nervi e, soprattutto, le bellissime opere di Giovanni Michelucci, capace di unire magistralmente i materiali tradizionali e le esigenze pratiche dell'attualità: tra i suoi capolavori la stazione di Santa Maria Novella, il palazzo delle Poste e, alle porte della città, la chiesa di San Giovanni dell'Autostrada.

Il 4 novembre 1966 su Firenze si abbatte una catastrofe ancora oggi ricordata con emozione: l'Arno in piena rompe gli argini e inonda gran parte del centro storico. Il patrimonio artistico e bi-

time: A well-off town known as a market for art, a favorite of international intellectuals—especially those from the Anglo-Saxon countries, who came seeking "a room with a view," or even a house in the hills—late 19th-century Florence was home to a cosmopolitan society that did not always mix with the historic, proud and closed off local aristocracy.

A generally cynical and jaded oppositional attitude, as well as a deep-rooted socialist tradition, left Florence and the region of Tuscany with little enthusiasm for Fascism; indeed, during World War II the area saw frequent episodes of resistance. The dense and precious historic center of Florence did not suffer seriously from bombing, but in 1944, during the Nazi occupation, all of the bridges over the Arno were blown up, with the exception of the Ponte Vecchio. Moreover, the river itself was dammed by the brutal destruction of the neighborhoods surrounding it.

Architecture of the 1900s timidly inserted itself into the tightly knit web of historic buildings. Significant projects include the Municipal Stadium, designed in 1931 by Pier Luigi Nervi, and especially the wonderful work of Giovanni Michelucci, which masterfully marries traditional materials and the practical needs of the current

SOPRA: I DIPINTI DI GIOVANNI FATTORI, COME QUESTA *MAREMMA TOSCANA* (GALLERIA D'ARTE MODERNA) SONO REALISTICAMENTE ISPIRATI ALLA VITA DEI CONTADINI.

ABOVE: THE WORK OF GIOVANNI FATTORI INCLUDES MANY REALISTIC DEPICTIONS OF FARMERS' LIVES, INCLUDING HIS *MAREMMA TOSCANA*, WHICH HANGS IN THE GALLERY OF MODERN ART IN THE PITTI PALACE.

137

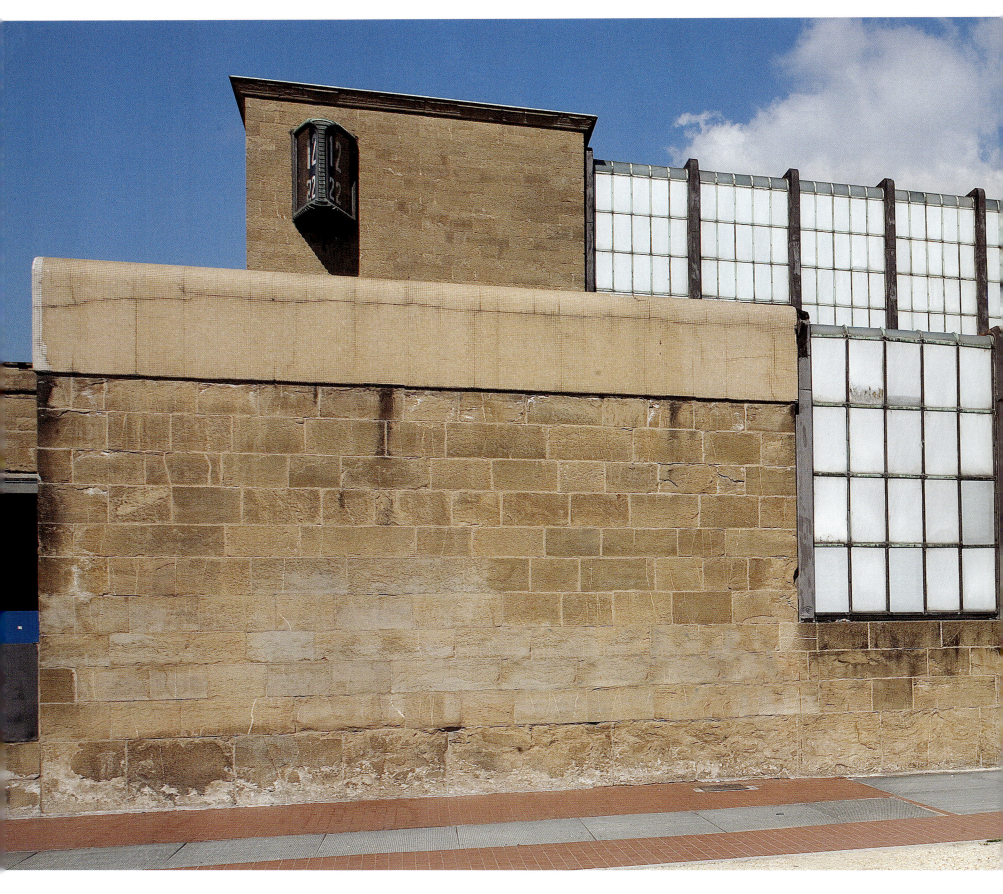

bliografico subisce danni terribili. Da molte nazioni convergono a Firenze gli "angeli del fango", volontari che si mettono a disposizione per salvare ciò che era stato travolto dall'acqua e dalla mota: una testimonianza toccante di come in tutto il mondo si percepisca davvero Firenze come un punto di riferimento assoluto per la cultura, l'arte, la bellezza in ogni sua forma.

Firenze è un simbolo: la bomba scoppiata il 27 maggio 1993 in

day: Highlights include his Santa Maria Novella station, the post office building and, at the city's edge, the San Giovanni Church, also known as the church of the freeway due to its location.

On November 4, 1966, Florence was hit by a disaster that is upsetting to think about to this day: The Arno overflowed its banks and flooded much of the city's historic center. Numerous works of art and books were badly damaged. People from many nations con-

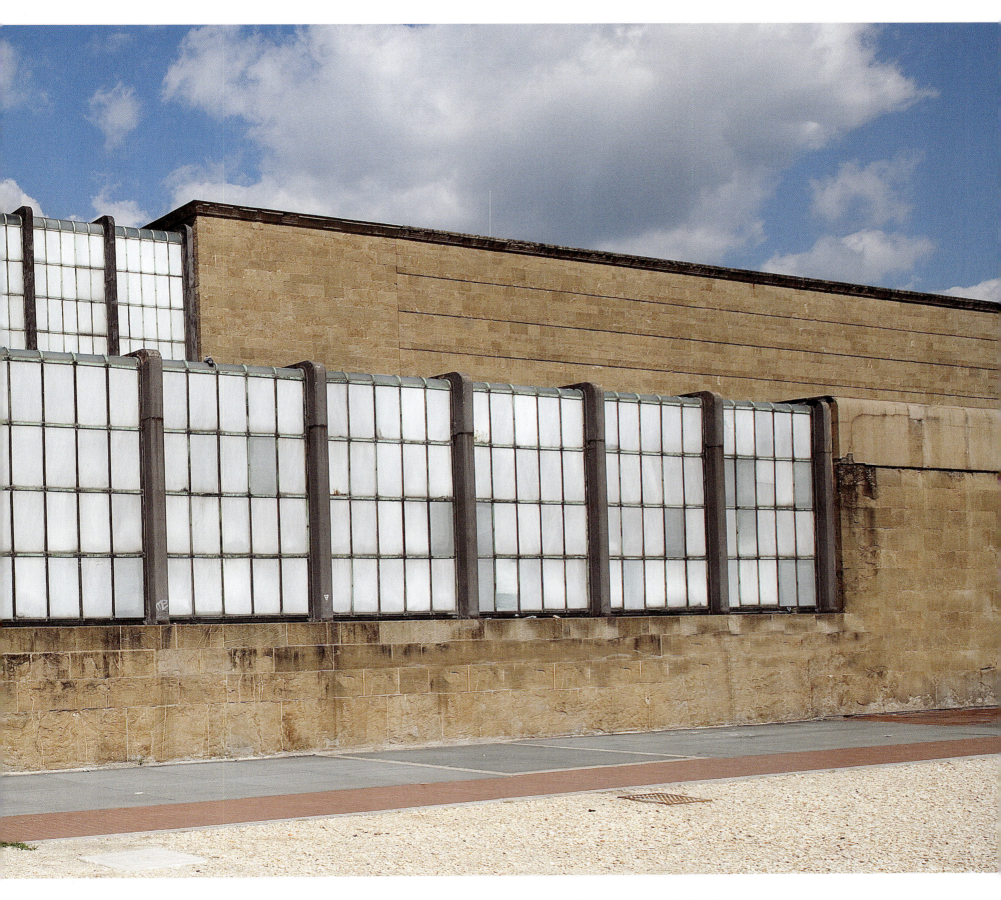

via dei Georgofili, oltre a causare la morte di cinque persone, aveva come esplicito bersaglio la Galleria degli Uffizi, in effetti lesionata dall'esplosione.

Il ruolo di città dell'arte e della cultura impone oggi a Firenze l'arduo compito di accogliere flussi ininterrotti di turisti, offrendo sempre nuove opportunità: recentissime iniziative architettoniche hanno ampliato la recettività e gli spazi espositivi di grandi musei

verged on Florence to serve as volunteers. Known as the "mud angels," they arrived on the scene to assist in saving items that had been caught up in the water and sludge. This was moving testimony to the fact that all over the world, Florence is seen as a touchstone for culture, art and beauty in all its forms.

Also related to Florence as a symbol: A bomb exploded on May 27, 1993 on Via dei Georgofili and caused five fatalities and damage

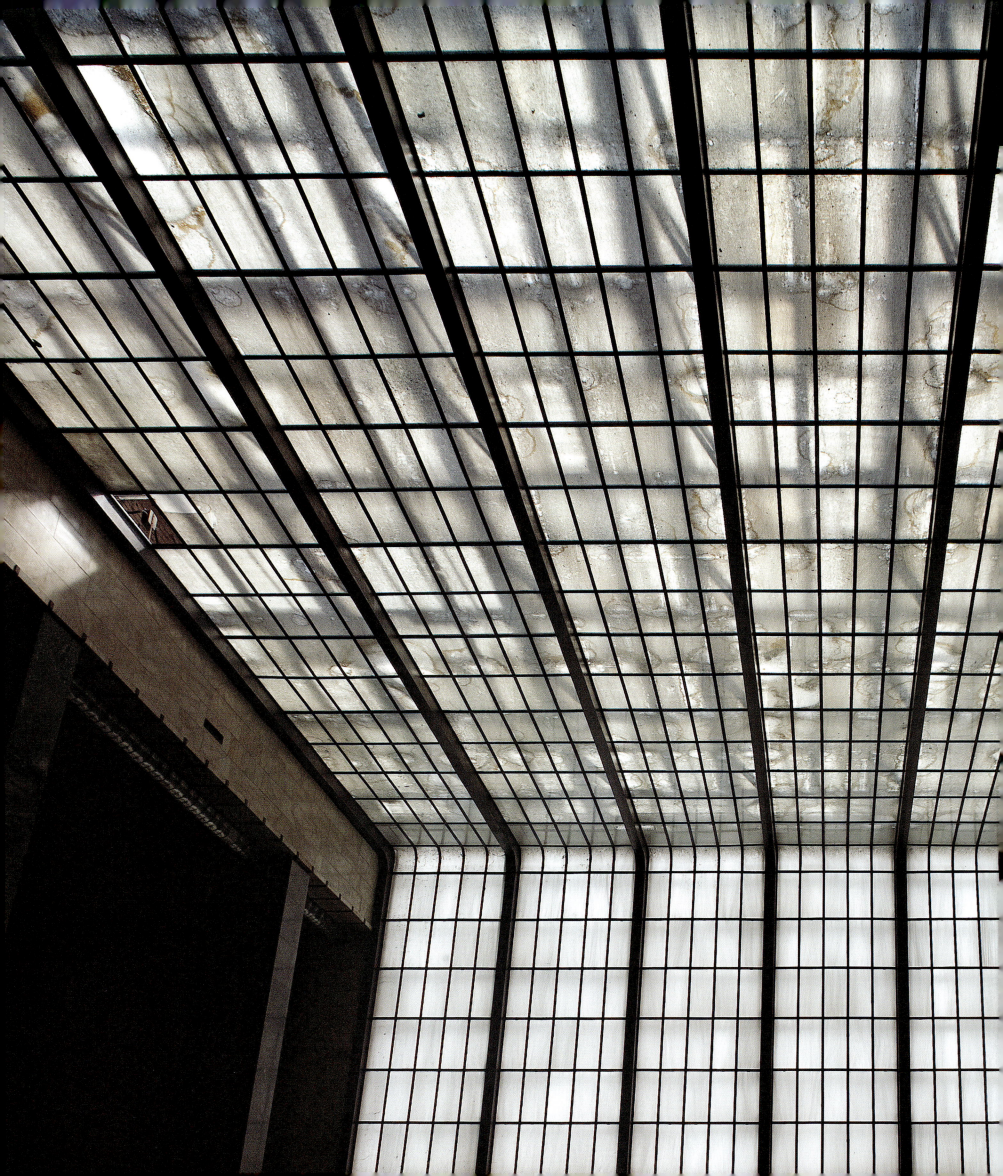

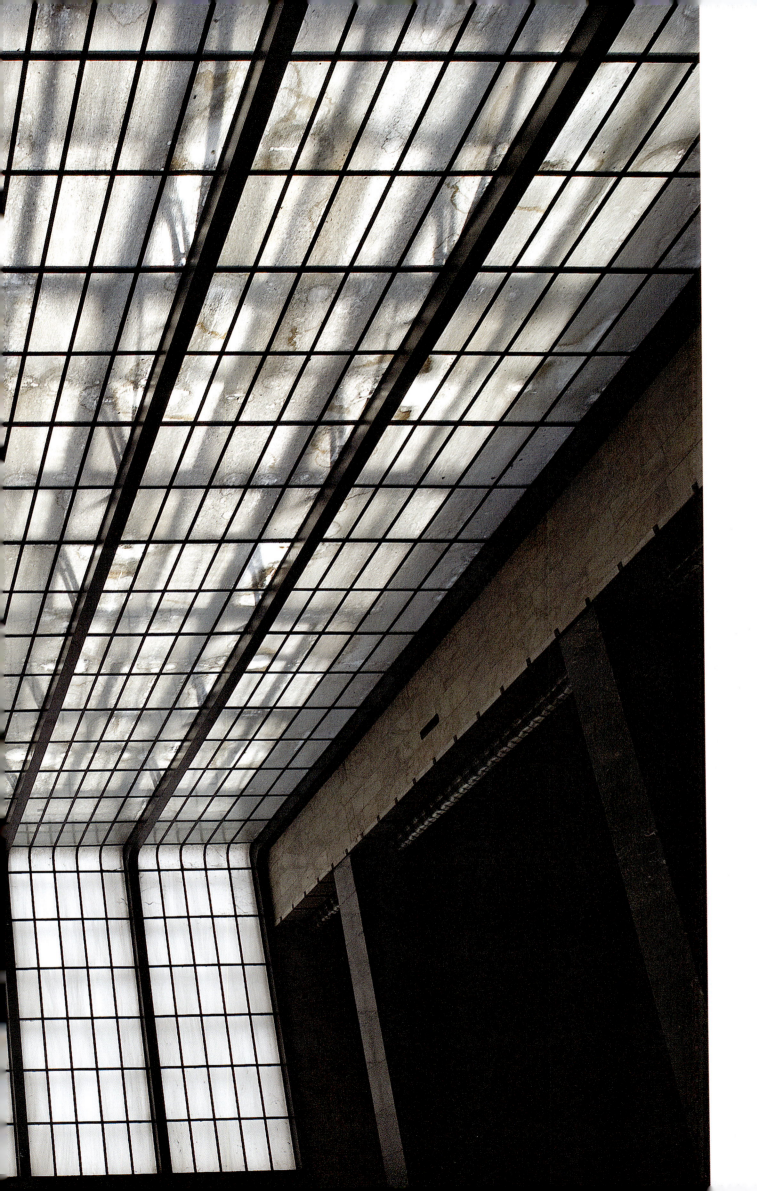

ALLE PAGINE PRECEDENTI E A FIANCO: PROGETTATA DA UN GRUPPO DI ARCHITETTI TOSCANI COORDINATI DA GIOVANNI MICHELUCCI, LA STAZIONE FERROVIARIA ALLE SPALLE DEL COMPLESSO DI SANTA MARIA NOVELLA È UN RIUSCITO ESEMPIO DEL RAZIONALISMO ITALIANO DEGLI ANNI '30.

PREVIOUS PAGES AND OPPOSITE: DESIGNED BY A GROUP OF TUSCAN ARCHITECTS LED BY GIOVANNI MICHELUCCI, THE SANTA MARIA NOVELLA STATION STANDS AS AN EXCELLENT EXAMPLE OF ITALIAN FUNCTIONALIST ARCHITECTURE OF THE 1930s.

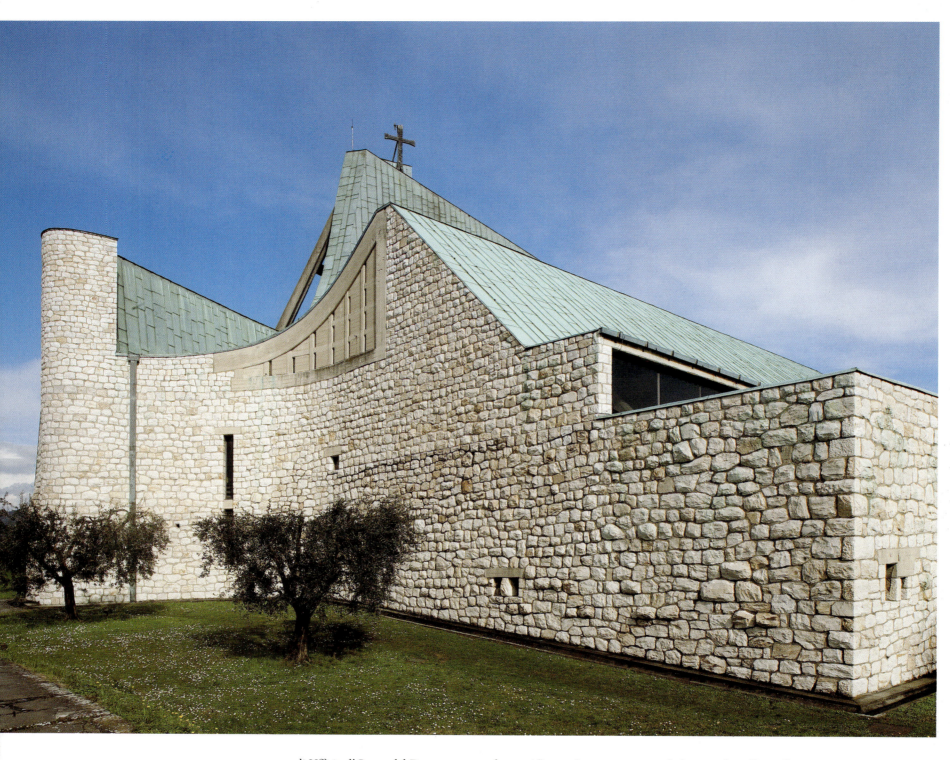

Sopra e a fianco: La chiesa di San Giovanni (1960-64) è memorabile opera di Giovanni Michelucci; eretta a ridosso del casello autostradale di Firenze Nord, la struttura allude a una tenda, rifugio per chi si trova in viaggio.

Above and opposite: Giovanni Michelucci's San Giovanni Church, built from 1960 to 1964, is one of his trademark works. Constructed close to the highway tollbooths in the north side of the city, it resembles a tent, hinting at its role as a refuge for travelers.

come gli Uffizi e l'Opera del Duomo, o creando nuovi "contenitori" come la Fortezza da Basso e la stazione Leopolda, ma certamente la polarizzazione dei visitatori su alcuni monumenti e capolavori rischia di mettere in ombra o far considerare "minori" opere, musei ed edifici che in qualunque altra città del mondo sarebbero considerati di importanza assoluta. Il rapporto tra la tutela dell'antichità e le esigenze contemporanee è un tema sempre aperto: la recentissima questione delle opportunità di realizzare un tunnel di sei chilometri proprio sotto il centro per lo scorrimento dei treni ad alta velocità, ma con rischi notevoli per la statica dei monumenti, ne è un simbolo molto eloquente.

to its intended target, the Uffizi Gallery.

Florence's high-profile role in art and culture means that today it has the difficult challenge of welcoming an unending flow of tourists and constantly offering them new options. The most recent architectural projects have expanded the exhibition spaces of large museums such as the Uffizi and the Museo dell'Opera del Duomo and made them more welcoming. Others have created new "containers," such as the Fortezza da Basso and Leopolda Station, but visitors' opinions are divided on some of these. Indeed, artworks, museums and buildings that in any other city in the world would be focal points here in Florence risk being overshadowed or considered "minor." The balance between preserving the old and meeting modern-day needs is an ongoing topic of discussion: Very recently, for example, the possibility was discussed of creating a six-kilometer tunnel (about three and three-quarter miles long) right under the center of the city to allow access for high-speed trains, but that raised concerns about the stability of certain buildings.

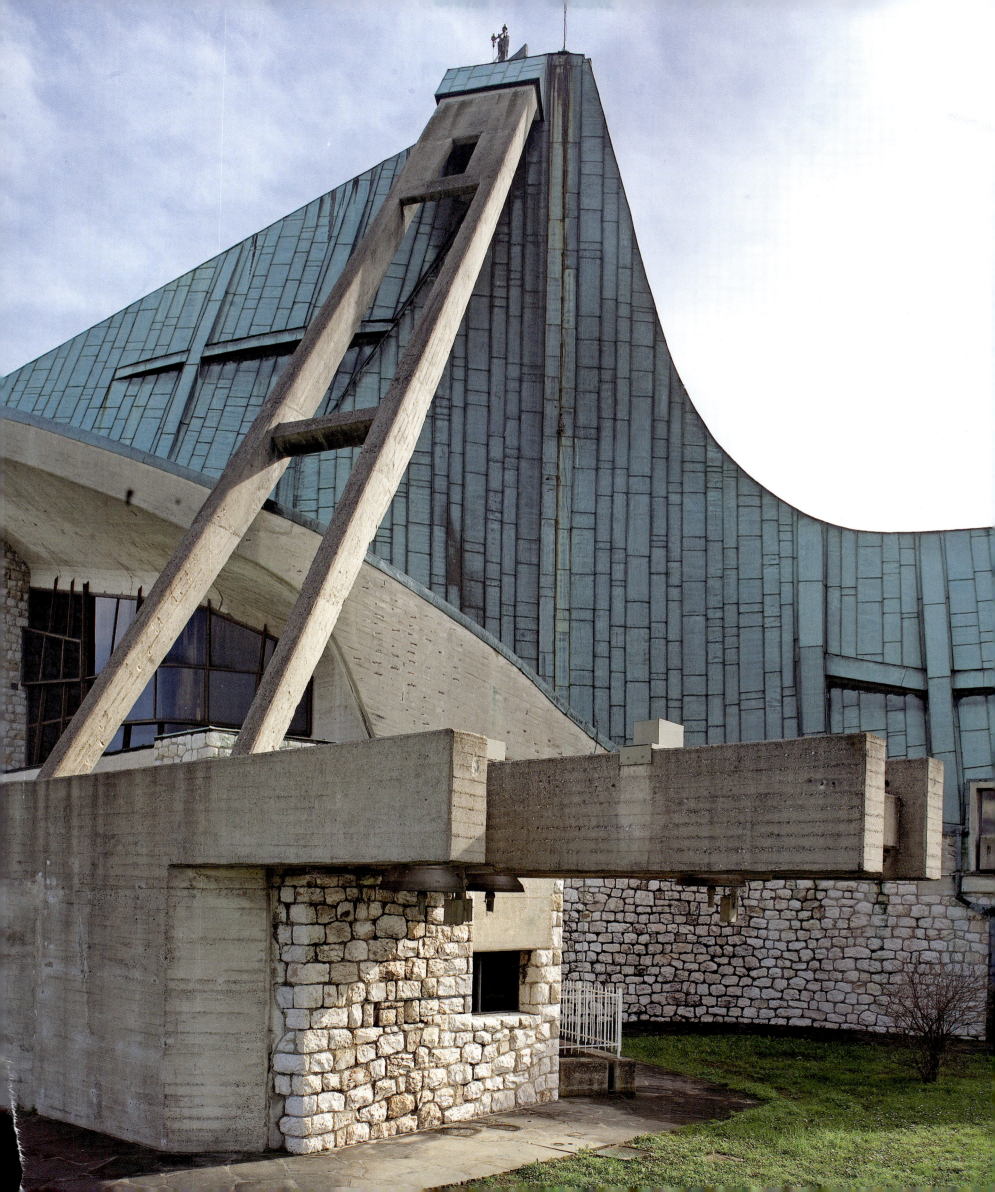

RINGRAZIAMENTI — ACKNOWLEDGEMENTS

L'editore intende ringraziare tutte le istituzioni pubbliche, i musei, gli archivi, i privati che hanno concesso l'autorizzazione a realizzare o a riprodurre le fotografie di questo libro. In particolare vogliamo esprimere tutta la nostra riconoscenza alla dottoressa Cristina Acidini, al priore del convento di Santa Trinita, a padre Massimo Maria della Fraternità Monastica dei Fratelli di Gerusalemme, ai Monaci Benedettini Vallombrosani, alla dottoressa Vittoria Messere della Prefettura di Firenze, alla dottoressa Silvia Colucci, al priore della Basilica di Santa Maria del Carmine padre Massimo Brogi.

L'editore è a disposizione di eventuali aventi diritto non individuati.

Finito di stampare nel mese di agosto 2018 in Slovenia.

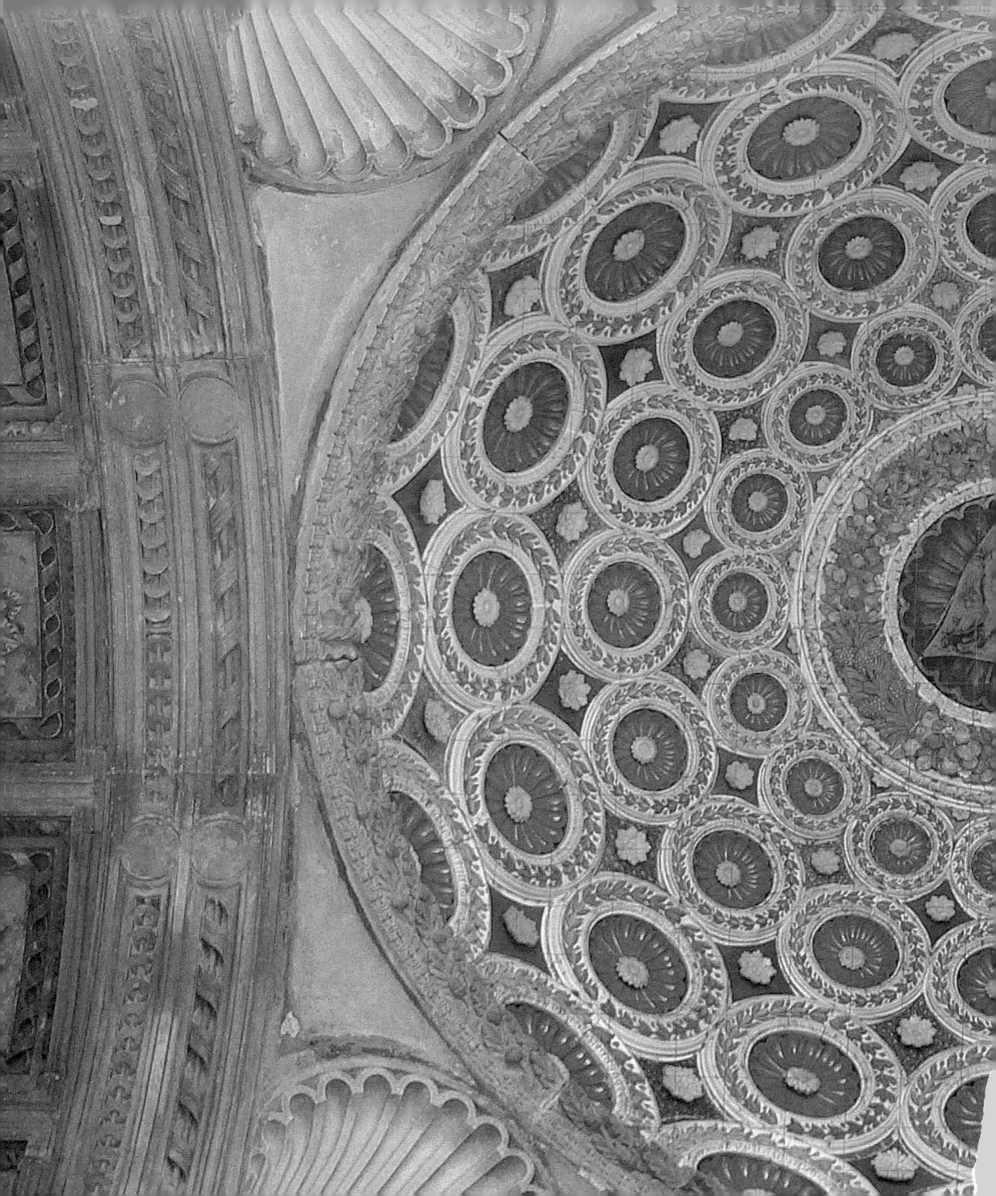